U0472105

SHANGHAI UNIVERSITY OF FINANCE & ECONOMICS
上海财经大学
1917

厚德博學
經濟匡時

中国宏观经济形势分析与预测年度报告

（2023—2024）

高质量发展引领经济复苏

“中国宏观经济形势分析与预测”课题组
上海财经大学经济学院 著

图书在版编目(CIP)数据

中国宏观经济形势分析与预测年度报告.2023—2024：高质量发展引领经济复苏 /“中国宏观经济形势分析与预测”课题组, 上海财经大学经济学院著. --上海：上海财经大学出版社, 2024.11. --ISBN 978-7-5642-4527-6

Ⅰ.F12

中国国家版本馆 CIP 数据核字第 20246ZE867 号

□ 责任编辑 胡 芸
□ 封面设计 张克瑶

中国宏观经济形势分析与预测年度报告(2023—2024)
高质量发展引领经济复苏

“中国宏观经济形势分析与预测”课题组
上海财经大学经济学院 著

上海财经大学出版社出版发行
(上海市中山北一路 369 号 邮编 200083)
网 址：http://www.sufep.com
电子邮箱：webmaster@sufep.com
全国新华书店经销
上海华业装璜印刷厂有限公司印刷装订
2024 年 11 月第 1 版 2024 年 11 月第 1 次印刷

710mm×1000mm 1/16 15.25 印张(插页：1) 234 千字
定价：79.00 元

项目指导：刘元春

报告主编：林立国

总报告团队（按姓氏笔画排序）：

王　子　王玉琴　宁　磊　朱林可

朱　梅　李双建　李　滋　杨有智

吴化斌　张同斌　陈旭东　林立国

赵　琳　曹林谊　蒋荷露　鲍晓华

专题报告团队（按姓氏笔画排序）：

寸无旷　王　子　王玉琴　方明浩

宁　磊　朱林可　朱　梅　许陈杰

孙　琪　苏东灵　李双建　李　哲

李　滋　杨有智　杨　诶　吴化斌

张同斌　张牧扬　张婧屹　张蒙博

陈媛媛　林立国　欧声亮　罗大庆

赵　琳　聂光宇　徐龙炳　郭长林

曹林谊　龚　关　蒋荷露　靳玉英

鲍晓华　蔡　洁

摘 要

2023年，外部环境复杂严峻，国际政治经济博弈加剧，美元持续加息。国内面临多风险因素冲击，市场信心未能得到全面修复，房地产市场继续走弱，地方政府化债压力高企。虽然存在较多困难和风险，但中国经济社会发展大局保持稳定，供给侧活力得到释放，需求侧开始稳步复苏，预计全年GDP增速为5.3%，有望完成年初“两会”时期确定的目标增速。2024年是贯彻落实党的二十大各项战略部署和实施“十四五”规划的重要一年，随着一揽子经济政策效应的逐步释放，经济各主体资产负债表逐渐修复，新旧经济增长动能转化加速，中国经济将进一步释放增长潜能，稳步进入上升周期。做好2025年经济工作，要继续坚持稳中求进的工作总基调，注重短期逆周期对冲与长期跨周期政策之间的平衡，正确把握制约中国经济实现高质量发展的关键瓶颈，找准长期积累的深层次矛盾和风险隐患，通过新一轮全面深化改革为高质量发展引领经济复苏注入新动力。

从2023年中国宏观经济运行基本态势来看，随着新冠疫情冲击的退散，在供给侧，服务业全面恢复增长，工业和建筑业保持平稳运行，但值得警惕的是，房地产业增加值持续下滑。在需求侧，消费温和复苏，但动力不足，导致价格低位徘徊；固定资产投资增速内部分化，制造业投资继续改善，基建投资有所放缓，房地产投资延续下行趋势；贸易增速下行但结构优化。在宏观经济政策方面，受美国加息和国内地方政府债务的影响，货币政策和财政政策受限较多，但依然在有限的空间内发挥了逆周期调节的作用。总体来说，2023年我国的宏观经济步入了后疫情时代的发展路径，长期基本面向好的形势没有发生改变，仍旧存在较多积累的风险。

课题组认为,中国宏观经济下一步发展面临的结构性风险包括以下几个方面:

一是通缩风险。PPI同比增速已连续13个月为负,CPI和GDP平减指数也已出现同比负增长。通货紧缩会加重企业债务负担,企业过度负债又会反过来恶化通货紧缩,从而陷入"债务—通缩"的恶性循环,特别是要警惕债务通缩。

二是房地产风险。目前,房价持续低迷,房企资金链承压,房地产投资萎缩,连带地方政府土地出让金锐减。当前我国房地产市场的疲软不仅仅是房地产内部的问题,还牵扯到整体经济运行是否健康的问题,房地产是果,实体经济是因。

三是地方政府债务风险。地方财政收支矛盾突出,地方政府债务规模急剧攀升。地方政府债务资金主要来源于银行部门,地方政府债务扩张风险极易外溢至银行系统,导致银行风险增加,严重威胁金融系统稳定,成为防范化解系统性金融风险的"灰犀牛"。

四是劳动力市场风险。劳动力市场整体保持稳定,全国城镇调查失业率下降。但是,结构性问题依然突出,青年失业率维持在高位,中年人群再就业难,劳动力市场教育错配严重。

五是外部风险。世界经济格局深度调整,贸易增速下行,给中国制造业转型升级带来压力。国际政治博弈影响深化,地缘冲突加剧引发资本恐慌,美元作为避险资产的属性加强,人民币汇率承压。

根据2023年以来中国宏观经济运行态势的定性判断,课题组创新性地结合新古典增长模型和经济周期模型,通过将经济增速分解为趋势性部分和周期性部分,给出具有学理性的预测结果。在基准情景的预测中,对于内部环境,在充分考虑近期公布的1万亿元特别国债政策的基础上,假设2024年全年中国的财政赤字率保持2023年的水平。对于外部环境,由于经济周期的存在,我们假设2023年第四季度和2024年全年美国的失业率每季度递增0.2%。同时,假设2024年地缘政治风险指数不变。在基准情景下,预测2024年全年实际GDP增速为4.82%,CPI增长

0.96%,PPI降低1.02%,GDP平减指数增长1.08%,消费增长4.90%,投资增长5.02%,出口降低7.60%,进口降低8.36%。同时,考虑到内外部风险状况变化的可能性,课题组将分以下6种情景对中国宏观经济指标增速进行预测:

情景1—1,假设中央政府采取一系列措施以化解地方政府债务风险的实际情况,地方政府债务风险处置顺利,中央政府有更多的资金用于扩张性的财政支出。在此假设情景下,财政支出及其乘数效应促使总需求增加,消费、投资和价格均略高于基准情景。课题组预测,该情景下GDP增速为4.98%,比基准情景高0.16个百分点。

情景1—2,考虑到地方政府债务潜在风险较高、地方政府付息压力较大的现状,假设地方政府债务风险爆发,各级政府需要减少财政支出用于偿还债务。在此假设情景下,财政支出的大幅下降进一步恶化了需求不足,价格回升更慢,消费和投资的增速更低,最终将使全年的GDP增速低于4.66%,相对于基准情景降低0.16个百分点。

情景2—1,在外部竞争压力方面,基于美国经济衰退风险不容忽视的现状,假设美国经济超预期衰退。在计算中,课题组假设美国的失业率在2024年快速攀升。在此假设情景下,预计我国全年的GDP增速为4.95%,相对于基准情景增加0.13个百分点。

情景2—2,假设美国经济超预期强劲复苏,外部竞争压力加剧,2024年失业率维持在2023年第三季度的水平,大国博弈加剧。在此假设情景下,课题组预计全年的GDP增速为4.74%,相对于基准情景降低0.08个百分点。

情景3—1,在全球供应链改善方面,基于世界各主要国家干预和调解地缘政治冲突的现实可能性,计算了地缘政治风险下降,全球供应链稳步改善的假设情景下的宏观经济预测。在计算中,课题组假设,2023年第四季度至2024年第四季度的地缘政治风险指数比其在2023年第三季度的水平低一个标准差。课题组预计全年的GDP增速为5.18%,相对于基准情景增加0.36个百分点。

情景3—2,基于当前俄乌冲突和巴以冲突可能转变为更激烈冲突的现状,计算了地缘政治风险加剧的假设情景下的宏观经济预测。当全球供应链压力上升时,我国政府将需要更多资金用于国家安全相关投资,但家庭则因对未来收入的悲观预期而降低消费,课题组预计全年的GDP增速为4.45%,相对于基准情景降低0.37个百分点。

当前,我国发展面临新的战略机遇、新的战略任务、新的战略阶段和新的战略环境,更加有效地应对各种风险和挑战、形成引领高质量发展的体制机制和发展方式,根本出路还是在于坚持全面深化改革,在新一轮全面深化改革中提振经济发展信心、提升资源配置效率、激发创新发展动力,为全面建设社会主义现代化国家、全面推进中华民族伟大复兴提供了基本保障和强大动力。

(一)新一轮全面深化改革应将法治建设摆在重要位置,不断建设法治的市场经济,提振民营经济发展信心

法治改革与法治建设具有全局性、关键性和战略性意义,是国家治理体系和治理能力现代化的重要基石。在全部领域的改革中,法治改革先行是其他领域改革能够规范有序实施、最终实现改革目标的重要保障。没有一个良好的法治环境,市场经济就无法长期良好运行,建立现代市场经济体制,需要完善法治。在全面深化改革的大局中,迫切需要以法治凝聚市场化改革力量,以此形成"自上而下、自下而上"上下联动的改革势态以及最大公约数的改革共识。法治,很重要的作用是稳定信心和预期。当前,不少企业特别是民营企业存在信心不足、预期不稳等问题。

一是提高民营经济的法律地位。在梳理总结过去三年多来《优化营商环境条例》实施所取得丰富经验的基础上,从国家层面研究制定新时期促进民营经济高质量发展的专门法律法规。二是营造公平竞争的制度环境。全面清理和修订违反公平竞争市场规则的法律和政策规定,在生产要素获取、准入许可、政府采购和招投标等方面对各类所有制企业平等对待,破除制约民营企业的各类障碍和隐性壁垒。三是优化民营经济的舆论环境。大力宣传民营企业和民营企业家先进典型,培育和弘扬新时代

企业家精神，从法律上对企业家应有的政治荣誉和社会地位给予保障，让他们对未来有稳定的预期，激发干事创业的内生动力，成为推进中国式现代化和经济高质量发展的生力军。

（二）新一轮全面深化改革应坚持以经济建设为中心，正确处理政府与市场的关系，大力提升资源配置效率

高质量发展是以人民为中心的发展，满足人民日益增长的美好生活需要，离不开丰富、充分的物质基础，需要有更高水平的生产力和经济发展基础来提供有力支撑。这就决定了我国新一轮全面深化改革仍然要坚持以经济建设为中心，坚持以供给侧结构性改革为主线，通过一系列改革措施正确处理好政府与市场的关系，使市场在资源配置中起到决定性作用，更好地发挥政府作用，推动经济发展质量变革、效率变革、动力变革，在继续推动发展的基础上，要着力解决好发展不平衡不充分问题，努力使经济发展的成果更好地惠及最广大人民群众，更好地推动人的全面发展和社会的全面进步。

当前，全国统一大市场建设对于更新优化政府与市场的关系提出了新的要求。一是进一步厘清政府与市场的边界，其关键是切实收缩政府直接配置资源的边界，以法治的方式推动行政权退出市场领域，压缩政府干预经济活动的空间，并进一步向市场充分放权，切实矫正政府角色错位、越位的问题。二是中央政府要为市场提供统一、开放、公正、透明、可预期的基础性制度框架，使各地区各部门按照统一的制度标准来执行中央政府的政策。三是更好地发挥政府在居民收入分配、教育、医疗卫生、住房、社会保险、社会救济等社会安全网建设中的作用，促进城乡居民基本公共服务均等化，最大限度地消除居民扩大消费的后顾之忧。

（三）新一轮全面深化改革应该聚焦创新驱动，坚持教育、科技、人才一体推进，推动高水平科技自立自强

中国整体上还处于要素驱动向效率驱动、创新驱动转型的半途，创新体系整体效能还不强，政府行政干预过多，创新要素在不同创新主体之间的流动和组合尚不自由、充分，使得创新资源配置分散、重复和低效。政

产学研在基础科学创新和应用技术创新中存在角色分工定位不清，导致产出效益不高、成果转化滞后、价值创造低下。反映到经济领域，就是尽管中国产业门类齐整，但是多而不优、大而不强的特征明显，在关键基础材料、核心基础零部件和先进基础工艺等方面对外依存度较大，关键核心技术受制于人，一旦外部环境收紧，就面临“卡脖子”的现象。

基础研究旨在获得基本规律和基本原理，是科技创新的源头。当前，基础研究应当成为世界一流大学和高水平研究型大学推进教育、科技、人才一体化的重要发力点，以及深化产教融合，开辟发展新领域新赛道、不断塑造发展新动能新优势的重要支撑点。一是构建对基础科学研究和原创性探索研究提供长期稳定政策、财务支持的机制，使得一些产出相对不确定但一旦成功将具有较大正外部性的“慢研究”“深研究”和“冷研究”也能够得到稳定、持续的支持。二是强化企业科技创新主体地位，发挥企业家精神在颠覆性技术创新方面所具备独特的组织优势与动态能力优势，引领数字化技术、绿色低碳技术等前沿技术创新并推动商业化运用，提升企业科技创新引领力和全球竞争力。

目　录

总报告

专题报告

总报告

第一章

复苏下的2023年中国宏观经济形势分析

一、经济总体复苏，基本可以实现全年增长目标

2023年以来，在党的坚强领导下，我国经济工作坚持稳中求进总基调，着力扩大内需，推动高质量发展，全力做好稳增长、稳就业、防风险工作，经济运行呈现持续恢复向好态势。前三季度实际GDP同比增长5.2%（见图1）。经调整季节因素后，三季度实际GDP环比增长1.3%，环比增速连续5个季度增长。全年增长5%左右的目标基本可以实现。

从产业层面来看，2023年前三季度第一产业增加值同比增速分别为3.7%、3.7%和4.2%，已经超过了疫情前2019年的增速水平，显示出乡村振兴的政策成果（见图2）。第二产业增加值的同比增速由第一季度较为低迷的3.3%提升至第二、第三季度的5.2%和4.6%，基本恢复至2019年的水平，展现了工业制造业的强大韧性。第三产业增加值在第一、第三季度的同比增速为5.4%和5.2%，第二季度受上年同期低基数的影响，为较高的7.4%。虽然第三产业同比增速高于第一、第二产业，带动了2023年的经济恢复，但2022—2023两年平均增速为4%左右，低于2019年7%以上的同比增速，表明第三产业仍有较大的增长空间。

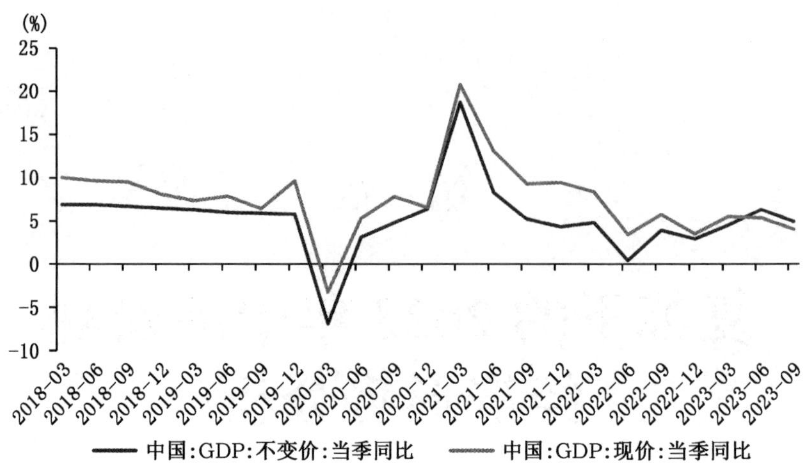

数据来源:国家统计局、Wind。

图 1　中国 GDP 增长趋势

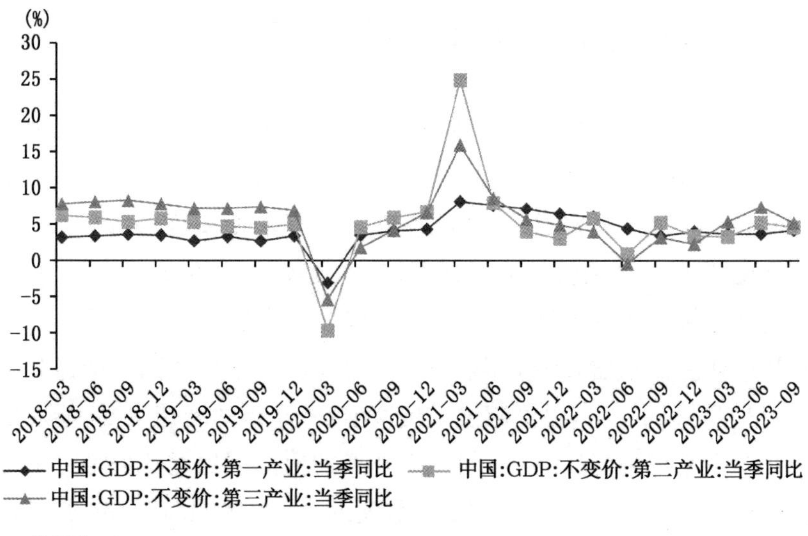

数据来源:Wind。

图 2　中国各产业同比增速

二、供给侧活力得到释放，全球供应链压力增加

（一）服务业全面恢复增长

2023 年以来，随着疫情管控的全面放开，供给端的活力得到全面释放，恢复常态。从行业层面来看，服务业中的批发和零售业、住宿和餐饮业、租赁和商务服务业以及交通运输、仓储和邮政业的增速最为明显，从上年的低速增长甚至负增长反弹为 2023 年的大幅正增长（见图 3）。其中，三个季度增速分别为 5.1%、12.7%和 8.5%，体现了服务业较强的增长韧性。同时，信息传输、软件和信息技术服务业 2023 年以来三个季度的同比增速均在 10%以上，在上年高增长的基础上继续保持强势增长。金融业增加值同比增速也均在 7%左右，比上年同期上升 1 个百分点左右。

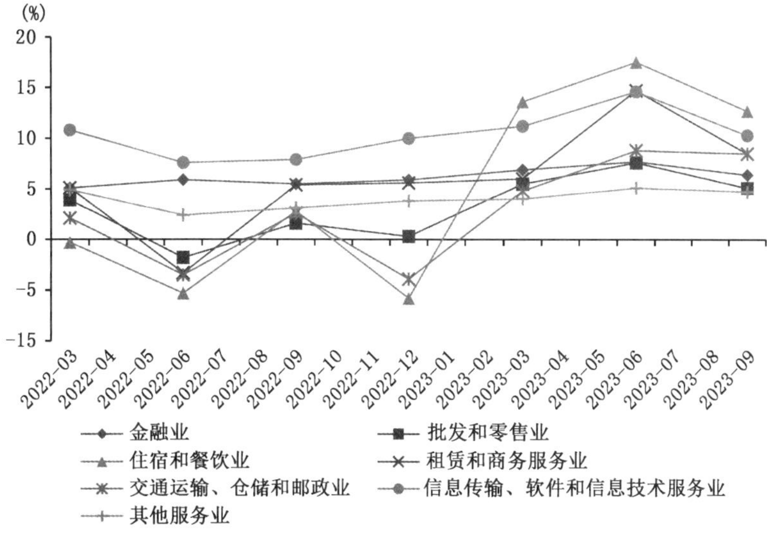

数据来源：Wind。

图 3　服务业各行业增加值同比增速

同时，2023 年前三季度，服务业生产指数累计同比增长 7.9%（见图 4）。虽然进入第三季度后有小幅下降，但依然比 2022 年增速大幅回升 8 个百分点。从两年平均增速看，前三季度服务业生产指数两年平均累计增速为 4%，依然明显小于疫情前 7%左右的增速，说明服务业仍存在较大的增速空间。

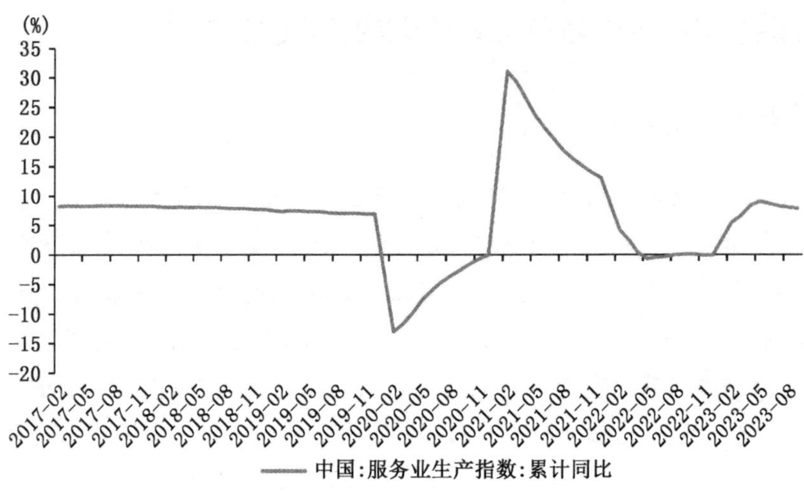

数据来源:Wind。

图 4　中国服务业生产指数

(二)工业和建筑业保持平稳运行

工业增加值同比增速虽然在第一季度较低,仅为 2.9%,但进入第二季度后迅速反弹至 4%以上,明显高于上年第四季度的水平,体现了我国完备工业体系的巨大恢复能力(见图 5)。同时,建筑业增加值继续维持在 6%以上的中高速增长水平。这为稳定就业市场提供了坚强的支撑。

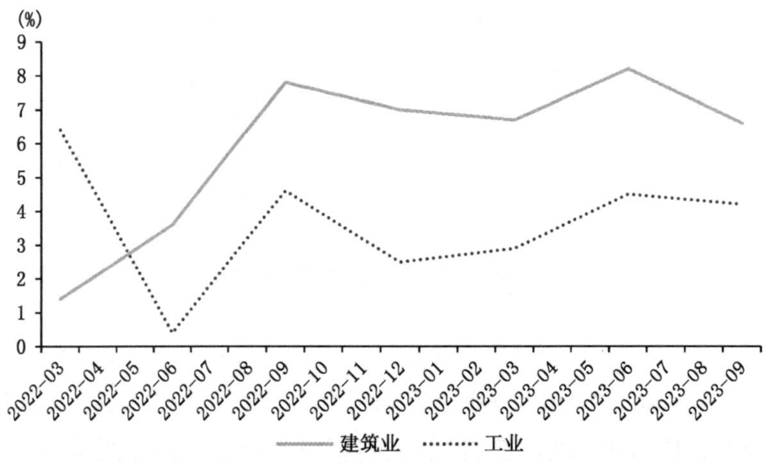

数据来源:Wind。

图 5　工业和建筑业增加值同比增速

(三)房地产业持续下滑

在房地产业增加值方面,虽然第一季度随着房地产市场的短暂回暖,同比增速恢复正增长至 1.3%,但由于房地产企业债务问题未能根本性解决,第二、第三季度的同比增速降低为－1.2%和－2.7%,降幅不断扩大(见图 6)。在 2022 年已经负增长的情况下,2023 年“房地产业”增加值依然下滑,前景不容乐观。

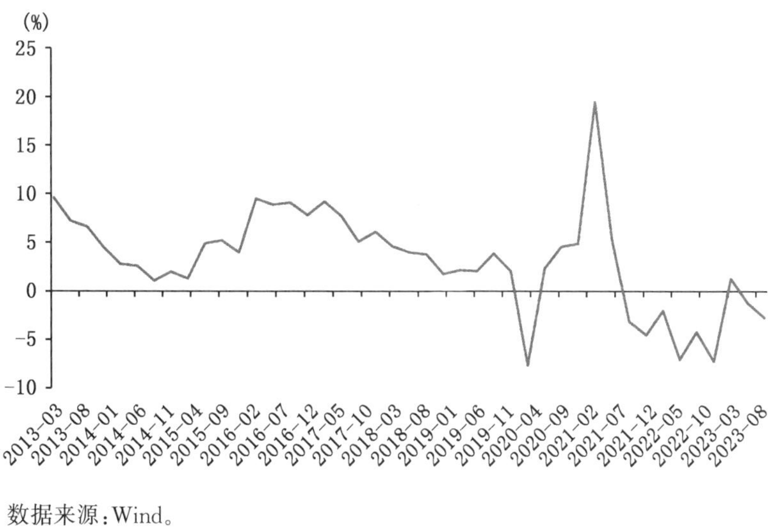

数据来源:Wind。

图 6　房地产业增加值同比增速

(四)国际原油价格出现小幅波动,食品价格持续下行

2022 年受俄乌冲突等国际地缘政治因素的影响,全球石油供给遭遇逆向冲击,国际油价快速上涨,从年初的约 75 美元/桶上升至 6 月接近 120 美元/桶,涨幅达 60%(见图 7)。但此后经过一年左右的调整,国际油价进入下降通道,在 2023 年 6 月降至 67 美元/桶。由于受美国经济强势复苏以及诸如巴以局势等动荡国际形势的影响,国际原油价格出现小幅反弹,在近期回升至超过 80 美元/桶。原油期货市场数据显示,国际原油价格将在 2026 年前稳定在 70～80 美元/桶。稳定的能源价格将会继续助力我国供给侧恢复。

数据来源:Wind。

图 7　国际原油价格走势

受全球供应链阻断以及欧美各国扩张性货币政策的影响,全球食品价格指数在 2022 年 3 月快速上升至历史性的高点 159.71(见图 8)。但伴随着后疫情时代全球供应链的恢复以及美国货币政策的转向,食品价格指数持续回落。截至 2023 年 9 月,该指数为 121.46,比最高点回落 25%,但仍比疫情前的 2019 年底高出 20%,存在继续回落的空间。

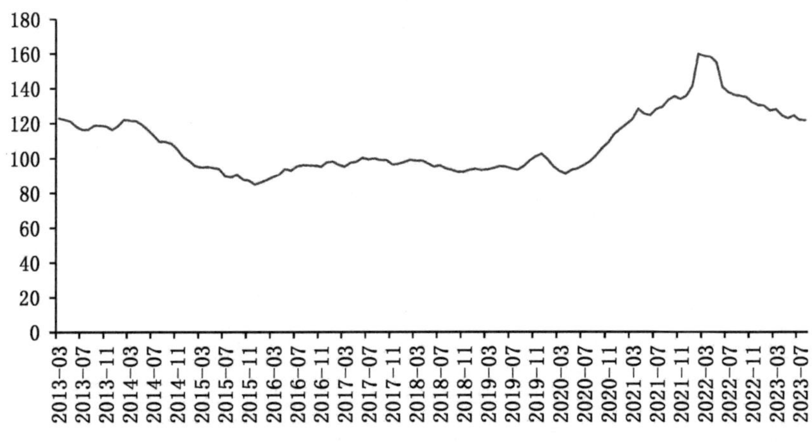

数据来源:Wind。

图 8　全球食品价格指数走势

(五)全球供应链压力先降后升

受疫情冲击和地缘政治的影响,全球供应链压力在 2020—2022 年中出现了两次大幅上升。全球供应链压力指数在 2020 年 4 月和 2021 年 12 月出现了两次高点,分别为 3.17 和 4.32(见图 9)。但伴随着全球疫情冲击的散去,特别是 2023 年以来我国疫情防控的放开,压力指数不断下降,在 2023 年 5 月降至历史低点－1.57,供应链压力基本消失。但值得关注的是,近期全球供应链压力有小幅回升。

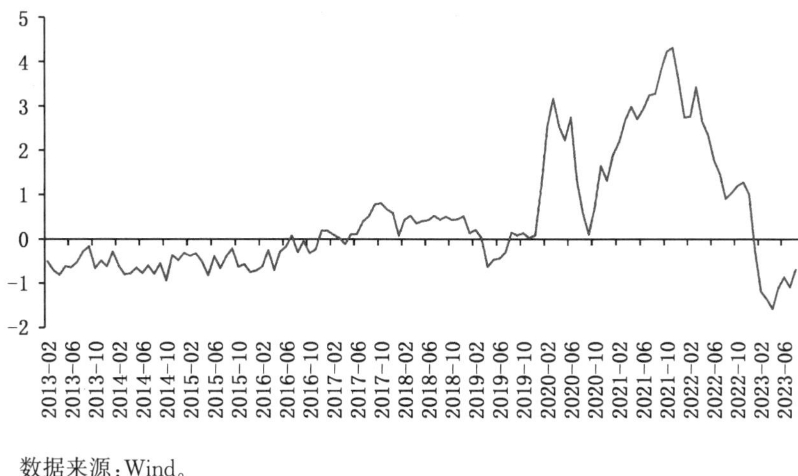

数据来源:Wind。

图 9　全球供应链压力指数

三、需求侧恢复增长,内部结构进一步分化

(一)消费温和复苏,增长不及预期

2023 年消费市场的走势受疫情放开后消费需求增加以及政策提振的影响,社会消费品零售总额温和复苏。2023 年初,中央经济工作会议要求“把恢复和扩大消费摆在优先位置”,商务部将 2023 年定为“消费提振年”。在需求增加与政策刺激的共同作用下,1—2 月社会消费品零售总额同比增长 3.5%,加之受上年同期较低的基数影响,3 月开始,连续 3 个月同比增速超过 10%,4 月达到前三季度最高值 18.4%(见图 10)。虽

然受汽车和文化办公用品等销售放缓影响,7 月社会消费品零售总额同比增速降至 2.5%,但随着汽车和石油及制品销售的好转,8—9 月又呈现小幅增长趋势。总体来看,1—9 月社会消费品零售总额累计同比增加 6.8%,进一步从季调后的环比增速可以看出,前三季度除了 7 月份之外,环比增速均为正值,显示消费整体呈现缓慢复苏态势(见图 11)。

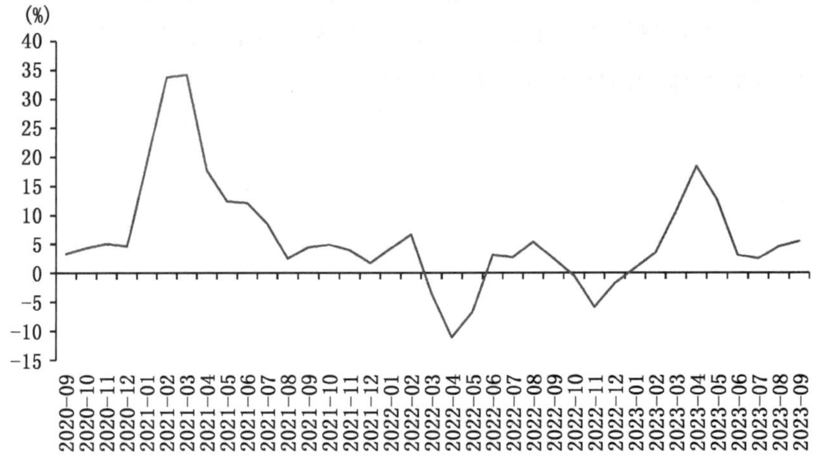

数据来源:国家统计局。

图 10　社会消费品零售总额同比增速

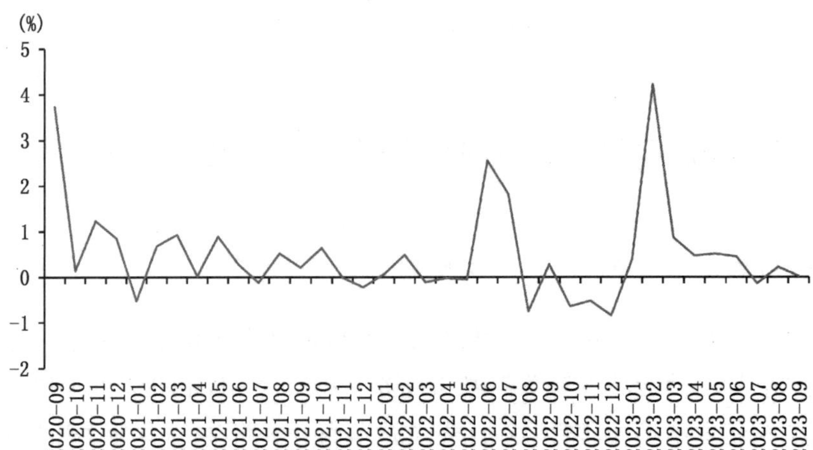

数据来源:国家统计局。

图 11　社会消费品零售总额环比增速

上述社会消费品零售总额增速包括量和价两方面的增长。从价格来看，2023 年前 10 个月内消费价格指数 CPI 与扣除食品和能源的核心 CPI 同比增速相较 2022 年均呈现下降趋势，原因在于，一方面是 2022 年价格的高基数效应，另一方面是后疫情时代，产品供应流畅。具体来看，1 月 CPI 同比增速为 2.1%，7 月达到 2023 年前三季度的最低值－0.3%，前 10 个月 CPI 累计同比增速为 0.4%，而 10 月 CPI 同比增速为－0.2%；核心 CPI 相对较稳定，在 0.7%附近波动，从 1 月同比增速 1.0%降至 6 月同比增速 0.4%，于 9 月、10 月又回升至 0.8%和 0.6%，前 10 个月核心 CPI 累计同比增速为 0.7%（见图 12）。综上可见，受疫情放开后消费需求得以释放和政策刺激等利好因素的影响，消费呈现温和复苏态势，需求有所上升，但上升幅度有限，动力仍有待提升。

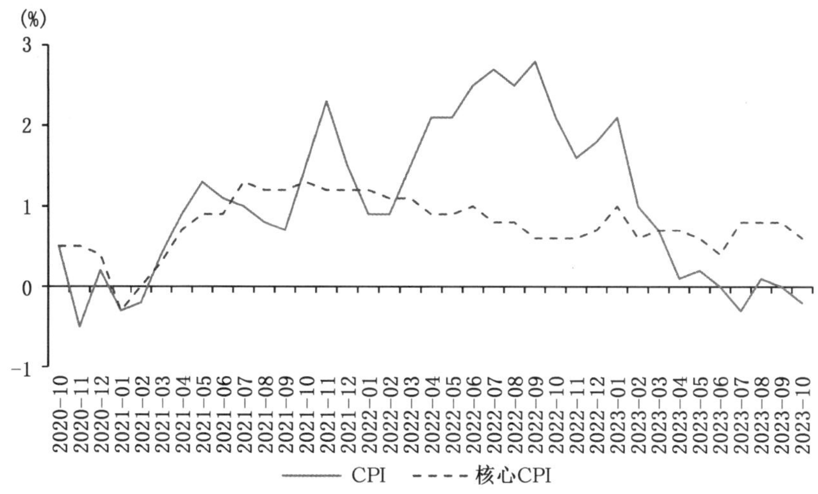

数据来源：国家统计局。

图 12　CPI 和核心 CPI 同比增速

事实上，不同类型的消费品其复苏潜力呈现一定的异质性。从商品和服务分类来看，服务类消费受疫情影响相对较大，2023 年服务类消费有明显反弹。服务类消费的一个典型例子是餐饮类。餐饮类消费在疫情放开之后恢复尤为明显。1—4 月餐饮类消费同比增速大幅提升，同比增速从 1—2 月的 9.2%增至 4 月的 43.8%（见图 13），一方面是由于上年的低基数影响，另一方面也体现出短期内消费情绪通过餐饮业得到一定程度的释放。之后餐饮类消费同比增速虽然放缓,但仍保持在高位,6月同比增速降至16.1%,虽然8月进一步降至12.4%,但9月又小幅回升至13.8%,且随着中秋、国庆"双节"旅游旺季的到来,又将进一步带动餐饮类消费的上涨。从住宿和餐饮业的实际同比增长也可以看出2023年前三季度的实际增速均高于10%,显示餐饮和住宿等服务业消费在疫情放开后的恢复较为强劲。

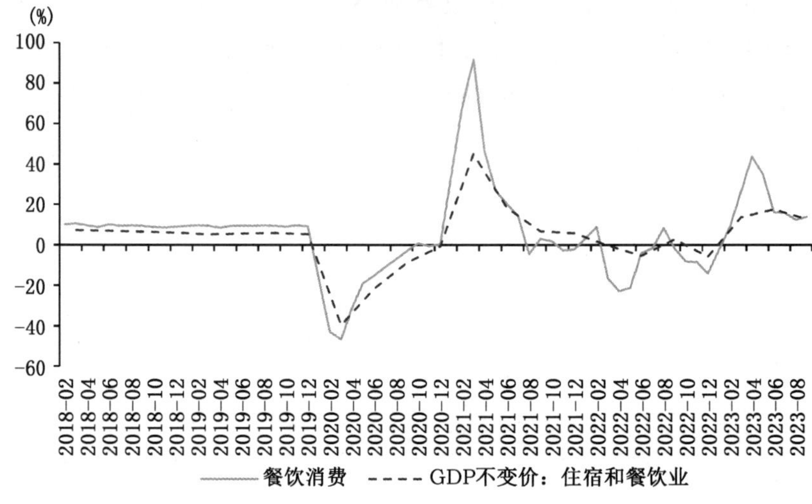

数据来源:国家统计局。

图13 餐饮类消费同比增速

在商品零售子类中,食品和日用品等非耐用品消费相对稳定,而像汽车类的耐用品受冲击影响较大,波动也较大。汽车类消费2023年上半年在新能源汽车渗透率不断提升的带动下,限额以上企业中汽车类同比增速有明显提升,从1—2月同比增速-9.4%增至4月的38%(见图14),1—2月新能源汽车价格战,各车企品牌纷纷降价导致同比增速并不显著,然而,随着3—4月价格战热度逐渐消退,经销商恐慌心态逐步稳定,消费者恢复理性消费,观望情绪得以缓解,前期压抑的需求有所释放,同比增速又有所提升。中共中央政治局7月召开会议,强调积极扩大国内需求并将提振汽车消费作为重点目标,虽然7月同比增速下降1.5%,但8—9月又波动上升,同比增长率分别为1.1%和2.8%;1—9月累计同比增速4.6%。进一步从销量的同比增速可以看出,汽车类消费的实际增速还有一定的上升潜力。

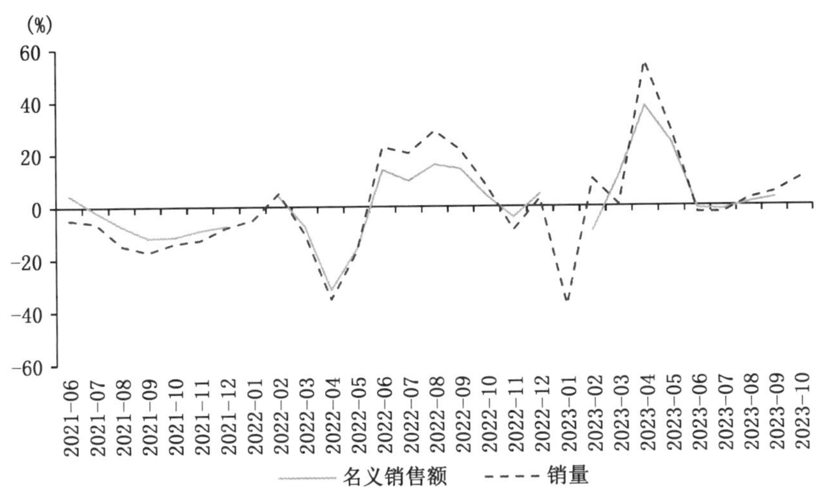

数据来源:国家统计局。

图14　汽车类销售额名义同比增速和销量同比增速

综上所述,2023年前三季度受疫情放开后消费需求得以释放和政策刺激等利好因素的影响,消费呈现温和复苏态势,需求略有上升,但复苏动力依旧不足,增长不及预期。

(二)固定资产投资增速内部分化,制造业投资继续改善,基建投资有所放缓,房地产投资延续下行趋势

2023年1—9月全国固定资产投资(不含农户)375 035亿元,同比增长3.1%,增速较1—8月回落0.1个百分点(见图15),国内投资动能继续呈现弱修复特征,对经济恢复的支撑作用减弱。其中,分产业来看,第一产业投资7 951亿元,同比下降1.0%;第二产业投资116 808亿元,同比增长9.0%;第三产业投资250 276亿元,同比增长0.7%。分地区来看,东部地区投资同比增长5.4%,中部地区投资下降0.9%,西部地区投资下降0.4%,东北地区投资下降2.7%。分登记注册类型来看,国内企业投资同比增长3.3%,港澳台企业投资同比下降2.6%,外资企业投资同比增长1.7%。值得注意的是,从投资主体的角度来看,国有及国有控股公司投资累计同比增长7.2%,较1—8月回落0.2个百分点;民间固定资产投资

193 399 亿元,累计同比增速下降 0.6%,低于固定资产投资增速 3.7 个百分点,较 1—8 月上升 0.1 个百分点,但已经连续 5 个月处于负增长区间,说明受企业预期恶化、市场需求不足、企业盈利低迷以及海外风险挑战增多等因素影响,民间资本投资信心不足,“不敢投”“不愿投”的现象依然较为突出,仍然需要政策加力以提振民营企业信心、改善预期。

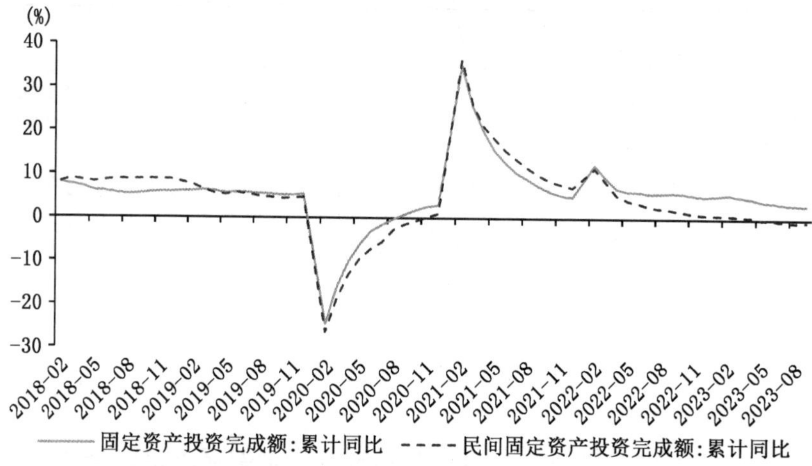

数据来源:Wind、上海财经大学经济学院。

图 15 固定资产投资和民间固定资产投资增速

从三大投资领域来看(见图 16),2023 年 1—9 月制造业投资增速加快,累计同比增长 6.2%,较 1—8 月上升 0.3 个百分点,对整体投资的支撑作用明显增强;1—9 月基础设施建设(不含电力)投资的增速有所放缓,累计同比增长 6.2%,较 1—8 月下降 0.2 个百分点,对经济的拉动作用继续减弱;房地产开发投资降幅自 2 月以来继续扩大,1—9 月房地产开发投资累计同比增速为−9.1%,较 1—8 月回落 0.3 个百分点,依然是投资的主要拖累项。

2023 年以来,制造业投资增速虽然有所放缓,但仍保持在高于疫情前的水平,呈现较强韧性,一方面得益于高技术产业投资持续保持强势(见图 17),前三季度高技术产业投资累计同比增长 11.4%,其中,受产业升级、设备更新、绿色转型等政策支持,技术含量较高、附加值较高的高端制造业投资累计同比增长 11.3%,较 1—8 月上升 0.1 个百分点,整体依然维持高增长态势。高技术制造业中,航空、航天器及设备制造业和医疗仪器设备及仪器仪表制造业投资分别增长 20.7%和 17.0%,化学原料和

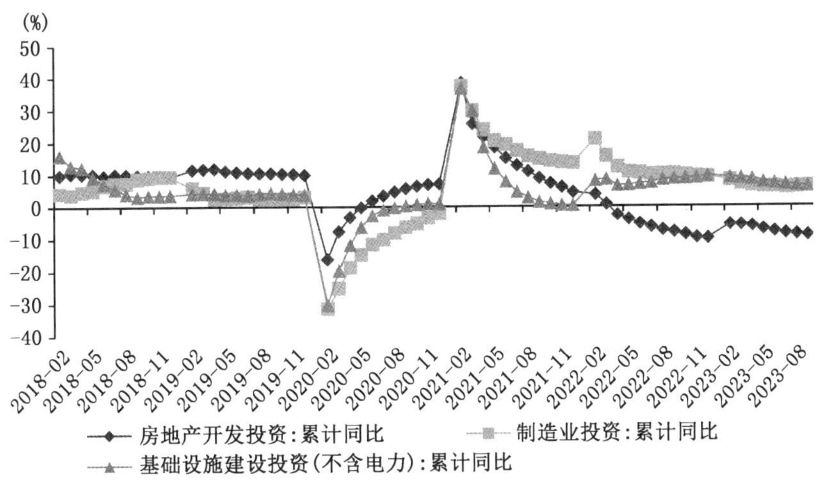

数据来源:Wind、上海财经大学经济学院。

图16 全国三大类固定资产投资累计同比

化学制品制造业、汽车制造业、电气机械和器材制造业投资分别同比增长13.5%、20.4%、38.1%。高技术服务业投资累计同比增长11.8%,较1—8月上升0.5个百分点,其中,科技成果转化服务业、专业技术服务业投资分别增长38.8%、29.6%,远高于行业平均水平。这反映出国家对新兴技术发展的高度重视,国内制造业投资结构正在发生变化,新旧动能正在进行转换。

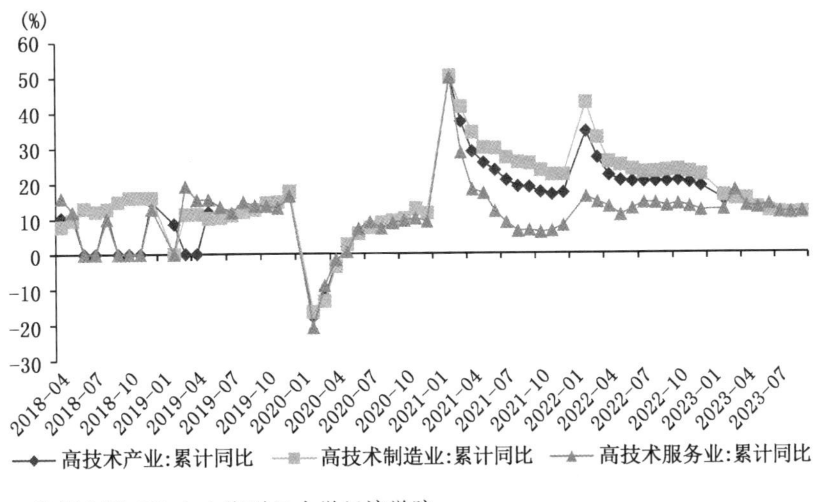

数据来源:Wind、上海财经大学经济学院。

图17 高技术产业投资累计同比

另一方面,随着减税降费以及助企纾困等政策的不断深入,工业企业生产经营状况不断改善,企业利润维持高增长,对制造业投资具有较好的支撑作用。2023 年 8 月工业企业利润总额同比增长 17.2%(见图 18),年内首次实现利润增速由负转正,说明投资需求正逐步回升。制造业企业利润稳健增长表明企业资产负债结构已有一定程度的修复,企业家扩大生产投资意愿或有所改善。

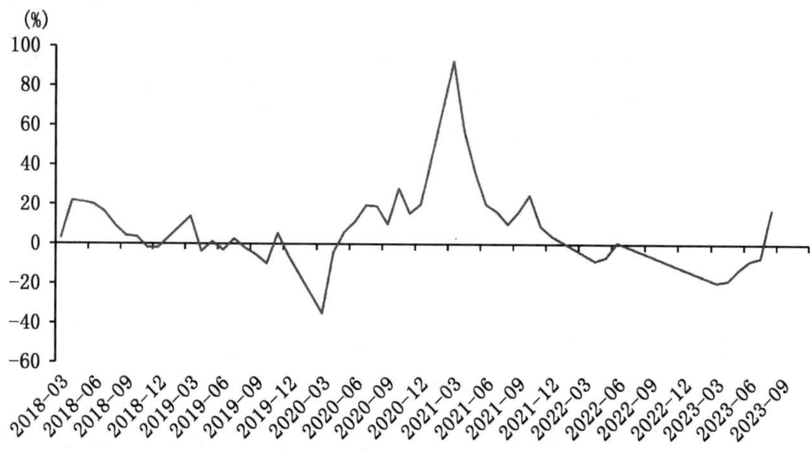

数据来源:Wind、上海财经大学经济学院。

图 18 工业企业利润总额当月同比

基础设施建设投资方面,在高基数效应下,基础设施投资增速趋于回落,对经济拉动作用明显弱化。2023 年 1—9 月基础设施建设投资和基础设施建设投资(不含电力)分别累计同比增长 8.6%和 6.2%,较 1—8 月分别放缓 0.3 个和 0.2 个百分点。从当月增速来看,9 月基数设施建设投资和基础设施建设(不含电力)投资分别同比增长 6.8%和 5.0%,分别较上月提升 0.6 个和 1.0 个百分点,对投资端的支撑作用有所增强。从各个分项来看(见图 19),1—9 月电力、热力、燃气及水的生产和供应业同比增长 25%,增速比 1—8 月回落 1.5 个百分点,反映出民生类基础设施建设投资仍旧具有较强韧性;交通运输、仓储和邮政业投资同比增长 11.6%,比 1—8 月提高 0.3 个百分点,对基础设施建设投资的带动作用较强;水利、环境和公共设施管理业投资同比增长-0.1%,增速处于负值区间,成为基础设施建设投资增速回落的主要原因。

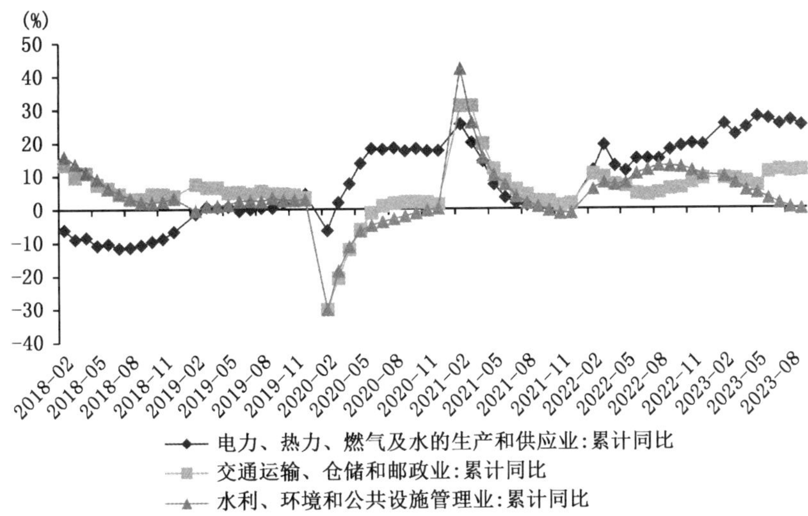

数据来源：Wind、上海财经大学经济学院。

图 19　基础建设投资细分行业累计同比增速

房地产开发投资方面，2023 年 1—9 月全国房地产开发投资 87 269 亿元，同比下降 9.1%，房地产开发投资没有好转迹象，仍然是经济最薄弱的一环。从销售端来看(见图 20)，1—9 月商品房销售面积累计同比增速降低 7.5%，降幅较 1—8 月扩大 0.4 个百分点，连续 5 个月降幅扩大，其中，住宅销售面积下降 6.3%。1—9 月商品房销售额累计同比下降 4.6%，降幅较 1—8 月扩大 0.6 个百分点，其中，住宅销售额下降 3.2%。“认房不认贷”以及与房贷利率相关政策对房地产销售的提振效应总体有限，房地产销售面积与金额同比仍然在负增长区间进一步下滑，这也反映出房地产销售的传统旺季“金九银十”显然成色不足，房地产销售动能持续走弱，对房地产投资起到了降温作用。目前，房地产市场处于深度调整期，在家庭资产负债表受损、市场预期仍未明显改善等因素的综合影响下，后续房地产销售压力将会继续增大。

展望下一阶段，在前期房地产政策高压以及多家民营地产企业风险暴露的作用下，房地产企业对于行业前景的预期仍然处于较为悲观的状态。随着更多城市松绑不必要的限制性购房政策，商业银行与地方政府或将继续出台有利于刚性和改善性住房需求释放的政策，引导新房和存量住房贷款利率适度走低，房地产市场下行态势有望趋缓。然而，由于市

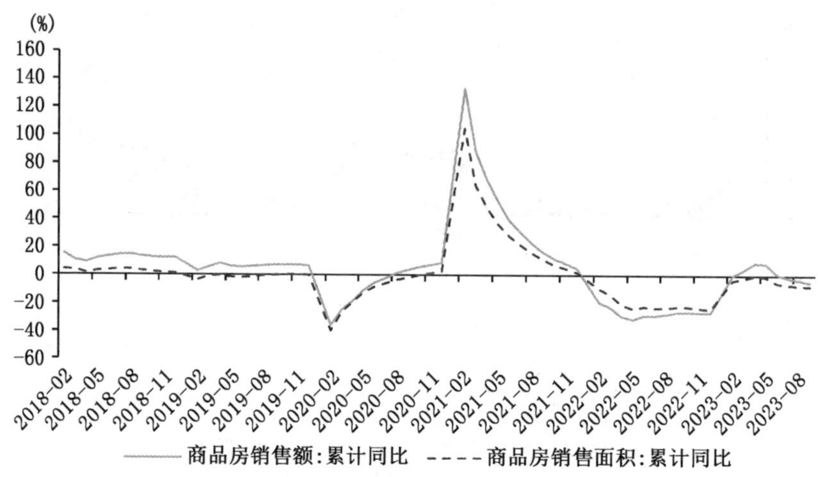

数据来源:Wind、上海财经大学经济学院。

图 20 商品房销售面积和销售额累计同比

场信心和预期恢复仍需较长时间,因此房地产投资仍然处于探底过程中,后续增长压力依然较大。

总而言之,2023 年前三季度,受制造业投资保持较高韧性、基建投资增速下降以及房地产投资降幅扩大的综合影响,固定资产投资增速有所下降。展望第四季度,推动固定资产投资增长的积极因素仍然很多:一方面,宏观经济环境的恢复向好有助于提升企业投资意愿,制造业 PMI 指数自 6 月以来持续回升,9 月上升至荣枯线以上,其中,新订单指数比上月扩大 0.3 个百分点;另一方面,金融支持有助于推动制造业投资领域新旧动能转换,2023 年以来,金融机构加大对投资重点领域的支持力度,金融总量稳定增长,贷款结构持续优化、覆盖面不断扩大、利率明显下降;普惠小微贷款、制造业中长期贷款、绿色贷款均保持较快增长,金融让利实体经济、对经济转型的支持力度不断加大,制造业投资增速有望加快。

然而,拖累固定资产投资的因素也不容忽视:首先,民营企业现金流状况以及盈利能力整体表现不佳,或将进一步压低民间固定资产投资;其次,房地产开发资金内生造血能力(自筹资金)明显不足,阻碍房地产开发投资增速提升;最后,房地产销售对新开工的带动作用明显减弱,使得年内房地产投资增速大概率继续探底。

(三)贸易增速持续下行,结构优化调整

新冠疫情大流行凸显了全球生产的脆弱性,美欧国家更加重视产业链安全和产能问题,中国的巨大产能优势和不断爆发的地缘政治冲突加深了美国、欧盟对中国供应链的不信任,全球贸易结构仍处于区域化、安全化和友邦化的深度调整过程中。从短期来看,美国、欧盟等发达经济体仍维持着应对通胀的紧缩货币环境,并为发展中国家带来资本外流和经济下行压力。国内方面,地方债务问题凸显、房地产及其相关行业下行、劳动力市场供需失衡和不匹配等结构性问题拖累国内生产和消费需求。此外,进出口价格的下行和 2022 年较高的基数是拖累进出口增速的另一重要因素。

2023 年前三季度,进出口增速持续回落,贸易顺差与上年同期基本持平(见图 21)。1—9 月进出口总额为 44 101.9 亿美元,同比下降 6.4%。其中,出口总额为 25 203.1 亿美元,同比下降 5.7%;进口总额为 18 898.9 亿美元,同比下降 7.5%;顺差为 6 304.2 亿美元,与上年同期基本持平。受人民币兑美元汇率持续贬值的影响,以人民币计价的进出口增速略高于以美元计价的进出口增速。1—9月进出口总额人民币值为

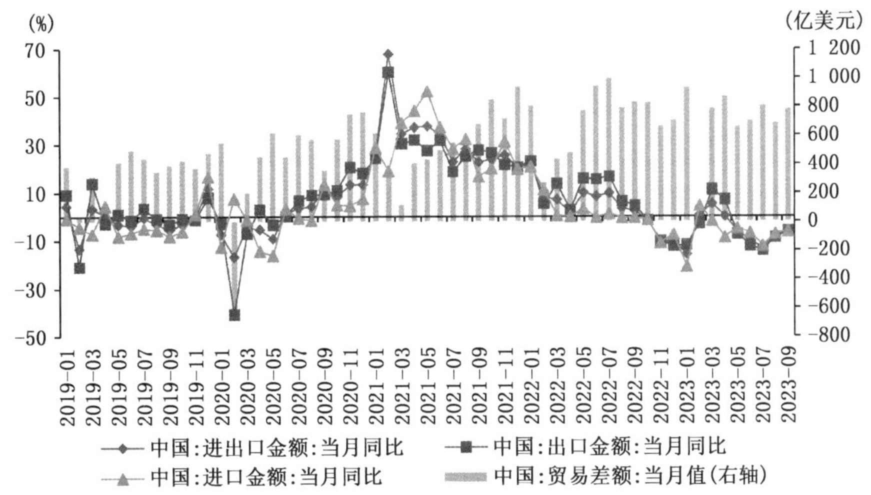

注:2021 年 2 月,出口增速高达 154.3%,为了消除该月出口增速的巨大波动性,该月当月增速数据被替换为其累计增速 60.21%。

数据来源:海关总署。

图 21　2019 年以来全国进出口增速及贸易差额变化

308 012.7 亿元,同比下降 0.2%。其中,出口总额为 176 025.2 亿元,同比增长 0.6%;进口总额为 131 987.5 亿元,同比下降 1.2%;顺差为 44 037.8 亿元,比上年同期增加 2 701.9 亿元,同比增长 6.5%。国际服务贸易稳定增长,但服务贸易出口增速和服务贸易进口增速进一步分化。其中,服务贸易出口同比大幅下降,但服务贸易进口同比大幅上升,导致服务贸易逆差较上年同期进一步增大。国家外汇管理局的统计数据显示,2023 年 1—9 月服务贸易总额为 6 445.1 亿美元,同比增长 1.8%。其中,服务贸易出口总额为 2 388.0 亿美元,同比增长－15.2%;服务贸易进口总额为 4 057.1 亿美元,同比增长 15.3%;服务贸易逆差为 1 669.1 亿美元,比上年同期增加 966.6 亿美元。

短期内,进出口持续下行表现出三个特点:一是产品结构优化。一般贸易增速持续大于加工贸易增速,出口品的国内增加值含量持续提升。例如,电动载人汽车、锂电池、太阳能电池"新三样"出口持续强劲,是拉动出口增速的重要动力。在需求收缩的背景下,中国出口产品结构优化的一个重要外部因素为:全球价值链放大了贸易冲击,加剧了全球价值链的脆弱性,加速低附加值贸易品的供应链转移出中国,这也是美国尽管面临较高的输入型通胀却仍然不取消对中国加征高额关税的原因。二是国家结构调整。在中美经贸脱钩持续、发达经济体需求收缩的背景下,中国出口动力转向俄罗斯、南非、东盟等"一带一路"沿线国家。2023 年 1—9 月,中国与"一带一路"沿线国家的进出口总额高达 14.32 万亿元,同比增长 3.1%,高于整体进出口增速 3.3 个百分点。三是企业结构优化。民营企业进出口增速快于整体进出口增速,民营进出口份额占比提升至 53.1%。除了民营企业具有较高的适应能力之外,中美主导的全球大国博弈对产能较大、市场份额较高的国企更为不利。

分贸易方式来看,加工贸易进出口增速和一般贸易进出口增速继续分化,加工贸易进出口增速持续低于一般贸易进出口增速(见图 22、图 23)。2023 年 1—9 月我国一般贸易进出口 28 727 亿美元,同比下降 4.8%,占我国外贸总值的 65.1%,比上年同期提升 0.6 个百分点。同期,加工贸易进出口 7 982.3 亿美元,同比下降 16.8%,占我国外贸总值的 18.1%。正如课题组一直强调的,中国出口结构不断调整以适应不断变化的国际贸易环境,随着中国出口规模的不断扩张和国内外多种冲击的影响，中国的贸易产业链在不断转型升级，加工贸易两头在外，产业链相对一般贸易更长、国内附加值更低，加工贸易产品对贸易成本变化的敏感性和不稳定性更高。同时，加工贸易较低的国内附加值也导致其竞争优势不断下降。因此，在贸易结构调整的过程中，附加值相对较低的加工贸易逐渐转移至东南亚国家及其他国家，仅有部分核心环节和较高附加值的环节仍然保留在国内，因此，加工贸易出口占比从 2011 年的 44%下降至 2023 年前三季度的 18.1%。而近年来中美之间较高的关税和全球供应链调整，则加速了以加工贸易为主的低附加值产业转移出中国。

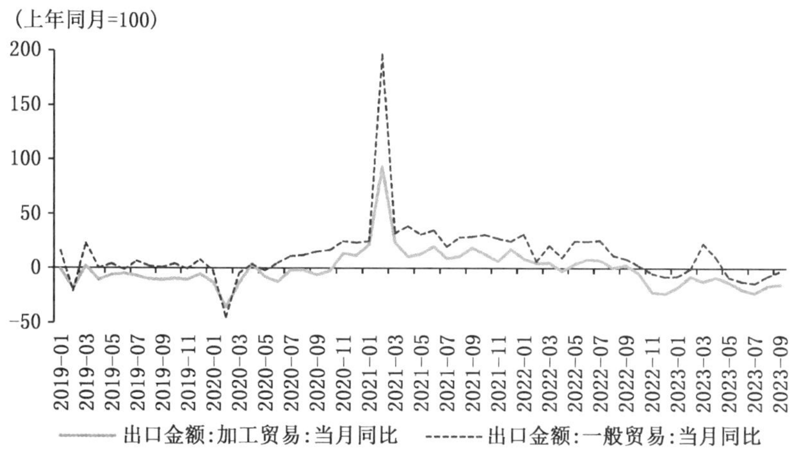

数据来源:海关总署。

图 22　2019 年以来我国不同贸易方式出口增速

分地区来看，2023 年 1—9 月中国与主要贸易伙伴国的进出口增速持续分化，是后疫情时代中美博弈主导贸易格局的一个重要体现。出口方面，发达经济体通货膨胀和紧缩的货币环境继续拖累对中国出口产品的需求，中国对美国、欧盟的出口均出现负增长(见图 24)。而中美在经贸领域的持续脱钩导致中国对美国出口增速大幅下降 17.3%。与此同时，中国加大了与南非、俄罗斯、东盟等“一带一路”沿线国家的贸易往来。1—9 月中国对南非和俄罗斯的出口增速分别高达 9.6%和 60.9%，有效对冲了中美脱钩和来自发达国家的需求收缩风险。中国对俄罗斯出口的大幅增长主要源于俄乌冲突和中美大国博弈的共同影响。中国香港实行盯住美元的联席汇率制度，美元升值带动了港元汇率相对其他货币持续

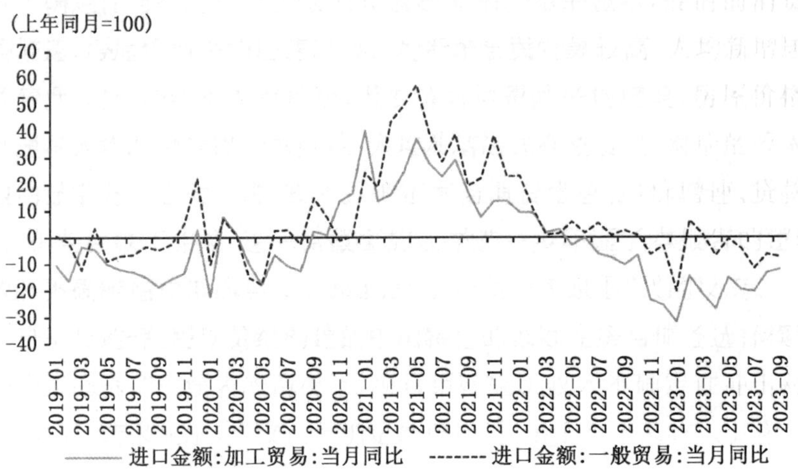

数据来源:海关总署。

图 23　2019 年以来我国不同贸易方式进口增速

升值,这进一步恶化了本已步入下行通道的香港经济,并对香港的转口贸易产生负面影响,拖累中国内地对香港的出口增速。进口方面,南非、俄罗斯、巴西等“一带一路”沿线国家仍然是稳定进口的重要来源,而中国从韩国、日本、中国台湾等亚太地区的进口则拖累了整体进口增速(见图25)。这主要源于中美大国博弈对亚太地区贸易产生负面影响,导致中国从韩国、日本、中国台湾的进口出现大幅下跌。受美国领导的半导体联盟对中国禁运芯片及相关产品的影响,中国进口的集成电路和半导体制造设备在 2023 年前三季度大幅下降 18.8%,占总进口比重降为 14.6%,拖累进口整体增速下降 2.7 个百分点。其中,韩国、中国台湾是重要的进口来源国和地区,美国对中国的半导体限制大幅拖累了中国从韩国、中国台湾的整体进口增速。①

① 中国从韩国进口集成电路占中国从韩国总进口的约 38%,从中国台湾进口集成电路占从中国台湾总进口的 69%。

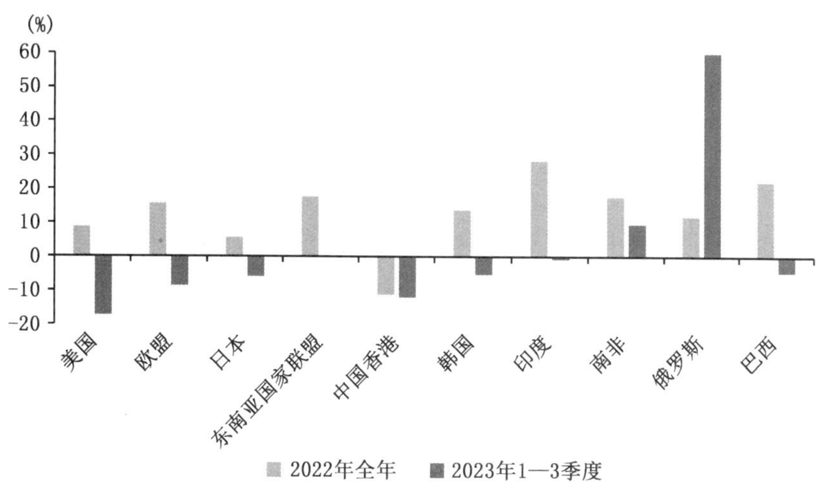

数据来源：海关总署。

图 24　中国对主要出口国(地区)贸易增速

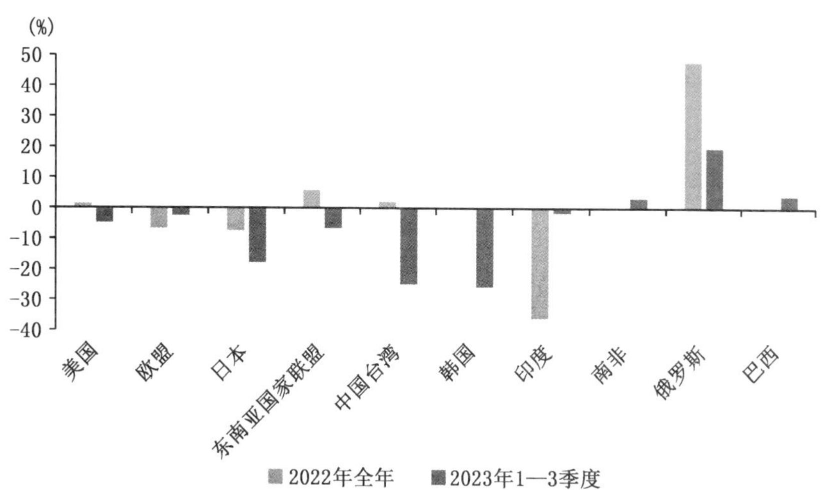

数据来源：海关总署。

图 25　中国对主要进口国(地区)贸易增速

2023 年 1—9 月中国服务贸易继续复苏，但服务贸易进出口增速出现分化(见图 26)。其中，服务贸易出口大幅下降 15.2%。服务贸易进口大幅增长 15.3%，服务贸易逆差为 1 669.1 亿美元，比上年同期增加 966.6 亿美元。服务贸易逆差的行业来源保持稳定，主要是旅行、运输、知识产权使用费、保险和养老服务这 4 个行业,并且以旅行逆差为主。2022 年 1—9 月,服务贸易逆差为 1 669.1 亿美元,其中,旅行逆差为 1 299.3 亿美元,仍然是服务贸易逆差的主导因素。

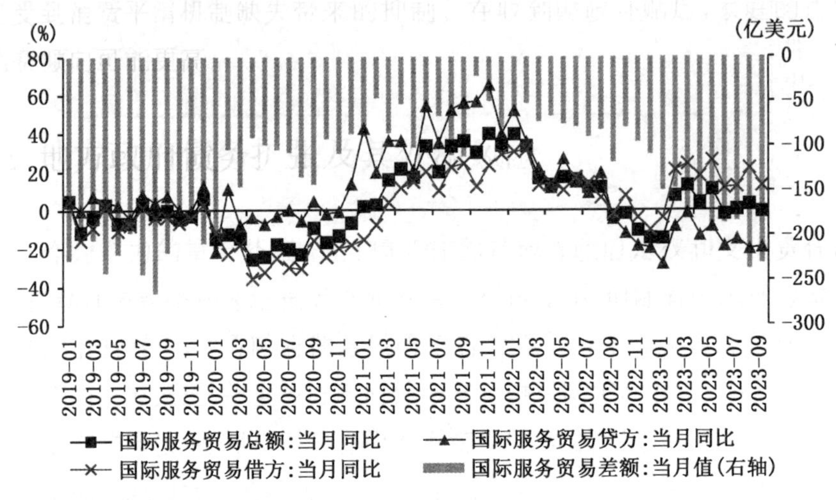

数据来源:国家外汇管理局。

图 26 2019 年以来我国服务贸易走势

四、有限空间下的宏观政策持续发挥调节作用

(一)"以我为主"的货币政策协调宽松

2023 年前三季度稳健的货币政策保持灵活适度,金融市场整体平稳运行。2023 年货币政策主动应对国内外诸多因素的影响和冲击,靠前发力。截至 9 月末,受居民户和非金融企业新增存款增速下降的影响,货币供应同比增长 10.3%,为 2023 年以来最低水平。社会融资规模存量同比增长 9%,实体部门融资需求依然处于 5 年来低位,虽然实体经济融资需求与货币供应增速剪刀差仍在持续,但已连续 8 个月收窄(见图 27)。居民部门前三季度的累计新增贷款虽然还未恢复到 2021 年之前的水平,但是较上年同期已实现正增长,而非金融企业前三个季度的累计新增贷款依然保持较高水平,信贷结构持续优化,小微企业、乡村振兴、绿色低碳、科技创新等领域金融资源投入持续加大。总体来看,实体部门融资需

求出现回升的迹象。

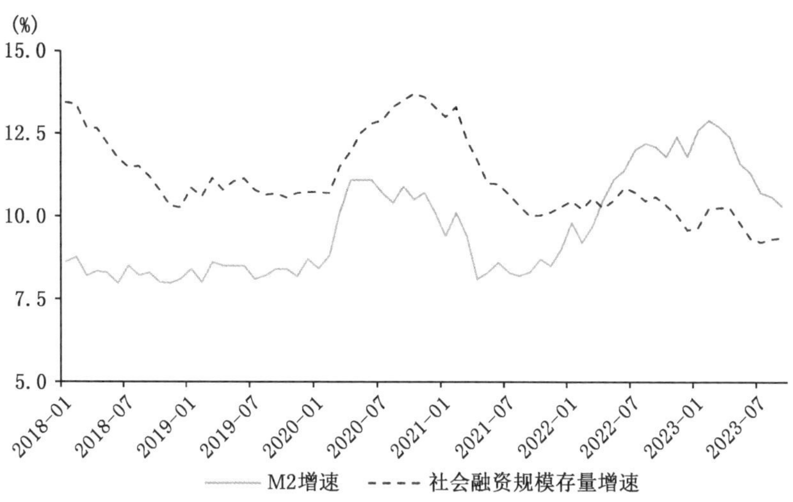

数据来源：中国人民银行。

图 27　货币供应(M2)和社会融资规模存量同比增速

2023 年以来，DR007 的利率水平与 7 天期逆回购利率之差保持窄幅波动，市场流动性保持合理充裕，实体经济的融资成本延续下降趋势。具体地，央行于 2023 年 3 月和 9 月分别全面下调存款准备金率 0.25 个百分点；9 月末 DR007 的加权平均利率为 2.09%；9 月 LPR 报价一年期利率和五年期利率分别为 3.45% 和 4.2%，较年初分别下降 20 个和 10 个基点；第二季度末各类贷款的加权平均利率为 4.19%，同比下降 0.22 个百分点(见图 28)。此外，各主要商业银行自 9 月 25 日起开始实施的降低存量首套住房贷款利率，有望使得第四季度个人住房贷款平均利率进一步下降，并拉动实体部门贷款的加权平均利率也进一步下降。

虽然当前我国经济总体呈现恢复向好的趋势，但是依然面临不少内外部挑战。从内部环境来看，房地产行业持续低迷，地方政府土地出让收入持续走低，地方债务问题不容小觑，这要求货币政策进一步加大逆周期调节力度，提高货币政策传导效率；从外部环境来看，中美利差持续走扩，2024 年美联储仍有不小的加息可能性，大国竞争仍将持续，全球地缘政治风险在高位徘徊，这要求货币政策保持足够的应对超预期调整的空间和储备。因此，课题组认为，2024 年货币政策仍有一定的降准和降息空间，但这要求人民银行精准把握内外平衡,坚持“以我为主”,实施好稳健的货币政策。

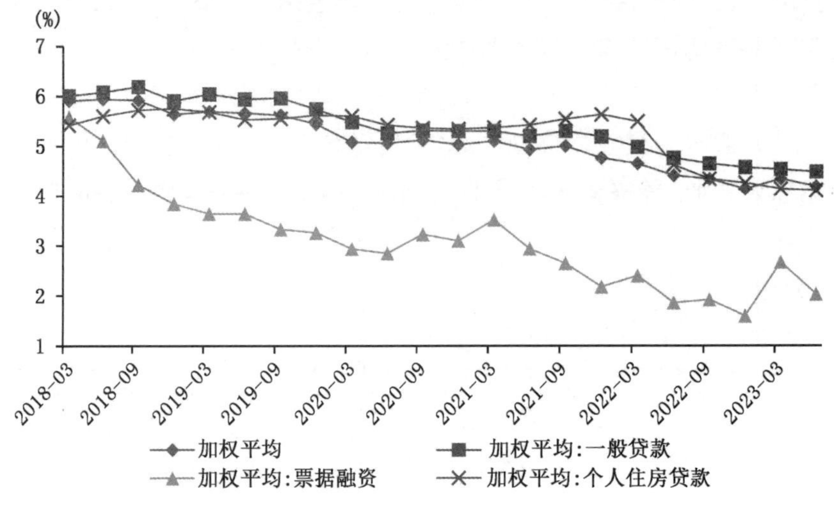

数据来源:中国人民银行。

图 28 实体部门贷款加权平均利率

(二)财政政策继续发力,但地方财政收支两端承压

2023 年前三季度,全国一般公共财政收入 16.7 万亿元,同比增长 8.9%,比 2021 年同期增长 1.6%。其中,中央一般公共预算收入 7.59 万亿元,同比增长 8.5%;地方一般公共预算本级收入 9.08 万亿元,同比增长 9.1%。8 月和 9 月当月财政收入增速由正转负,同比分别下降 4.6%和 1.3%。从公共财政收入进度来看,2023 年前三季度公共财政收入占全年预算收入 21.73 万亿元的 76.7%,略低于 2018—2022 年 78.4%的平均水平。考虑到财政收入增长中包含了 2022 年增值税留抵退税造成的基数效应,实际增速显著放缓,反映了宏观经济总体修复力度偏弱的现状。

分税种看,2023 年前三季度国内增值税收入 5.35 万亿元,同比增长 60.3%,增幅大幅上升的原因主要是基数效应(见图 29)。同期国内消费税 1.25 万亿元,进口环节增值税 1.41 万亿元,累计同比分别下降 4.9%和 7.3%,降幅比第一季度明显收窄,主要原因是 2022 年第一季度税收入库较多导致的基数效应。受企业利润下降等因素影响,企业所得税收入 3.37 万亿元,同比下降 5.4%。随着专项附加扣除政策效应持续释放，个人所得税收入 1.13 万亿元，同比下降 0.4％。

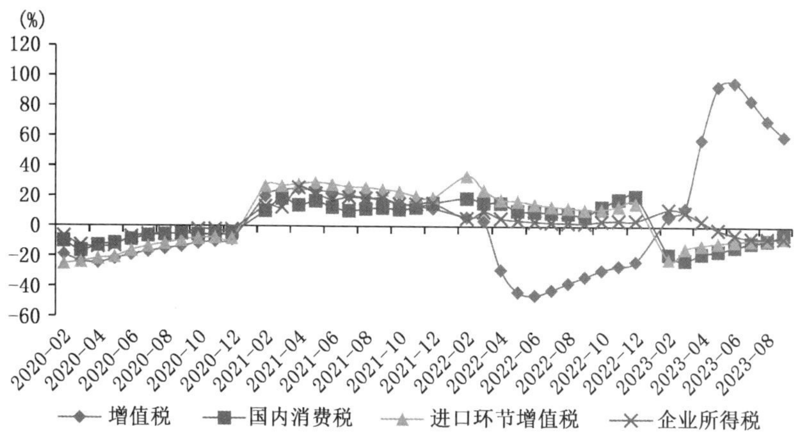

数据来源：Wind、上海财经大学经济学院。

图 29　主要税种收入增速下滑

房地产相关税收中，契税和房产税均实现增长，但增速相对较低。其中，契税 4 491 亿元，同比增长 2.2％；房产税 2 600 亿元，同比增长 7.6％（见图 30）。同时，其他几类相关税收均同比下降，其中，城镇土地使用税 1 547 亿元，同比下降 3.1％；土地增值税 4 337 亿元，同比下降 16.0％；耕地占用税 887 亿元，同比下降 16.0％。房地产相关主要税种收入增速偏低，反映了房地产市场整体低位运行的现状。

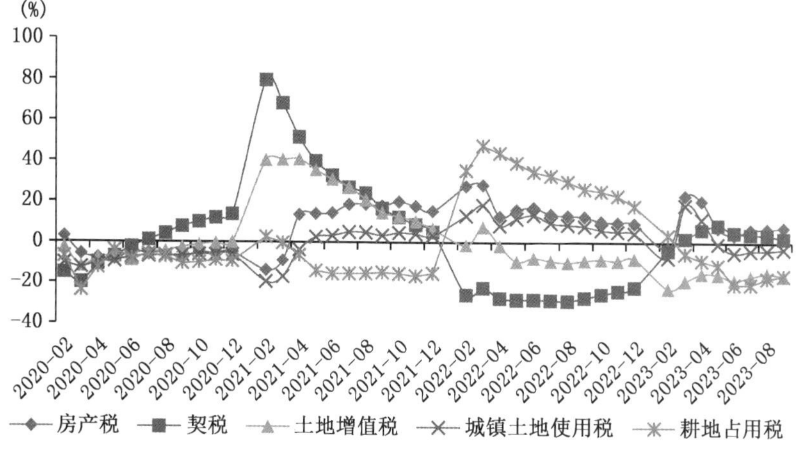

数据来源：Wind、上海财经大学经济学院。

图 30　房地产相关税收增速偏低

支出方面,2023 年前三季度公共财政支出 19.79 万亿元,同比增长 3.9%。其中,中央一般公共预算本级支出 2.67 万亿元,同比增长 6.6%;地方一般公共预算支出 17.12 万亿元,同比增长 3.5%。8 月和 9 月当月财政支出增速回正,同比分别增长 7.23%和 5.17%,显示财政支出力度正在提升。

从支出进度来看,2023 年前三季度公共财政支出完成全年预算支出 27.51 万亿元的 71.9%,略低于 2018—2022 年 73.5%的平均水平,但进度比过去三年略快。从支出项目来看,民生支出方面继续保持稳定增长,其中,教育支出 2.96 万亿元,同比增长 4.3%,社会保障和就业支出 3.08 万亿元,同比增长 8.2%;卫生健康支出 1.68 万亿元,同比增长 3.3%。随着基建投资放缓,基建支出增速明显下降,其中,城乡社区事务支出 1.42 万亿元,同比减少 0.9%;农林水事务支出 1.66 万亿元,同比增长 3.9%;交通运输支出 0.87 万亿元,同比减少 2.5%;债务付息支出 8 579 亿元,同比增长 4.3%,还债负担持续上升。

政府基金性收入方面,2023 年前三季度全国政府基金性收入 3.87 万亿元,累计同比下降 15.7%。其中,中央政府性基金收入 3 048 亿元,地方本级政府性基金收入 3.56 万亿元,累计同比分别下降 7.9 个和 16.3 个百分点。地方本级政府性基金收入增速下降的主要原因是国有土地使用权出让收入增速的大幅下降(见图 31),前三季度累计同比下降 19.8 个百分点,仅有天津、宁夏、江苏、北京、浙江五个省、自治区、直辖市分别实现 122%、79%、10%、3%、1%的同比正增长。西部省份土地转让金收入增速下降幅度较大,这些财政能力和经济发展水平本就相对较弱的省份,土地转让金收入增速下降将进一步削弱财政能力,给当地经济发展和债务化解形成制约。

按照“以收定支”的原则,一般公共财政收入增速下降的背景下,政府基金性收入增速的大幅下降在很大程度上限制了政府性基金的支出端发力。前三季度全国政府基金性支出 6.64 万亿元,累计同比下降 17.3 个百分点。其中,中央政府性基金支出 1 927 亿元,地方本级政府性基金支出 6.44 万亿元,累计同比分别下降 45.8 个和 16.0 个百分点。从政府性基金收支进度来看,前三季度政府性收入占全年预算的 49.5%,大幅低于 2018—2022 年平均水平(64.8%);政府性基金支出占全年预算的

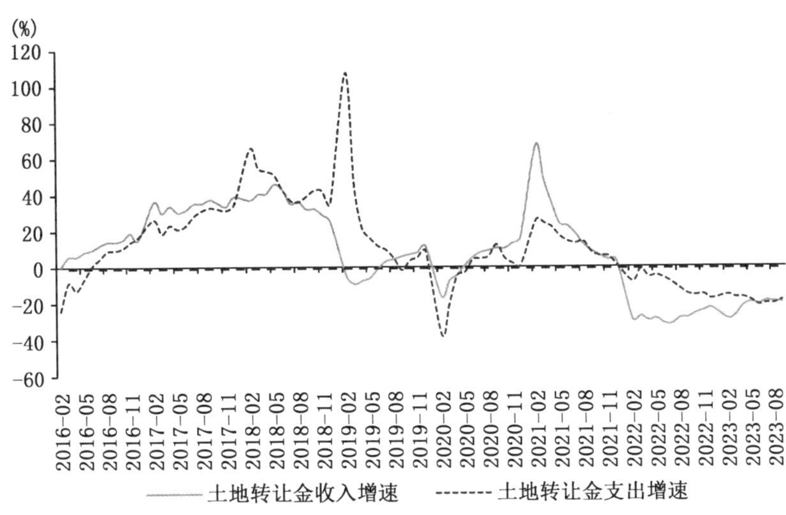

数据来源：Wind、上海财经大学经济学院。

图31　土地转让金收支大幅下降

56.3%，略低于2018—2022年平均水平(60.0%)。

此外，土地出让金依然是地方政府收入的主要来源。截至2023年第三季度，土地使用权出让收入占地方政府性基金收入的比例从2020年6月的峰值94.26%下降到86.6%，略高于2015年的平均水平，但依然处于高位(见图32)。按土地出让金/一般公共财政收入测算，全国平均土地财政依赖度有所回落，2023年有望下降到50%左右。国有土地使用权出让收入增速的大幅下降短期内直接制约了地方政府的收入和支出能力。

财政收支两端承压，导致政府债务融资需求上升。截至2023年10月底，地方政府新增发债8.03万亿元，其中，一般债券0.65万亿元，专项债券3.54万亿元，再融资债券3.85万亿元，净融资额4.80万亿元。地方政府债券余额达39.5万亿元，比年初增长13.3%。此外，根据Wind数据统计，2022年城投带息债务余额41.5万亿元，2023年城投债发行4.53万亿元，合计保守估算地方政府债务已达85.5万亿元(见图33)。按照公开数据测算[①]，全国平均负债率已达63.3%，其中天津、贵州的负债率均超过100%，分别达到130.2%和114.4%。均值以上，超过65%

① 测算公式：(地方政府债券余额+城投带息债务余额)÷GDP。

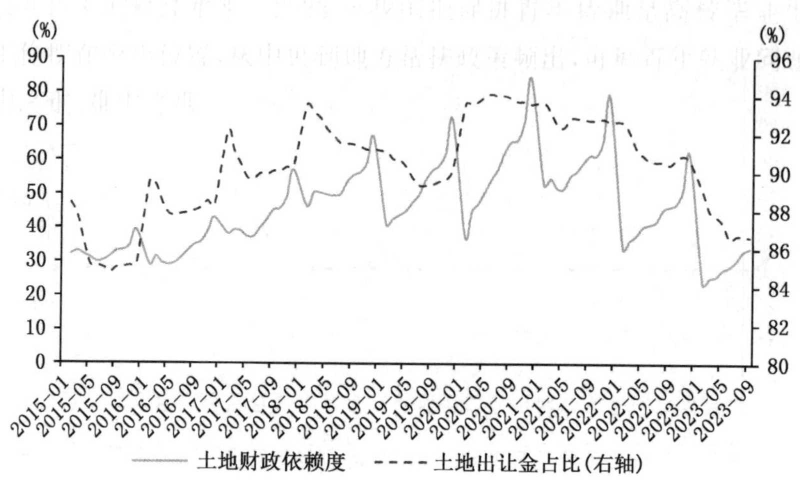

数据来源:Wind、上海财经大学经济学院。

图 32　土地出让金占地方政府收入的比例

的还有浙江、青海、四川、江西、吉林、重庆、江苏、甘肃、湖南、广西、陕西、新疆、云南和安徽 14 个省份。债务不断积累对地方政府财政形成较大的还债负担,随着大量债务集中到期,每年债务付息支出均超过 1 万亿元,2023 年前三季度全国债务付息支出占财政收入比重已达 5.1%。

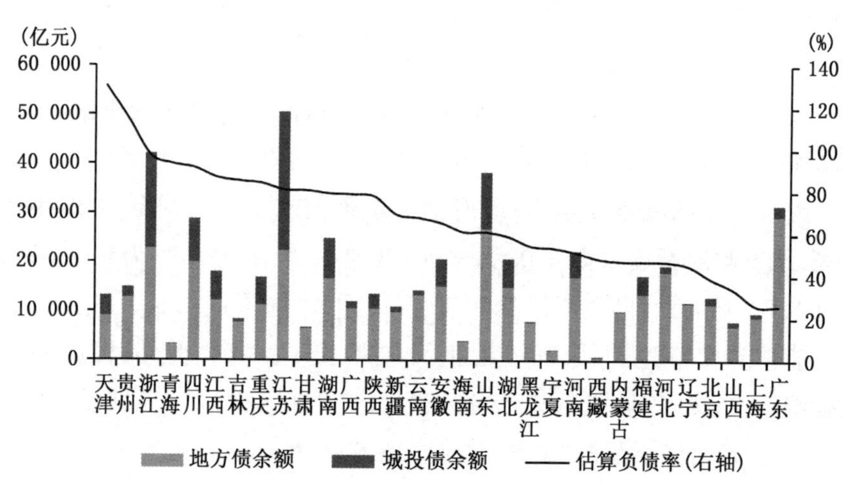

数据来源:Wind、上海财经大学经济学院。

图 33　地方政府债务压力持续积累

综上所述，2023 年财政收入增速放缓，而支出力度需要继续加大，收支缺口倾向于扩大。同时，随着经济增长动能渐弱，房地产市场走低，地方政府土地转让收入下滑，总体财力受限，在化债成为全年财政政策主线的背景下，地方政府债务融资空间也比较有限。多种因素叠加之下，有必要通过存量债务置换、中央财政支持等措施妥善优化调整地方债务结构。2023 年 10 月 24 日，全国人大常委会通过了国务院增发国债和调整 2023 年中央预算方案的决议，增发 1 万亿元国债用于转移支付，支持受灾地方政府恢复重建和提高灾害防治能力。据此估算，2023 年赤字率将由 3%提高到 3.8%左右。通过转移支付形式为地方基建刚需筹措资金，可以尽快缓解地方政府的融资压力，同时不会对地方举债行为造成扭曲，不违背地方政府债务风险化解的基本原则。延续中央政府加杠杆，为地方政府化债和降低融资成本争取腾挪空间的思路，2024 年可适当上调预算赤字率到 3.8%以上的较高区间，充分利用中央财政能力，为 2024 年经济开局打下良好的基础。

第二章

高质量发展过程中的风险、机遇与应对

一、价格通缩初显，警惕债务通缩

2023年前10个月CPI、PPI和GDP平减指数同比增速均较2022年同期和年均增速明显下降。如图34所示，受国际环境复杂严峻、国内需求仍然不足以及基数效应等因素的影响，2023年前10个月CPI和核心CPI累计同比增速分别为0.4%和0.7%，均较2022年年均2.0%和0.9%的增速有所下降，其中7月CPI同比增速创下自2021年2月以来新低－0.3%；受国际大宗商品价格波动传导和工业需求偏弱以及基数效应等多种因素影响，2023年前10个月PPI累计同比增速为－3.1%，较2022年年均4.1 %的增速大幅下降，且已连续13个月出现负增长，其中5月创下自2016年以来新低－5.4%；课题组根据国家统计局公布的GDP名义值以及实际同比增长率构造计算得到的GDP平减指数在2023年前三季度分别是0.45%、－1.63%和－1.16%，累计同比增速约为－0.8%，大幅低于2022年同期值3.1%，其中第二季度创下进入21世纪以来新低，甚至低于2009年第二季度金融危机时的最低值－1.53%。总体而言，2023年价格增速较2022年明显下降，CPI、PPI呈现双降走势，GDP平减指数同比增速也显著下降，通缩迹象显现。

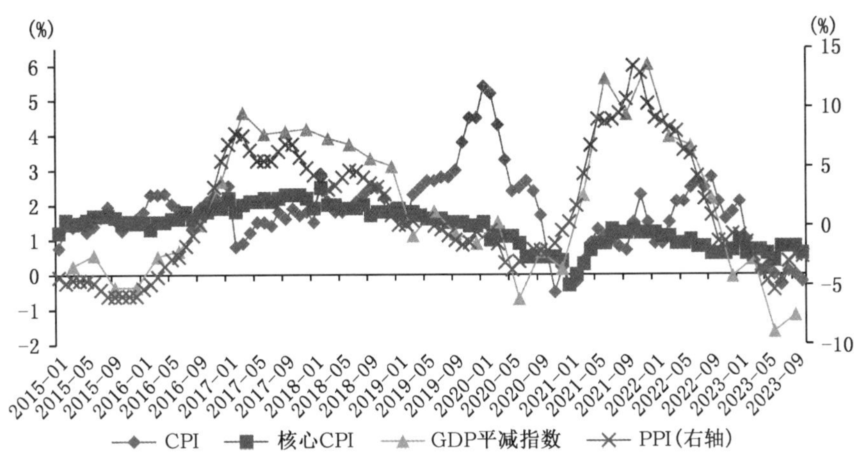

数据来源：国家统计局、上海财经大学经济学院。

图 34　价格指数同比增速

当年价格指数同比增速既受到上年价格上涨(下降)的滞后(延伸)影响(即翘尾因素的影响)，又受到当年价格变动的新影响(即新涨价因素的影响)。为了更清楚地看到当年新涨价因素的影响，课题组将 CPI 和 PPI 的同比增长分为两部分：第一部分是上年同期至上年年底的翘尾因素影响，第二部分是当年价格变动的新涨价影响。从图 35 可以看出，去除翘尾因素影响后的 CPI 新涨价因素在 2023 年的变化情况，除了 9 月、10 月之外，翘尾影响几乎都是正的，新涨价因素低于 CPI 同比增速，且在 4—8 月以及 10 月均为负值。PPI 的翘尾因素和新涨价因素在 2023 年均为负值，进而带动 PPI 同比增速显著下降。尽管自 7 月以来 PPI 下降的幅度有所减缓，但依然为负，且下降幅度的减缓主要是由负翘尾因素的影响逐渐减弱所带动。

根据课题组的数学模型和计量分析①发现，食品对 CPI 的影响约为 18%，服务业对 CPI 的影响约为 40%。国家统计局 2023 年 11 月发布的数据显示，2023 年前 10 个月 CPI 同比上涨 0.4%，较 2022 年同期 2.0% 的增速下降 1.6 个百分点。从食品来看，2023 年前 10 个月食品价格平均上涨 0.4%，导致 CPI 上涨约 0.07 个百分点，而 2022 年同期食品价格

① 课题组用不同的方法(如解方程和回归分析)，结果是稳健的，而且与国家统计局的家庭消费支出的微观调查数据基本一致，说明课题组研究分析的结果是合理的。

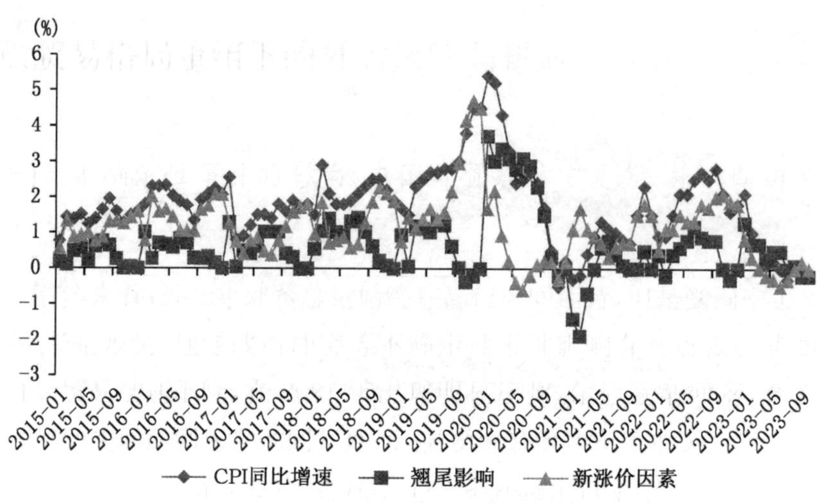

数据来源:国家统计局、上海财经大学经济学院。

图 35 CPI 同比增速翘尾影响与新涨价因素

增速为 2.5%,拉动 CPI 上升约 0.45 个百分点。从非食品来看,2023 年前 10 个月非食品价格平均上涨 0.3%,导致 CPI 上涨约 0.28 个百分点,而 2022 年同期增速为 1.9%,拉动 CPI 上升约 1.56 个百分点。从另一分类消费品和服务角度来看,2023 年前 10 个月消费品价格平均同比下降 0.1%,导致 CPI 下降约 0.06 个百分点,而 2022 年同期增速为 2.8%,拉动 CPI 上升约 1.68 个百分点;2023 年前 10 个月服务价格平均同比上升 1.0%,导致 CPI 上升约 0.4 个百分点,而 2022 年同期增速为 0.9%,拉动 CPI 上升约 0.36 个百分点。由此可见,2023 年 CPI 同比增速下降主要是由以食品为代表的消费品价格同比增速下降所导致的。

从食品的部分子项来说,2023 年前 10 个月猪肉、鲜菜、鲜果、水产品、粮食和蛋类加在一起共拉低 CPI 约 0.078 个百分点,而 2022 年同期这 6 项共拉高 CPI 约 0.35 个百分点,因此 2023 年前 10 个月猪肉、鲜菜、鲜果、水产品、粮食和蛋类价格合计对 CPI 的贡献较 2022 年同期下降约 0.428 个百分点。基于以上分析,2023 年前 10 个月鲜菜、鲜果、水产品、粮食和蛋类价格同比增速均较上年同期有所下降,抵消了猪肉价格同比增速的上升,从而带动食品类价格同比增速从 2.5%下降为 0.4%,进而引起 2023 年前 10 个月 CPI 同比增速仅 0.4%。考虑到基数效应、供求关系及猪肉价格变化趋势等因素的影响，课题组预计2024年食品价格对CPI的拉动作用将较2023年有所上升。

从非食品的部分子项来说，2023年前10个月居住、生活用品及服务、交通通信、教育文化娱乐、医疗保健以及衣着类加在一起共拉高CPI约0.06个百分点，而2022年同期这6项共拉高CPI约1.32个百分点，因此，2023年前10个月居住、生活用品及服务、交通通信、教育文化娱乐、医疗保健以及衣着类价格合计对CPI的贡献较2022年同期下降约1.26个百分点。基于以上分析，主要受国际原油价格影响，2023年前10个月交通和通信类价格同比增速下降明显，进而带动非食品价格同比增速较上年同期下降1.6个百分点。考虑到国内经济的缓慢复苏以及以能源类为代表的国际大宗商品价格波动趋势等因素的影响，课题组预计2024年非食品价格同比增速将较2023年有所上升。

如上所述，2023年前10个月PPI同比增速先下降后波动上升，累计同比增速为－3.1%，其中，生产资料同比增速为－4%，生活资料同比增速为0.1%。根据课题组的分析，生产资料出厂价格对PPI的影响（即生产资料的权重）约占79%，生活资料出厂价格对PPI的影响（即生活资料的权重）约占21%。[①] 由于生产资料占比较大，且其自身价格波动也较大，因此，PPI同比增速的变化与生产资料价格同比增速变化基本一致。事实上，2023年前10个月生产资料的价格变化影响PPI同比下降约3.16个百分点。

进一步的分析显示，2023年前10个月PPI同比增速大幅下降（相较于2022年同期5.2%的增速下降8.3个百分点），一方面是由于2022年在俄乌冲突的影响下原油价格大幅上升，虽然之后由于美联储加息，原油价格又有所下跌，但是2022年油价基数相较2023年仍较大，且俄乌冲突的边际影响逐渐减弱，2023年上半年原油价格延续了2022年下半年的下降趋势，翘尾因素和新涨价因素均为负值，共同拉低2023年PPI的同比增速；另一方面是由于全球经济增速放缓，加之美国区域性银行的破产进一步增加了全球经济下行的风险，对大宗商品的需求相应下降，价格也随之走弱，而美联储的紧缩性货币政策也影响到大宗商品价格的走向，加

① 使用2023年1—9月数据计算。

大了大宗商品价格下行的压力,导致大宗商品价格大幅下跌。

综合考虑到基数效应、美联储加息的不确定性以及国际政治经济形势等各种因素对大宗商品价格进而对 PPI 的影响,课题组预计 2024 年 PPI 同比增速将较 2023 年有所上升。

尽管课题组预计 2024 年价格指数同比增速会有所上升,但值得注意的是,扣除食品和能源的核心,CPI 增速依然相对较低,自 2023 年 2 月以来一直低于 1%,且 GDP 平减指数同比增速在第二、第三季度均为负值,通缩迹象显现。通货紧缩会加重企业债务负担,企业过度负债又会反过来恶化通货紧缩,从而陷入“债务—通缩”的恶性循环,债务和货币购买力的冲击,将对几乎所有其他的经济变量产生严重的冲击,最终可能导致经济的“螺旋式”衰退甚至大萧条,因此要特别警惕债务通缩。

2023 年前 10 个月 CPI 和核心 CPI 累计同比增速分别为 0.4%和 0.7%,远低于正常情况下 3%的通胀目标,反映了当前经济内生动力不强,有效需求依然不足。

从短期来看,政策制定方向应该集中于进一步扩大消费,持续改善消费环境,释放消费潜力特别是服务类消费,进而为经济复苏提供助力。首先,短期内需要通过颁布一些积极稳定的政策来提振信心、改善预期。其次,注意需求的结构性差异,低收入家庭更关注生活必需品,高收入家庭更注重高质量商品甚至是奢侈品。针对不同的群体,采用相应的刺激方法促进消费。

进一步从中长期来看,需要进行供给侧改革,提高供给侧的高质量发展,进而满足有效需求。首先,政策制定者应当正确认识能源战略储备的必要性和重要性,尽快形成政府储备,提高能源战略储备能力。其次,要大力发展新型清洁能源,寻求可替代资源,使得我国对化石能源的依赖性逐渐减少。最后,通过创新,提高产品质量,释放消费潜力,把海外需求转移到国内。建议政府加快推进相关体制改革,创立思考和创新的良好环境,鼓励大家多进行高质量的创新性研发,全面提升供给体系的适应力和创新性。

二、从需求端看当前房地产市场的困境

2023 年第三季度,虽然整体经济呈现复苏状态,但房地产市场的表

现并不尽如人意，未能延续上半年复苏的态势。课题组认为，房地产市场疲软的原因不应只在房地产市场内部寻找，而应具有全局精神，从一个更宽广的角度思考房地产市场的问题。我们认为，家庭收入波动增加才是房地产市场问题的关键所在。在接下来的分析中，我们先对房地产市场的表现做一个概览，然后提供我们的认识视角。

房价是房地产市场是否恢复的最重要指标，从数据来看，房价的恢复明显不及预期。无论是新建住宅价格指数还是二手房价格指数，抑或是控制了二手房状况的二手房出售挂牌价指数，在第三季度均下降，并且二手房的下降幅度更大。

房价低迷直接影响到房地产企业，导致房地产企业资金链紧张、投资下滑，甚至可能出现金融风险。从资金到位情况来看，房企的资金增长动力主要来自其他资金，进入第三季度后，受房地产市场再次收紧的影响，其他资金的同比增速转负，进一步表明房地产企业的资金链不容乐观。

房企的资金链受到影响，自然就会降低投资、降低开工，这就使得房地产开发投资形势依然严峻。从整体上看，2023 年 1—9 月全国房地产开发投资同比下降 9.1%。不断下滑的房地产开发投资显示了房地产企业在资产负债表并未得到根本修复的情况下，对于投资的信心不足。

房企的资金链收紧，不仅投资下滑，为未来囤地的动机也下降了，这自然影响到了地方政府的土地供给。从整体上看，2023 年 1—9 月地方政府国有土地使用权出让收入同比下降 19.8%，下行幅度扩大 0.2%，情况继续恶化。土地市场的持续遇冷也会令地方政府的预算捉襟见肘，这更会减少经济稳定的工具和手段。

房地产市场的疲软直接反映出家庭住房需求的下降。如何理解家庭部门的这种需求端的疲软？课题组在 2022 年的年终报告中就指出，收入不确定性的增加，预期的减弱是理解这些问题的根本。在本次报告中，我们将继续就这一问题展开更为细致的探讨，主要回答以下几个问题：第一，提供收入不确定性冲击引起家庭资产负债表衰退的直接证据；第二，在冲击是离散的情况下，检验收入不确定性冲击的影响，以及当前市场的自我调整能否吸收掉不确定性的影响；第三，考虑到疫情已经结束，检验收入不确定性的影响何时衰退、经济何时恢复正轨，以及必要的政策应对。

利用疫情前后横截面上各省份的收入方差指标，本报告首先检验了收入不确定性与家庭资产负债表衰退的关系。结果显示,疫情前消费品平均增速、房屋价格平均增速以及人均新增居民贷款较高,人均新增居民存款较低,对应的收入方差较小;但疫情后消费品平均增速、房屋价格平均增速和人均新增居民贷款降低,人均新增居民存款提高,对应的收入方差也明显上升。也就是说,收入不确定性与消费增速、房价增速、贷款负相关,但与存款正相关,这一横截面的证据进一步印证了本报告的逻辑,即收入不确定性冲击确实会引起家庭"资产负债表衰退"式的反应。

进一步地,利用项目组构建的中国特色的家庭住房与债务选择模型,在考虑家庭资产负债表的情况下,项目组检验了收入不确定性冲击对家庭的影响。结果显示,当收入不确定性增加时,出于对未来收入下降的担心,家庭的预防性储蓄动机增加了。虽然住房作为一种资产也会起到平滑消费的目的,但由于住房的流动性较差,且房贷的利率要高于存款利率,因此,住房流动性差的特性不仅会掩盖家庭预防性储蓄动机向房地产市场的传导,而且会引起家庭住房需求下降,反映到房地产市场中就是房价下降、家庭债务下降,这与 2022 年以来的房地产市场变动完全一致。也就是说,并不是房地产市场内部问题导致了房地产市场的低迷,问题的根源还是出在劳动力市场上。

由于消费的下降还会传导到生产端,从而引起失业率的上升或者工资的下降,因此现有文献称之为一般均衡效应或间接效应。我们通过将家庭需求的下降与工资建立联系,进一步捕捉收入不确定性冲击的间接效应。结果显示,当把总需求下降产生的工资下降或者失业率升高考虑进来后,收入不确定性冲击对房地产市场的影响会更加严重。原因在于,收入不确定性冲击虽然使得家庭预防性储蓄升高,但并未从根本上改变整体经济收入水平。但是,当总需求不足传导到生产端时,还会额外产生负向收入效应,导致经济状况进一步下降。

如果企业像现实数据中表现的那样降低住房供给、降低开工率,从而使得住房总供给下降,那么收入不确定性冲击对房地产市场的影响是不是就会降低呢?我们进一步检验了这一猜测。结果显示,如果保持房价不变,当收入不确定性增加时,家庭的住房需求会降低,并且会在收入不确定性冲击的最后一期达到顶峰,最高可达到 9%左右。这一结果高于当前的数据值,并且需要注意的是,此处的住房面积是所有住房的存量,不仅对应于现实中的新房，而且包括二手房。而数据中的房屋新开工面积是一个流量的概念，仅包括新房面积。从这里可以看出，房地产企业降低住房供给仍无法起到稳定房地产市场的目的。

如何扭转这个局面，再次激发家庭的住房需求？课题组认为，需要认识到当前我国房地产市场的疲软不仅仅是房地产的问题，而且是牵扯到整体经济运行是否健康的问题。现在社会上有些观点认为房价降低、家庭债务增速放缓是家庭购房动机下降所导致，是房地产市场的内部问题，因此，降低家庭购房壁垒，比如调低贷款利率、降低首付比、降低买房限制等政策，可以起到刺激房地产市场的作用。这种观点孤立地看待房地产问题，低估了房地产市场问题的严重性，最近两年出台的类似政策的效果也印证了这一点。本报告的分析表明，劳动力市场的健康运行才是稳定房地产市场的关键，政策制定者要有全局意识，要关注于稳定劳动力市场、提高家庭收入、恢复家庭预期。只有这样，才能从根本上恢复家庭的住房需求，起到稳定房地产市场的作用，而不是“头疼医头、脚疼医脚”。

与此同时，由于中国二次抵押市场几乎等于缺失的现实，大量未还完房贷或已还完房贷的住房净值仍在市场中沉睡，未能起到平滑家庭消费、改善家庭需求的作用。因此，课题组认为，在保证家庭部门不陷入“债务通缩”衰退的大前提下，家庭部门加杠杆的具体措施不妨换一种思路，不再将眼光放在住房需求上，而是放松二次抵押的限制，将加杠杆的人群放在多年前已经买房、已经累积了足够的房屋净值，并且目前急需消费资金的家庭。这样不但不增加家庭的额外债务负担，而且可以放松家庭的预算约束，起到刺激需求的目的。

进一步地，特定人群在政策刺激效果中的作用不容忽视。习近平总书记在《当前经济工作的几个重大问题》中强调，“要提高消费倾向高、但受疫情影响大的中低收入居民的消费能力”；课题组在 2022 年的宏观报告中就指出，由于市场更加不完备，因此，在我国可能存在着家庭储蓄率高与家庭边际消费倾向高并存的现象。其经济学含义为：未还完房贷的住房净值不能进行二次抵押导致的市场不完全性，不但会提高家庭储蓄，而且会提高家庭对收入冲击的边际消费倾向。具体而言，如果家庭不能进行二次抵押，则一方面由于未来收入不确定性的存在，家庭未来可能有收入骤降的风险，如果不想因此而卖房，家庭就需要为未来的房贷还款储备流动性资产,压低了日常消费;另一方面,在面临收入冲击时,家庭也不能通过调整信贷保持消费平滑,进行自我保险,为了降低消费的波动,家庭也会压低日常消费。因此,家庭消费不但受到额外储蓄动机的抑制,而且受到消费平滑机制缺失带来的抑制。在收到财政补贴后,家庭的边际消费倾向可能更高。

三、地方政府债务扩张及其外溢风险

作为财力的重要补充,地方债务在弥补地方政府财权和支出责任缺口、推动地方经济快速增长等方面发挥了积极作用,但随着中国地方政府债务的不断累积,地方政府债务风险不容忽视。由于金融系统是地方政府融资的主要渠道,并且地方政府债务与金融风险关联复杂,如果不及时化解地方政府债务风险,很容易引发系统性财政金融风险,存在向财政金融体系加速风险传导的隐患,进而严重威胁到经济的健康发展和社会民生稳定。因此,课题组试图对我国地方政府债务风险的情况和特征进行全面分析,以找准阻断财政金融风险外溢的切入点和突破口,为经济高质量发展提供安全稳定的金融支撑。同时,课题组深入分析了地方政府债务膨胀的根源,从制度性层面上探讨了根治地方债务问题的可能方向。

根据财政部的数据,截至 2022 年底,全国地方政府债务余额约为 350 618 亿元,其中,一般债务约为 143 896 亿元,专项债约为 206 722 亿元。从增速来看,自 2017 年以来,地方政府债务余额以年均 16.3%的速度快速增长,远高于同期名义 GDP 增速 7.8%,反映出地方政府债务增长速度过快,因而及时遏制控制债务规模过快增长、切实维护债务可持续性是当前迫切需要解决的问题。

地方政府债务付息支出激增,付息压力较大。近几年地方政府存量债券平均利率基本保持在 3.5%左右,而债务规模扩大直接导致付息支出的激增。经课题组测算,2022 年地方政府债券支付利息 1.12 万亿元,较上年同比增长 20.8%,较 2018 年付息支出翻了一番,首次突破 1 万亿元。随着债务还本付息压力不断继续累积,地方债务违约风险也越来越令人担忧。根据 Wind 数据统计,债务率超过 300%进入债务风险等级红色区域的地区达到 266 个。

分不同区域来看，经济规模较大、相对发达的省份债务余额更高；经济规模较小的省份，地方政府债务余额相对较低。Wind 数据显示，2022 年底，地方政府债务规模排名前五的省份分别为广东（25 082.3 亿元）、山东（23 588.0 亿元）、江苏（20 694.1 亿元）、浙江（20 168.8 亿元）和四川（17 705.4 亿元），依次占地方政府债务总额的 7.2%、6.7%、5.9%、5.8%和 5.0%。经济欠发达地区产生的资金流有限，如何偿还债务是真正棘手的问题。并且，受政治体制的影响，经济落后地区在债务问题上存在严重的“隐性担保”和“期限错配”的双重卸责动机，因而成为地方政府债务局部违约风险的主要爆发点。

从地方政府显性债务率方面来看，省级分布同样存在显著的区域不平衡现象。截至 2022 年底，7 个省份的债务率超过 150%（债务率警戒区间的上限是 150%），分别是天津、吉林、云南、辽宁、贵州、重庆和福建。相较而言，虽然广东、山东、江苏、浙江四大经济强省的地方政府债务余额较高，但四省的债务率均值仅为 112%，这也说明地区经济发达代表其偿债能力也较强，债务问题通常不会对其构成真正的困扰。

在地方政府负债率[①]方面，负债率较高的省份集中在西南地区、西北地区和东北地区，青海债务余额占 GDP 比率为 84%，贵州为 62%，显性债务已经超过地方债务负债率 60%的“红线”，吉林债务余额占 GDP 比率为 55%，甘肃为 54%，而直辖市天津的负债率也高达 53%。

作为联结财政—金融的重要载体，地方政府债务扩张风险极易外溢至金融系统[②]，成为防范化解系统性金融风险的“灰犀牛”。从现实经济运行过程来看，地方政府债务资金主要来源于银行部门，在地方政府债务管理体制改革之前，根据 2013 年审计署报告显示，在地方政府性债务资金来源中，高达 56.56%的债务资金来自银行贷款。在地方政府债务管理体制改革之后，根据财政部 2022 年 12 月《地方政府债券市场报告》数据，在中国地方政府债券投资者结构中，商业银行占比高达 82.97%，是地方政府债券的主要购买者。由此可见，地方政府债务规模急剧扩张以至于陷入债务偿还困境中，必然会对银行日常经营活动产生影响。

---

① 地方政府负债率＝地方政府债务余额÷地方 GDP。

② 徐忠.新时代背景下现代金融体系与国家治理体系现代化[J].经济研究，2018(7)：4—20.

具体地,课题组首先通过构建计量模型考察了地方政府债务扩张对银行风险的影响,经验结果显示,地方政府债务扩张会诱使银行承担更多风险。随后,课题组构建了一个包含中国地方财政金融制度特征和商业银行具体经营实践状况的DSGE模型,探究了地方政府债务扩张对银行风险承担的影响机理。理论分析发现,地方政府债务扩张导致银行风险水平增加的经济学机制在于:一方面,从银行资产端来看,地方政府债务融资需求增加会挤出实体经济融资规模,造成企业贷款规模下降,实体经济产出下降,家庭获得的工资性收入下降。从银行负债端来看,地方政府债务融资需求增加,会倒逼银行从家庭部门的融资需求增加,而家庭能为银行提供的存款却减少,导致家庭的存款利率上升。存款利率的上升将会增加银行债务融资成本,从而加剧银行与家庭之间的道德风险,尤其是在有限责任制度保护下,银行不需要完全内化贷款违约造成的损失,因而为节省监督成本,银行会主动降低监督努力水平,承担更多风险。

另一方面,鉴于地方政府与银行间存在关联关系,当地方政府债务扩张时,银行获得的扭曲激励会增加,使得银行股权融资的成本劣势更为凸显。理性的银行会通过降低股权融资的规模来调整自身负债结构,导致其股权融资占比下降。然而,银行股权融资占比减少意味着其经营决策行为与自身利润的相关度降低,此时银行倾向于降低监督努力水平,最终造成风险承担水平增加。

防范化解地方政府债务风险,切实维护财政金融稳定,是当前坚决打好防范化解重大风险攻坚战的重要任务。有效防范和化解地方政府债务风险的前提,是找到地方政府债务尤其是隐性债务膨胀的深层次原因。在现有研究文献中,地方政府债务规模的影响因素主要可以归纳为三类:财政分权体制、预算软约束与政绩考核体制。课题组认为,地方政府债务膨胀的根源在于预算软约束下的GDP"锦标赛"激励机制。以GDP增长为政绩考核指标的体制下,地方官员的晋升激励是地方政府大量举债的主观成因。经济"锦标赛"激励地方政府之间相互竞争以吸引更多的投资和资源。这种政府主导投资的增长模式在支持中国长期增长奇迹方面功不可没,但与此同时,地方政府在这种模式下的决策目标过度侧重于增长而不是消费,引发盲目投资和赤字膨胀,从而导致过度举债。

课题组构建了一个考虑预算软约束和地方政府竞争的理论模型,分析地方政府之间的竞争行为及其与债务膨胀之间的关系。根据模型数值模拟结果发现,地方政府间的竞争行为在初期阶段的确是可以促进增长的,但这样的机制会对增长目标过度关注,导致财政支出占 GDP 的比重逐渐上升,从而使地方政府负债率也逐渐上升。课题组根据实证分析的结论佐证了地方官员对 GDP 竞争的重视程度的确会显著导致政府债务规模膨胀。同时,对于任一地区而言,给定对照地区的“锦标赛”权重、提高本地区的“锦标赛”权重、更积极地参与地区间竞争都是占优策略,因此,地区间竞争会陷入盲目扩张的囚徒困境,随着经济发展,不仅导致债务过度积累、推高政府杠杆率,还会最终阻碍经济增长。此外,全要素增长率提高,不仅有助于提高产出和消费,还可以降低负债率。因此,应当合理引导地方政府的竞争行为,使资源更多地投向着眼于未来的研发领域,有利于减轻盲目投资和资源浪费现象,实现良性竞争。

综上所述,课题组首先总结归纳了当前中国地方政府债务现状以及风险状况,发现地方政府显性债务总体规模大,但风险可控,并且不同地区间地方政府偿债压力差别显著,中西部地区地方政府债务压力加大。其次,课题组详细分析了地方政府债务扩张对银行风险的影响,研究发现,地方政府债务扩张会显著增加银行风险。最后,课题组深入分析了地方政府债务膨胀的深层次原因,认为其根源在于地区竞争下地方政府对 GDP 的渴求,同时预算软约束下地方政府对中央兜底的侥幸心理也具有重要作用。

根据以上结论,课题组认为一方面需要压实地方政府主体责任,遏制增量、化解存量,有序推进地方政府债务风险防范化解;另一方面需要厘清地方政府债务对金融风险的影响机制,筑牢财政风险向金融领域传导的“防火墙”,切断风险外溢的路径。同时,需要积极落实以高质量发展为目标的多元化政绩考核和财政评估框架,加快推动城投公司市场化分类转型,从制度上消除债务无序扩张的土壤。具体而言:

第一,推动债务体制改革,加强对地方政府债务的过程管理和风险防控。首先,应规范地方政府举债融资权限,确保地方政府举债规模与财政承受能力相适应,避免地方政府债务违约风险发生;其次,运用包含地方政府债务规模、期限结构、债务用途等多因素的风险评估方法,构建地方政府债务风险监测预警体系,准确评估地方政府债务潜在风险;最后,建立健全地方政府债务风险应急处理机制,对局部地区的地方政府债务违约事件迅速响应,做好风险蔓延防控处理,避免风险传染至其他地区和部门。

第二,当前我国地方政府融资过度依赖商业银行,地方政府应探索多元化的融资渠道来满足自身融资需求,从源头上改善地方政府对商业银行的强依赖关系。比如,通过公共私人合作(PPP)项目、发行长期债券、结构性货币政策工具等多渠道解决资金链紧迫问题。同时,地方政府需审慎规划和管理项目支出,并进一步提高政府财政信息的透明度,向市场和投资者提供准确的财政信息,以增强信任度、降低融资成本,以吸引更多的资金。

第三,银行应强化自身经营决策的独立性,通过规范与地方政府的关系,把握好地方政府举债融资需求,加强对地方政府举债融资的约束力,打破地方政府债务刚性兑付和政府兜底的定式思维,促使地方政府债务融资回归市场化,以提升自身抗风险能力。同时,对于当前的存量债务,相关银行需摸清债务融资规模和期限结构特点,做好风险敞口统计并建立应急处置机制,及时应对和化解潜在的地方政府债务风险。

第四,加快推动城投公司市场化分类转型,明确政府和企业的边界。当前化解债务的首要任务是尽快全面推动隐性债务“阳光化”,甄别剥离城投债务中用于公益性项目支出和基础设施建设的部分,完全依靠地方政府信用,通过发行再融资债券的方式进行置换,以时间换空间,降低融资成本,延长偿还期限。同时,严格监管非标融资,避免债务无序扩张。中长期需要进一步推动财政和金融体制改革,明确政府和企业的边界,推动城投企业经营业务和融资渠道的市场化转型,从根源上有序推动融资平台这一特殊时期的产物退出市场。

第五,多元化地方政府考核与评估指标,严格落实债务追责制度。近年来,中央不断强化隐性债务监管和问责,对地方债采取终身问责、倒查责任。我们认为,需要严格落实债务追责制度,保持对违规举债、过度举债的高压监管,扭转各级地方官员长期以来形成的错误政绩观。同时,也要避免矫枉过正,打击地方政府的发展积极性,导致惰政行为。

为了实现长期高质量的发展,地方政府的绩效评估机制应该在经济、社会发展和环境的可持续性目标方面加入更多权重,包括就业率、社会福利、环境保护、财政可持续性、财政收支与债务透明度、创新能力等。构建更加全面的多元化政绩考核和财政评估框架，鼓励地方政府更加负责任地管理其经济和财政政策，避免陷入恶性竞争的囚徒困境。中长期还需要进一步厘清政府与市场的关系，界定政府职责与规模，加强地方财政审计和隐性债务监督，建立长效监管制度框架。

四、失业率降低掩盖就业市场结构性矛盾

受新冠疫情影响，近年来我国劳动力市场承受重大压力。2021 年，全年失业率波动下降，新增就业人数同比显著上升，略低于 2019 年，求人倍率持续处于高位。2022 年，全国失业率波动变化较大，但最终回落到 5.5%的目标范围内，完成全年新增 1 100 万就业人员的目标。而随着 2023 年经济持续恢复，疫情影响逐步减弱，2023 年劳动力市场整体保持稳定，全国城镇调查失业率下降，居民收入稳步增长。

虽然就业形势整体保持稳定，但结构性就业矛盾不可忽视。2023 年青年失业率仍处于高位。自 2022 年我国青年失业率连创历史新高开始，年轻人就业问题引起了社会和决策部门的高度关注。青年失业率即 16～24 岁人口的城镇调查失业率，在一定程度上反映了青年群体的就业情况。就纵向来看，青年失业率持续上升，截至 6 月，2023 年年均青年失业率为 19.6%，高于 2022 年的 17.6%和 2021 年的 14.25%，较疫情前 12%的常态水平增长明显。就横向来看，国际劳工组织于 2022 年发布的《2022 年全球青年就业趋势》显示[①]，世界青年失业率达到 14.9%，北美地区的青年失业率为 8.3%，欧洲地区略高一些达到 16.4%，我国青年人就业情况对比发达国家甚至世界平均水平也不容乐观。同全国整体相比，青年失业率远高于疫情前常态水平，并与整体失业率走势分化。2023 年 6 月，全国城镇调查失业率已连续 5 个月回落，降至 5.2%，与 2021 年同期相当；25～59 岁人口调查失业率同样连月下降至 4.1%，处于近年来的历史低位（见图 36）。相较之下，16～24 岁人口调查失业率由 1 月的 17.3%攀升至 6 月的 21.3%，创下青年失业率数据

① 国际劳工组织，https://www.ilo.org/beijing/information-resources/public-information/press-releases/WCMS_853447/lang--zh/index.htm。

自公布以来的最高水平。2023 年我国把促进青年特别是高校毕业生就业工作摆在突出位置,从中央到地方帮扶政策频出,可见青年就业问题是重中之重、难中之难。

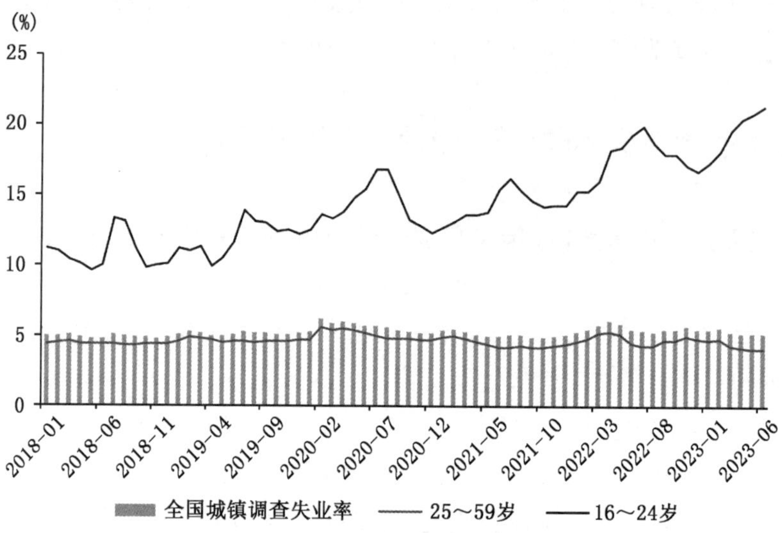

数据来源:国家统计局。

图 36 全国城镇调查失业率与分年龄失业率

从供给端来看,虽然 16～24 岁人口总数逐年下降,但进入劳动力市场的应届毕业生人数伴随高职扩招和海归学生回国两大趋势稳定增长,加剧了青年劳动力供给压力。从需求端来看,由于我国经济增速下行的压力将长期存在,不同产业的就业弹性分化趋势显著,因此客观上需求承压明显。特别地,青年失业率之所以在 2023 年经济整体回暖之时背离整体向好的就业形势持续上涨,正是受行业修复态势分化和青年就业结构分化的双重作用。对青年群体增长就业弹性大的其他服务行业恢复不及预期,高度拖累青年就业。

除了供给端和需求端两大基本面因素之外,我国青年就业实际去向以及就业意向过度集中服务业也存在显著的意愿不匹配问题。基于青年追求自由和人生意义的就业心态,拥有丰富多样的行业种类和灵活自由的工作方式的第三产业更受青年人的青睐。据智联招聘发布的《2023 大学生就业力调研报告》①，约有25%的2023届毕业生期望在信息技术行业工作，还有25%就业意愿集中在文化娱乐、生活服务和金融业，仅有约10%的毕业生愿意从事与工农业相关的职业。2012—2022年《中国人口和就业统计年鉴》中关于16～24岁年龄段就业人员的行业分布也表明，过去10年间农林牧渔和制造业吸纳青年就业人口的比例一共下降了15%，而从事服务业的人数占比达七成以上，住宿餐饮、教育等服务业则成为大部分青年集中的行业。青年就业人口的实际去向和就业意向过度集中于服务业可能由两方面因素所导致：一方面，制造业招收普通工人的薪资福利太低，远不及同等工作量服务业所带来的收益，无法吸引受教育水平逐渐提高的青年就业群体；另一方面，第二产业虽然对高端技术人才长期处于供不应求状态，但由于招工门槛极高，所以实际吸纳就业人数较少，从事其他行业的青年失业群体也难以符合专业要求。中长期结构性因素叠加短期冲击，使青年就业结构性问题凸显，青年失业率屡创新高。

青年人就业难已得到了大众的广泛关注，而中年群体作为政策较少关注的人群，也承受着巨大的压力。一方面，中年群体背负着偿还房贷、养儿育老等经济压力；另一方面，受疫情影响，近年来互联网等行业出现较大幅度裁员，中年群体首当其冲。并且，由于劳动力市场供需之间存在摩擦，该群体通常难以迅速再就业，且再就业之后的工资降级和岗位稳定度也是困扰该群体的大问题。

中年人群再就业艰难。首先，年龄歧视普遍存在。尽管法律禁止年龄歧视，但事实上，许多雇主在招聘时会将年龄纳入考虑范围，很多岗位更加偏向年轻人。劳动力市场中有个不成文的说法，45岁被认为是年龄界限，一旦超过这个年龄，求职者的就业机会就会受到限制。一些网络平台的招聘数据显示，目前已有很多企业将招聘的年龄限制下调至35岁。因此，无论是新进入劳动力市场的中年人还是准备再就业的中年人，都面临着到处碰壁和无法找到合适工作的情况。于是，在再就业过程中，调低期望，接受稍低薪的岗位或者选择灵活就业岗位是许多中年就业群体碰到的普遍现象。但作为“上有老、下有小”的中年群体，他们是家庭的“中流砥柱”，收入的减少和岗位的不确定性增加会给家庭带来负面冲击，甚

① 智联招聘，http://www.zhaopin.com。

至进一步影响整个家庭的消费和投资决策,影响社会的稳定。

中年群体再就业难的另一个原因在于缺乏相关技能和教育。现代职场是在不断变化的,市场需求也在不断变化,这使得我们所有劳动者需要不断学习新技术、新技能以适应新的职业需求。但许多中年人如果长时间没有再就业,他们的技能和知识便逐渐陈旧,难以符合不断变化的岗位需求。例如,在中年人再就业的过程中时常面临的一个问题是职业转型:如何在考虑自身兴趣的基础上,找寻技能和市场需求之间的匹配,重新定位自己的职业目标。相较于中年群体而言,青年群体更加易于接受新观点、学习新知识。并且从客观上来说,人至中年,体力和记忆力均开启下行通道,所以很多公司更加倾向于招聘年轻的员工。这使得中年人在就业市场中,不仅需要重新评估自己的能力和市场的需求,学习适应新的行业和新的技术,展现自己的价值和能力,而且要面对与年轻人竞争的压力。

前文所提到的青年人就业意愿与产业发展不平衡、就业结构的分化、中年人再就业匹配难等问题都与劳动力市场匹配质量息息相关,是结构性失业的一种表现。在总体就业形势保持稳定的情况下,劳动收入稳步增长,劳动者技能也在不断提升。然而,随着人口数量和结构的变化,新形态新技术新业态的发展也给劳动力市场带来了新挑战。在关注就业数量的同时,我们需要警惕中长期结构性失业风险,关注劳动力市场匹配和就业质量。

根据上海财经大学经济学院发布的《中国宏观经济形势分析和预测报告(2021—2022)》,我国目前具有大学文化程度的人口为两千多万,15岁及以上人口的平均受教育年限已经从2000年的7.11年提高至2020年的9.91年,人口素质提升显著。但是,伴随着高等教育扩招和劳动力就业难问题,教育错配,尤其是过度教育,日渐成为中国劳动力市场的重要就业现象。该报告综合使用中国家庭追踪调查(CFPS 2014—2018)数据和中国综合社会调查(CGSS 2005—2017)数据,采用众数法对我国劳动力市场的匹配现状进行测量。

图37展示了我国近年来劳动力市场的教育匹配状况。测算结果显示,我国近年来劳动力市场的过度教育发生率长期处于30%附近,部分时间处于35%以上水平;恰好匹配发生率长期低于50%,意味着整个劳动力市场有超过半数的个体处于一种技能—岗位错配的状态。相对于

OECD国家平均10%以下的教育错配率以及美国长期处于25%以下的平均过度教育发生率,我国劳动力市场教育错配发生率较高、错配程度较为突出。

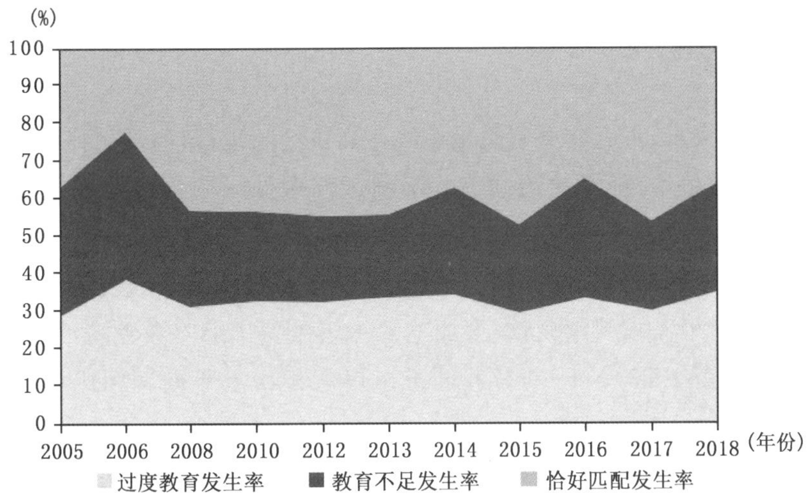

数据来源:上海财经大学经济学院、中国家庭追踪调查(CFPS)、中国综合社会调查(CGSS)。

图37　2005—2018年我国劳动力市场教育匹配状况

我们认为,在稳步推进教育扩张的同时,要兼顾教育和劳动力市场之间的制度链接设计。在人才供给方面,应当加快建设现代化职业教育体系,满足劳动力市场对高端技术人才的需求。高校的专业设置要紧跟产业升级的进程,进一步提升引领性。在市场需求方面,应推动先进制造业和现代服务业深度融合。增加与制造业相匹配的服务岗位,提升服务业的吸纳就业能力。在劳动力市场人才与职业岗位匹配方面,要进一步完善劳动力市场的就业制度环境。改善目前仍然存在于我国劳动力市场的歧视现象,消除就业市场的搜寻摩擦;加强劳动力市场的就业指导和信息传递效率,提高劳动力市场匹配效率;应鼓励发展劳动力市场的相关就业咨询、职业规划等服务,考虑针对不同学历人群开办公益性就业指导项目等,帮助拥有不同学历、不同技能、不同偏好的就业者能够更好更快地匹配到相适宜的岗位,减少劳动力市场错配,促进高质量就业。

五、贸易格局重组下的外贸风险与机遇

(一)受不确定性事件的影响,中国外贸震荡中复苏,并不断进行结构调整

总体来看,近几年外贸总量始终在高位区间运行,但是受到中美贸易摩擦、新冠疫情、地缘政治冲突等不确定性事件影响存在震荡。从 2019 年开始贸易增速下降,在 2021 年出现明显反弹,尔后逐渐回落,至 2022 年外贸增速回落到正常区间。然而,主要贸易伙伴国家的通货膨胀率居高不下,海外需求持续疲软,再加上上一年外贸出口基数较高,这些因素共同导致了 2023 年 1—9 月我国进出口总额与上年同期相比均出现了下滑。

中国的外贸结构调整体现为国别流向多元化、产品结构优化以及供应链位置保持稳定。中国在传统的出口市场,如美国、日本、韩国和中国台湾,出口比重呈现下降趋势,尤其是对美国市场的出口比重跌幅最为显著。与此相反,中国对于新兴市场国家,如东盟的出口比重大幅提高。从 2022 年开始,中国对非洲出口保持高速增长。产品方面,机电产品和高新技术产品在中国出口贸易中占据核心地位。其中,新能源汽车的同比增速在这一时期表现亮眼,展现出强劲的出口竞争力。中国对进口高新技术产品持续保持旺盛的需求。一般贸易始终随着国内外贸易形势变动在高位区间震荡,这说明即使受不确定性事件影响,中国整体贸易方式并没有发生大的调整。

(二)世界经贸新格局加速演化,中国应对优势明显

世界经贸格局演化的是经济全球化从自由主义时代转向有管制、有保护、有偏向的全球化时代。国际在贸易摩擦中发展将会成为未来世界经济渐进式发展的主旋律,其根本原因在于国际贸易对于各国经济发展中的地位越来越重要,国家间的福利分配不断变动,贸易政策逐渐成为大国间政策博弈的手段以及影响国内产业政策的主要抓手。国际政治博弈影响深化,全球贸易摩擦愈演愈烈,表现形式为各国的产业政策和贸易政

策可能向着本地化的趋势演进，全球价值链的分工收缩，多边贸易磋商面临瓶颈。全球产业链布局由“效率至上”向“安全至上”转变，“多中心化”格局初步显现。政策导向为各国将更多采取区域贸易协定的形式加强贸易与产业的联系。以 WTO 为代表的多边贸易协定日益弱化，区域性贸易协定蓬勃发展。

面对世界经贸新格局，中国有理由保持一定的信心。中国超大规模市场优势是加快形成国内国际市场深度融合的支撑，也是国内国际双循环相互促进的基础。中国超大规模单一市场奠定了中国作为制造业核心地位的基础，不仅人口多，而且劳动年龄人口比重大，劳动力平均受教育年限较高；中国产业体系完整，需求层次丰富，已经成全球唯一拥有全部工业门类的国家。因此，其他国家（如美国、越南、墨西哥、印度等）有承接部分中国制造的趋势，但是仍难以替代中国制造业强国的地位。

（三）从统筹开放和发展以及构建合作共赢的命运共同体提出政策建议

第一，要在高质量发展中统筹开放与安全，重构自主可控产业链。构建新发展格局是中国在新的国际形势下，重新求解开放与安全之间的平衡点的结果。首先，新发展格局强调以内循环为主体，强调科技自立自强和产业链、供应链自主可控。这是因为在百年未有之大变局影响下，国与国之间的关系发生了深刻的变化，尤其是主要大国之间的关系。中国在芯片等高科技领域，面对其他国家“卡脖子”的风险不断上升，而这些领域对国民经济的安全与发展来说又是至关重要的。因此，有必要重新调整这些领域的对外依存度，提高中国自给自足或自主可控的程度。其次，减少对外依存，在中短期内是要付出经济代价的，有可能损害中国的发展利益。因此，只有在那些安全需求相对比较高的领域，才有必要付出这样的代价。在那些不涉及国民经济命脉的领域，或者本来就具有优势的领域，中国仍然应该继续扩大开放，来保障经济效益和发展空间。最后，发展、开放与安全三位一体，相互促进，密不可分。安全是开放和发展的前提，发展为安全提供保障，开放为发展创造有利条件，发展为开放提供动力。有管制、有保护、有偏向的全球化依然具有全球化的特征。图 38 按照自主安全的迫切程度以及目前对外依赖度，将各主要行业划分为四个象限，清晰地展现了在当前国际经贸形势下中国各重要行业的基本态势。

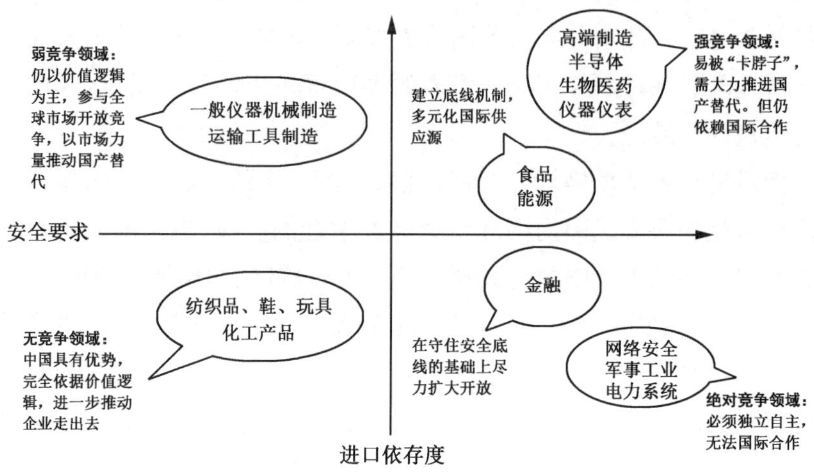

数据来源：上海财经大学商学院。

图 38　主要行业自主安全要求和进口依存度格局

在每个象限中，根据“自主安全”和“对外开放”的不同侧重，提出不同的政策思路：

(1)军事工业、网络安全和电力系统等为安全要求等级最高的领域，需要独立发展，基本没有国际合作的可能。在这些领域中，加大研发投入、巩固自主成果、完善自主体系。(2)高端制造、半导体、生物医药以及仪器仪表制造为强竞争行业，中国在这些关键领域有较强的自主安全要求，需要发展国产替代以防范被“卡脖子”，但目前仍需依赖国际市场，短期内无法完全实现自主安全。在这些领域，需要大力推动国产替代作为安全备份。(3)食品和能源行业由于资源禀赋限制，因此对外依赖度较高。这些行业是大量行业的上游、国计民生的关键，但是，其产品进口来源比较多元化，被“卡脖子”的概率相对较低。在当前国际经贸格局下，我国需要继续巩固和推进这些行业的多元化国际供应源体系，分散风险。(4)金融行业涉及系统性风险，也是很多行业的上游行业，对自主安全有较高要求。而目前受到制度的约束，我国金融体系对外依赖度较低。但金融行业本质上是流通行业，其发展离不开全球金融体系下的融通和竞争。发展金融行业面临的是守住安全底线、防范系统性风险以及持续开放。(5)一般制造业以及交通运输工具制造业在自由主义全球化阶段形成了相当发达、各国深度融合的全球价值链体系。这些行业在自主安全的要求上相对较低，而对外依赖度较高。这些行业在当前国际经贸形势下，仍然应该以商业价值逻辑为基础，深度参与国际合作与竞争，依靠市场力量提升我国企业的国际竞争力。(6)对于我国具有比较优势、对外依赖度低且自主安全要求的产业，如劳动密集型的纺织品、鞋、玩具，以及环境消耗型的化工产品，更要充分遵循商业价值逻辑，大力推动对外开放与全球价值链深度融合，依靠市场的力量准确定位和充分发挥我国的比较优势。

第二，打造以中国为核心的自贸区网络，构建合作共赢的命运共同体。未来推进自贸区网络构建的可能方向：首先，进一步提升中国在贸易网络结构中的轮轴国地位，加快建立围绕中国的“轮轴—辐条”网络。中国当前已经是“一带一路”沿线国家贸易网络中最大的轮轴国。中国应结合“一带一路”沿线国家贸易网络的动态发展变化趋势，利用自身庞大的内需市场，加快建立围绕自身的“轮轴—辐条”个体网体系，强化在“轮轴—辐条”体系中的轮轴国地位。扩大中国的总进口，同时增加进口来源多样性，从而稀释某一特定进口来源国的牵制；在扩大出口的同时，避免出口目的地过于集中，均有助于提升中国相对其他国家的轮轴度。其次，用好用足现有协定深化区域合作，探索新建自贸区的可能性。借助中国—东盟自贸区、RCEP等区域贸易协定的制度化安排，密切协定伙伴国之间的上下游关系，促进区域价值链融合发展，保障区域内产业链供应链安全。此外，重点与中东欧、非洲国家和中南美国家探索新建自贸区的可能性。根据贸易相关文献的研究，“轮轴—辐条”结构中的轮轴国地位具有自强化效应，其他贸易伙伴担心其贸易利益在网络中因边缘化而受损，会有意愿与之签署贸易协定，因此进一步促进贸易协定的扩张。最后，我国要主动对接高标准国际经贸规则，为制度型开放提供政策保障。高质量高标准是当前国际经贸规则发展的重要趋势。高标准的制度型开放涉及一国的国内经济政策、产业政策、竞争政策、政府采购、知识产权保护等，其实质是建设高标准市场体系，完善公平竞争制度，建立更加成熟、更加完善、更加规范、更加透明、更加法治化的市场经济体制。我国还需要发挥负责任大国作用，参与和推进国际经贸规则的完善，支持开放、透明、包容、非歧视性的多边贸易体制,推动经济全球化朝着更加开放、包容、普惠、平衡、共赢的方向发展。推进和完善对外工作布局,积极打造对外开放的交流平台。要坚持推动构建人类命运共同体,秉持互利共赢的合作观,构建新型国际关系推动国际秩序向更加公正合理的方向发展。充分利用国际化交流平台,不断扩大对外开放,深化与"一带一路"合作伙伴交流合作,以共建"一带一路"推动形成陆海内外联动、东西双向互济的全面开放新格局;实施自由贸易试验区提升战略,加快建设海南自由贸易港,推动共建"一带一路"与自贸港建设战略联动,发挥好改革开放综合试验平台作用;发挥进博会国际采购、投资促进、人文交流、开放合作等平台作用,打造进博会高质量高水平的品牌优势,持续放大进博会溢出带动效应。

六、经济周期交错下的国际金融风险与机遇

(一)外汇储备规模总体稳定,人民币汇率贬值预期缓和

2023年,我国外汇市场在极为复杂的外部环境下展现出坚实的稳定性。尽管全球经济面临诸多风险和挑战,我国外汇储备规模在一定程度上有所下降,但总体上维持稳定。根据国家外汇局最新公布的数据,截至2023年9月末,我国外汇储备规模为3.12万亿美元,虽然较年初的3.18万亿美元有所下滑,但大体保持稳定。

2023年,人民币兑美元汇率经历贬值,近期趋于稳定(见图39)。在第二季度,特别是在5月和6月,人民币兑美元汇率表现出明显的贬值。在第三季度,人民币兑美元汇率在7月中旬出现一定的回调,但整个7—8月的波动相对较小。进入9月以后,人民币兑美元汇率表现出一定的稳定性。CFETS人民币指数自7月中旬以来,短短两个多月上涨3.8%,回到年初水平。然而,与美元汇率相比,人民币在同期贬值2.4%。这种反向变动表明,在强势美元的背景下,人民币与其他非美货币相比并不弱。从历史数据看,中美货币政策、国内经济形势、地缘政治影响以及全球经济发展都会对人民币汇率走势产生直接影响。

2023年,中国政府两次采取了降低中期借贷便利(MLF)利率的措

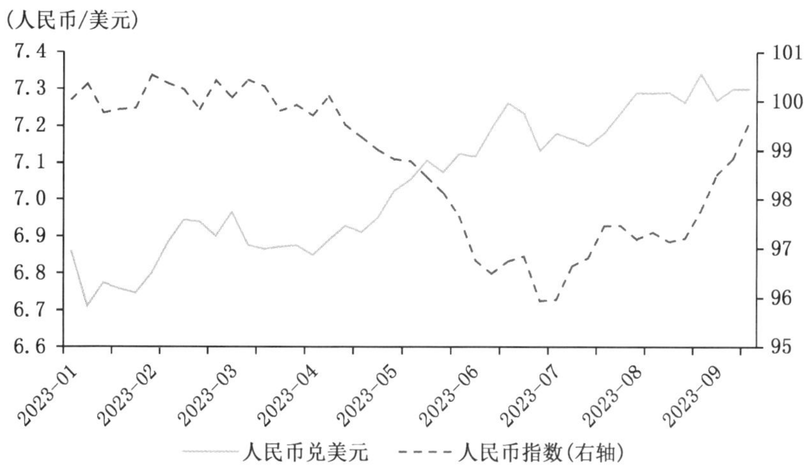

数据来源：Wind。

图 39　2023 年人民币兑美元和 CFETS 人民币指数

施，最近一次是在 8 月 15 日，一年期 LPR 较上一期下降了 15 个基点。这一政策调整表明，中国正在积极采取逆周期调节措施，以应对当前的经济挑战。在美国方面，美联储为实现价格稳定和最大化就业的双重使命，采取了一系列货币政策措施。美联储从 2022 年开始由零利率经过 11 次加息加到 5.25%～5.50%，是近 40 年以来幅度最大、步伐最快的一次加息。最新公布的数据显示，受强劲的消费支出推动，美国第三季度实际 GDP 环比年化增长 4.9%，创自 2021 年第四季度以来新高，高于预期的 4.5%。美国 9 月失业率降至历史低位，仅为 3.8%，表明就业市场相当充分，美国实体经济继续呈现良好势头。而在通胀率方面，9 月的 CPI 较同比上升 3.7%，仍未降至美联储的通胀目标。因此，美联储会继续维持高利率政策，这一形势预计将持续到 2024 年上半年。

随着全球经济形势的变化和国内外政策的调整，预计 2024 年人民币汇率将在当前水平上波动，下半年有望出现升值。主要影响因素包括：外汇储备充足，为央行提供了稳定市场、维持人民币汇率稳定的强大后盾。美联储的加息周期可能见顶，减轻了汇率贬值的压力。相信央行将继续密切关注外汇市场的动态，并依据国内外经济发展的实际情况，采取适时的策略和措施，确保我国外汇市场稳健运行。只要政府坚定改革开放的决心，给市场以信心，汇率就将保持正常波动。

超预期的风险方面，未来地缘冲突加剧有可能引发国际资本恐慌，进一步涌向美元安全区，加剧各币种兑美元的贬值。巴以冲突导致油价波动，俄乌冲突仍待解决，这些都给全球经济造成了额外的不确定性。而中美关系和台海问题也是影响人民币汇率的关键因素。综上所述，2024 年人民币汇率走势将受多方面因素影响，但总体上，预计汇率将在合理区间内双向宽幅波动。尽管全球经济复苏步伐不一，加之国际大宗商品价格大幅波动，外部环境的不确定性和不稳定性明显增加，我国外汇市场经历了一些波动，但我国经济的强大韧性和潜力支撑了外汇储备的总体稳定。为支持国内经济的持续增长，政府应继续推进改革开放，确保资本流动的稳定，及时调整政策以应对可能出现的风险和挑战，同时做好市场沟通和预期引导，“稳预期、防超调”。

(二)深化资本市场改革，稳定跨国资本流动，吸引高精尖技术企业的 FDI

2023 年上半年，中国的资本和金融账户出现了 1 267 亿美元的逆差，其中，非储备性质的金融账户逆差为 849 亿美元(见图 40)。2023 年 1—9 月银行累计结汇 16 703 亿美元，累计售汇 17 071 亿美元，结售汇逆差为 368 亿美元。

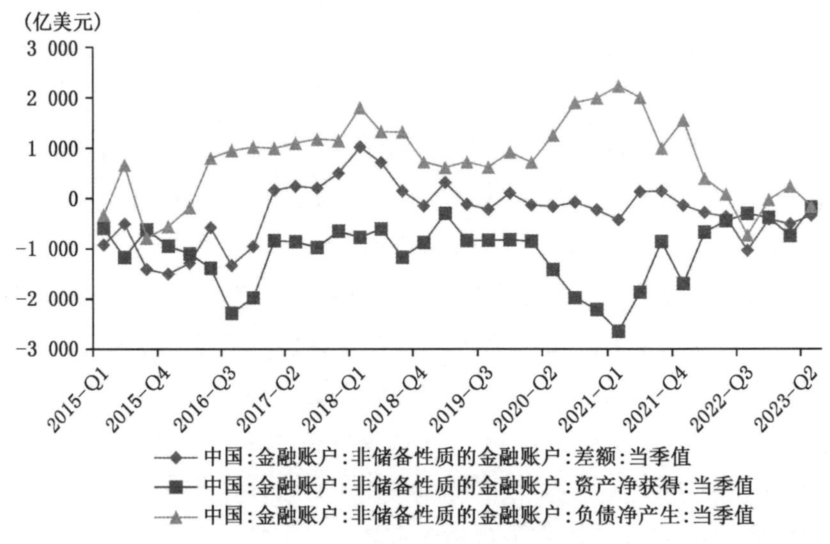

图 40 非储备性质的金融账户

分项来看。首先，外国直接投资（FDI）相对稳定，但近期流量有所下降。作为全球主要的 FDI 接收国之一，中国在很长一段时间内持续吸引外国投资者在各个行业部门进行长期投资，推动了经济增长和技术进步。近期 FDI 的削弱主要是由在华大型跨国公司的利润汇回所导致。其次，在债券和股权投资方面，2023 年第二季度，中国的资本和金融账户记录了 504.20 亿美元的逆差。债券市场流出明显，显示出资金流动波动。而股权投资则显示了正向流入的态势，这可能反映了投资者对中国股市的信心和长期投资的考虑。此外，股市北向资金（包括沪股通和深股通）长期呈现总体持续流入趋势，2023 年 8 月和 9 月出现阶段性流出状态。这为国内外投资者提供了进入中国市场的便利通道，也促使资本市场的进一步开放和国际化。综上所述，中国的资本流动表现出偏弱但稳健的 FDI、活跃的股权和债券市场以及长期的股市北向资金流入，这些都反映了中国经济和资本市场在面对资本流动压力时的韧性和吸引力。

这些成果与中国一直以来不断推进的资本市场改革紧密相关。2023 年，中国继续推进资本项目开放，允许更多外资进入中国的金融市场。国家也对外资准入负面清单进行了调整，进一步放宽了对外资的准入限制，并发布了关于鼓励外商投资的多项政策。此外，通过上海自贸区的试验，中国也在探索资本项目可兑换和人民币国际化方面取得了进展。中国实体经济基本面的恢复也为国内外投资者提供了信心。2020 年 8 月，中国制造业采购经理指数（PMI）的新订单指数升至 50.2%，这是自 4 月以来首次回到景气区间。这一数据表明制造业活动有所改善，为经济增长提供了支持。此外，中国人民银行行长潘功胜在国际货币基金组织（IMF）年会上发表讲话，宣布经济增长取得改善，青年就业明显改善，总体就业状况保持稳定。这些积极的沟通和数据有望增强投资者对中国市场的信心，鼓励他们加大对中国的投资。

需要注意的是，现阶段国内实体经济和资本市场的复苏迹象，并不意味着贸易摩擦和疫情的负面影响已经过去。相反，挑战才刚刚开始。短期内，我国需要稳预期、稳增长，谨防过度悲观投资情绪的产生与扩散。政府应继续释放积极的经济信号、优化营商环境，减少政策不确定性，巩固国内外投资者的信心。中长期来看，中国需要坚持对外开放的态度、深化资本市场改革、加强多边经济合作，同时积极引进高精尖技术相关的外来投资,稳固中国经济的高质量发展。

(三)数字支付有望成为人民币国际化“新蓝海”

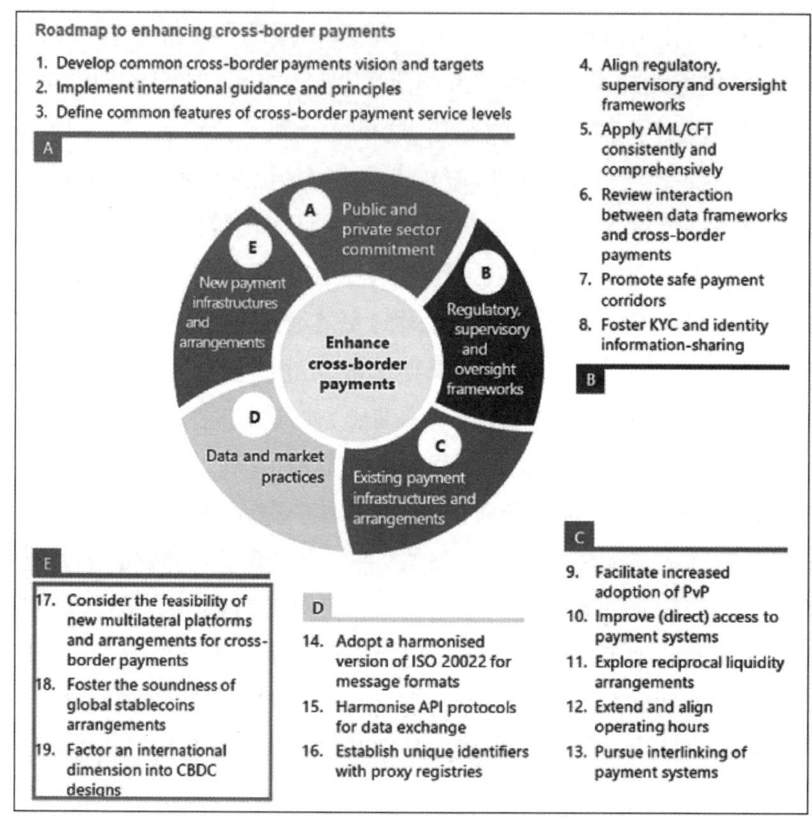

资料来源:BIS工作报告。

图41 跨境支付系统设计思路

除去短期因素,人民币汇率和跨境资本流动也受到众多长期因素的影响。其中,人民币国际化就是一个极其重要的战略因素。而数字化为人民币的国际化提供了一次重要契机。在当前的国际货币体系中,人民币的地位和作用与中国经济的基本面存在明显的不对称。中国是世界第二大经济体和第一大贸易国,而人民币仅是第五大支付货币和第五大储备货币。从长期来看,人民币国际化是中国经济实力获得世界认可的体现,也是实现中华民族伟大复兴的必经之路。

2023年以来，受美元加息及国际政治局势的影响，人民币汇率持续走低，对人民币的国际化产生负面影响。此外，当前跨国、跨币种支付转账银行网络的核心——环球同业银行金融电讯协会——也是由美国主导。中国试图在以纸币、央行票据为载体，以国际清算银行、环球同业银行金融电讯协会为主导的跨国支付体系中挑战美元的主导地位，难度极大，且成效不高。人民币的国际化是一个长久任务，需要不断抓住涌现的契机。课题组认为，央行数字货币支付系统的开发是稳固人民币国际地位、促进人民币国际化的一个重要契机。

现有观点普遍认为，数字形式是货币未来的发展方向。而以分布式账本系统为基础搭建的货币系统，能够极大地提高跨国支付转账的速度，同时降低成本。相较于纸张人民币，数字人民币具备的核心优点可以概括为其行使货币的两大基本职能：流通、储值时具备安全性、便捷性等优势。这些优势若善加利用和推广，可以让其他国家更愿意接受数字形态的人民币作为储备货币。但其劣势也十分明显，现有的数字人民币DC/EP系统的设计使得数字人民币的使用在中国人民银行面前不具备匿名性。这是数字人民币国际化中必须解决的一个重要问题。针对这个问题，中国、中国香港、泰国和阿联酋等联合开发了“多边央行数字货币桥(mBridge)”项目，专门应用于跨境、多币种的支付清算。在普华永道发布的《全球央行数字货币与稳定币指数报告(2022)》中，多边央行数字货币桥项目在批发型央行数字货币指数中排名全球首位。

近年来，中国与沙特等海湾国家就构建能源立体合作新格局达成了多项合作协议。其中关键的一环是，开展油气贸易的人民币结算。中国和巴西在纸浆贸易中首次实现人民币全流程闭环交易，成为人民币国际化迈入新纪元的一个重要里程碑。2023年10月，中国人民银行召开提升境外来华人员支付服务水平工作动员部署会。会议聚焦境外来华人员支付需求，要求各有关单位全面总结北京冬奥会、成都大运会、杭州亚运会等重大赛事支付服务保障工作经验，通过数字人民币、境外银联卡等，丰富境外来华人员支付服务。这些战略布局都在不断加强人民币未来在国际货币支付体系中的重要性。

数字人民币的喜人进展，与中国强大的数字支付“基础设施”相得益彰。数字形式有望成为人民币国际化的“新蓝海”，助力中国经济的高质量发展。但需要注意的是,人民币数字化和国际化都不宜过快,以免造成金融体系的系统性风险。现阶段数字人民币的试点大多集中在零售领域,涉及的信息敏感性不高。但随着改革试点的深入,如何安全、有效地储存和处理相关数据,是仍待解决的一个关键问题。人民币的国际化方面,历史经验告诉我们,一旦有国家试图挑战美元的国际货币霸权地位,必然招致美国的大力反击。在央行数字货币领域,美国赶超的野心和维持美元霸权地位的目的昭然若揭。而欧盟、加拿大、日本、韩国、印度等地央行,以及 SWIFT 和 BIS 等国际机构,也纷纷加快对央行数字货币及以其为基础的跨境支付系统的研发,各国已正式进入多边合作与竞争阶段。因此,我国更应当稳扎稳打、维持力度、深化改革,保持中国在数字支付领域的国际领先地位。

第三章

主要经济指标增速预测

中国作为最大的发展中国家以及第二大经济体，其经济增速备受各国关注且难以准确预测。本章创新性地结合新古典增长模型和经济周期模型，通过将经济增速分解为趋势性部分和周期性部分，给出具有学理性的预测结果。对于经济增速的趋势性部分，我们假设美国处于技术前沿，中国处于技术追赶阶段，中国的经济增速趋势随着中国逐渐接近技术前沿而产生结构性变化。对于经济周期性部分，我们假设中国经济增速的波动可以经济周期模型刻画，中国经济增速的波动项可转化为向量自回归过程。同时，得益于向量自回归过程便于分析外生冲击的影响，我们给出了不同情景下的预测结果，从而对分析经济运行的合理区间有所启发。

一、基准情景预测

课题组结合新古典增长模型和周期模型，对中国经济增长率和其他关键经济指标进行了预测。在基准情景的预测中，对于内部环境，在充分考虑 2023 年 10 月公布的 1 万亿元特别国债政策的基础上，假设 2024 年全年中国的财政赤字率保持 2023 年的水平。对于外部环境，由于经济周期的存在，我们假设 2023 年第四季度和 2024 年全年美国的失业率每季度递增 0.2%。同时，假设 2024 年的地缘政治风险指数不变。表 1 报告了 2023 年与 2024 年各关键经济指标的实际增长情况和预测结果。

表 1　　中国各主要经济指标增速的基准情景预测　　单位:%

指标＼时间	2023 年					2024 年				
	Q1	Q2	Q3	Q4	全年	Q1	Q2	Q3	Q4	全年
GDP	4.50	6.30	4.90	5.50	5.30	4.93	4.74	4.81	4.78	4.82
消费	5.76	10.70	4.23	6.07	6.69	4.76	4.48	4.97	5.40	4.90
投资	5.37	4.17	3.23	3.68	4.11	3.69	4.65	5.47	6.25	5.02
出口	−1.85	−4.76	−9.85	−8.38	−6.21	−7.45	−7.60	−7.62	−7.72	−7.60
进口	−6.97	−6.68	−8.60	−8.24	−7.62	−8.88	−8.76	−8.29	−7.49	−8.36
CPI	1.27	0.10	−0.07	0.13	0.36	0.50	0.83	1.12	1.40	0.96
PPI	−1.57	−4.53	−3.30	−2.47	−2.97	−1.91	−1.29	−0.72	−0.17	−1.02
GDP 平减指数	0.45	−1.63	−1.16	−0.40	−0.69	0.27	0.87	1.35	1.82	1.08

注:表中 GDP 增长率为实际数据,其他指标均为名义数据。灰底部分的数据为预测数据,其余为实际统计数据。预测数据根据截至 2023 年 10 月 18 日所发布的数据;参数估计使用的数据区间为 2000 年第一季度至 2023 年第三季度。表中的增长率均为当季同比增长率。

数据来源:Wind、上海财经大学经济学院。

回顾 2023 年前三季度,多重冲击下的中国宏观经济增长开始复苏,但前进动力不足。2023 年第一季度受新冠疫情的高感染率影响,GDP 增速为 4.5%,略低于目标增速。第二、第三季度的 GDP 增速分别为 6.3% 和 4.9%,高于增速目标或在增速目标附近。但结合 2022 年的低基数,从两年平均来看,第二、第三季度的 GDP 增速仅为 3.4%和 4.4%。另外,前三季度中国经济增长的风险还体现在进出口规模的快速下滑,以及长久未出现的通货紧缩风险。

展望 2023 年第四季度和 2024 年全年,中国经济在多重冲击后有望继续保持韧性并进一步复苏,重回高质量发展的大趋势。尽管前三季度中国经济的总量增速缓慢,但经济结构持续优化。党和政府出台了一系列短期和长期并重的经济政策,增强市场信心,因此,过去负向冲击的影响将进一步褪去,经济将逐步恢复至高质量发展的上升通道中。课题组预计,2024 年全年 GDP 增速在 4.8%左右,并于 2024 年第二季度开始脱离通货紧缩风险。

二、情景分析 1:财政政策力度变化

(一)积极情景:内需拉动——积极的财政政策再发力,财政赤字率维持高位

课题组基于中央政府采取了一系列措施以化解地方政府债务风险的实际情况,计算了地方政府债务风险处置顺利、中央政府有更多资金用于刺激经济的假设情景下的宏观经济预测。在计算中,课题组假设,从2024年第二季度开始增加政府支出,全年财政赤字率提升至4%左右。其他设定与基准情景一致。表2报告了该积极情景下2023年与2024年各关键经济指标的实际增长情况和预测结果。在此假设情景下,财政支出及其乘数效应促使总需求增加,消费、投资和价格均略高于基准情景。课题组预测,该情景下GDP增速为4.98%,比基准情景高0.16个百分点。

表2　中国各主要经济指标增速的积极情景预测:内需拉动(财政支出增加) 单位:%

指标＼时间	2023年					2024年				
	Q1	Q2	Q3	Q4	全年	Q1	Q2	Q3	Q4	全年
GDP	4.50	6.30	4.90	5.50	5.30	4.93	4.95	5.00	5.02	4.98
消费	5.76	10.70	4.23	6.07	6.69	4.76	4.89	5.34	6.08	5.27
投资	5.37	4.17	3.23	3.68	4.11	3.69	4.55	5.72	7.09	5.26
出口	−1.85	−4.76	−9.85	−8.66	−6.28	−9.13	−9.21	−9.02	−9.04	−9.10
进口	−6.97	−6.68	−8.60	−8.68	−7.73	−7.34	−6.06	−5.14	−4.39	−5.73
CPI	1.27	0.10	−0.07	0.13	0.36	0.50	0.95	1.37	1.74	1.14
PPI	−1.57	−4.53	−3.30	−2.56	−2.99	−1.80	−1.10	−0.62	−0.29	−0.95
GDP平减指数	0.45	−1.63	−1.16	−0.40	−0.69	0.27	0.89	1.40	1.83	1.10

注:表中GDP增长率为实际数据,其他指标均为名义数据。灰底部分的数据为预测数据,其余为实际统计数据。预测数据根据截至2023年10月18日所发布的数据;参数估计使用的数据区间为2000年第一季度至2023年第三季度。表中的增长率均为当季同比增长率。

数据来源:Wind、上海财经大学经济学院。

(二)消极情景:内需不足——地方政府债务风险爆发,财政支出大幅下降

课题组基于对地方政府债务潜在风险较高、地方政府付息压力较大的现状,计算了地方政府债务风险爆发的假设情景下的宏观经济预测。在该情景中,课题组假设,从2024年第二季度开始,中央及地方政府总计减少2 000亿元财政支出用于偿还债务。其他设定与基准情景一致。表3报告了该消极情景下2023年与2024年各关键经济指标的实际增长情况和预测结果。在此假设情景下,财政支出的大幅下降进一步恶化了需求不足,价格回升更慢,消费和投资的增速更低,最终将使全年GDP增速低于4.7%,相对于基准情景降低0.16个百分点。

表3　中国各主要经济指标增速的消极情景预测:内需不足(财政支出减少) 单位:%

指标＼时间	2023年					2024年				
	Q1	Q2	Q3	Q4	全年	Q1	Q2	Q3	Q4	全年
GDP	4.50	6.30	4.90	5.50	5.30	4.93	4.53	4.63	4.54	4.66
消费	5.76	10.70	4.23	6.07	6.69	4.76	4.08	4.61	4.73	4.5
投资	5.37	4.17	3.23	3.68	4.11	3.69	4.75	5.21	5.41	4.77
出口	−1.85	−4.76	−9.85	−8.45	−6.23	−8.80	−8.73	−7.64	−6.86	−8.01
进口	−6.97	−6.68	−8.60	−8.35	−7.65	−6.89	−6.55	−7.21	−7.81	−7.12
CPI	1.27	0.10	−0.07	0.13	0.36	0.50	0.72	0.88	1.07	0.79
PPI	−1.57	−4.53	−3.30	−2.50	−2.98	−1.71	−0.91	−0.39	0.11	−0.73
GDP平减指数	0.45	−1.63	−1.16	−0.40	−0.69	0.27	0.84	1.29	1.82	1.06

注:表中GDP增长率为实际数据,其他指标均为名义数据。灰底部分的数据为预测数据,其余为实际统计数据。预测数据根据截至2023年10月18日所发布的数据;参数估计使用的数据区间为2000年第一季度至2023年第三季度。表中的增长率均为当季同比增长率。

数据来源:Wind、上海财经大学经济学院。

三、情景分析 2：外部竞争格局变化

（一）积极情景：外部竞争缓解——美国经济超预期衰退，失业率快速回升

课题组基于对美国经济衰退风险不容忽视的现状，计算了美国经济超预期衰退的假设情景下的宏观经济预测。在计算中，课题组假设，美国的失业率由 2023 年第三季度的 3.8%快速回升至 2024 年第一季度的 4.5%，2024 年第二季度又上升至 5%，2024 年第三、第四季度均为 5.5%。其他设定与基准情景一致。表 4 报告了该积极情景下 2023 年与 2024 年各关键经济指标的实际增长情况和预测结果。在此假设情景下，投资和进出口受到的冲击更大，消费则变化不大。课题组预计，全年的 GDP 增速为 4.95%，相对于基准情景增加 0.13 个百分点。

表 4　　中国各主要经济指标增速的积极情景预测：外部竞争缓解（美国经济超预期衰退）

单位：%

时间 / 指标	2023 年					2024 年				
	Q1	Q2	Q3	Q4	全年	Q1	Q2	Q3	Q4	全年
GDP	4.50	6.30	4.90	5.50	5.30	4.99	4.86	5.00	4.96	4.95
消费	5.76	10.70	4.23	6.07	6.69	4.84	4.66	5.33	5.88	5.18
投资	5.37	4.17	3.23	3.68	4.11	4.01	5.38	6.66	7.61	5.92
出口	−1.85	−4.76	−9.85	−8.38	−6.21	−6.98	−6.81	−6.41	−6.37	−6.64
进口	−6.97	−6.68	−8.60	−8.24	−7.62	−8.92	−8.58	−7.65	−6.18	−7.83
CPI	1.27	0.10	−0.07	0.13	0.36	0.49	0.81	1.10	1.38	0.95
PPI	−1.57	−4.53	−3.30	−2.47	−2.97	−2.08	−1.67	−1.27	−0.65	−1.42
GDP 平减指数	0.45	−1.63	−1.16	−0.40	−0.69	0.24	0.81	1.27	1.79	1.03

注：表中 GDP 增长率为实际数据，其他指标均为名义数据。灰底部分的数据为预测数据，其余为实际统计数据。预测数据根据截至 2023 年 10 月 18 日所发布的数据；参数估计使用的数据区间为 2000 年第一季度至 2023 年第三季度。表中的增长率均为当季同比增长率。

数据来源：Wind、上海财经大学经济学院。

(二)消极情景:外部竞争加剧——美国经济超预期强劲,失业率维持当前低位

课题组基于对当前中美大国博弈的现状,计算了美国经济超预期强劲的假设情景下的宏观经济预测。在计算中,课题组假设,2023 年第四季度至 2024 年第四季度美国的失业率维持在 2023 年第三季度的低失业率水平。其他设定与基准情景一致。表 5 报告了该消极情景下 2023 年与 2024 年各关键经济指标的实际增长情况和预测结果。在此假设情景下,投资和进出口受到的冲击更大,消费则变化不大。课题组预计,全年的 GDP 增速为 4.74%,相对于基准情景降低 0.08 个百分点。

表 5　中国各主要经济指标增速的消极情景预测:外部竞争加剧(美国经济超预期强劲)

单位:%

指标＼时间	2023 年					2024 年				
	Q1	Q2	Q3	Q4	全年	Q1	Q2	Q3	Q4	全年
GDP	4.50	6.30	4.90	5.50	5.30	4.90	4.68	4.71	4.65	4.74
消费	5.76	10.70	4.23	6.07	6.69	4.73	4.40	4.80	5.11	4.76
投资	5.37	4.17	3.23	3.68	4.11	3.56	4.31	4.85	5.33	4.51
出口	−1.85	−4.76	−9.85	−8.38	−6.21	−7.64	−8.00	−8.27	−8.70	−8.15
进口	−6.97	−6.68	−8.60	−8.24	−7.62	−8.86	−8.82	−8.57	−8.12	−8.59
CPI	1.27	0.10	−0.07	0.13	0.36	0.51	0.84	1.14	1.42	0.98
PPI	−1.57	−4.53	−3.30	−2.47	−2.97	−1.84	−1.11	−0.43	0.20	−0.80
GDP 平减指数	0.45	−1.63	−1.16	−0.40	−0.69	0.28	0.90	1.39	1.87	1.11

注:表中 GDP 增长率为实际数据,其他指标均为名义数据。灰底部分的数据为预测数据,其余为实际统计数据。预测数据根据截至 2023 年 10 月 18 日所发布的数据;参数估计使用的数据区间为 2000 年第一季度至 2023 年第三季度。表中的增长率均为当季同比增长率。

数据来源:Wind、上海财经大学经济学院。

四、情景分析 3:地缘政治压力变化

(一)积极情景:供给侧改善——地缘政治风险下降

课题组基于世界各主要国家干预和调解地缘政治冲突的现实可能性,计算了地缘政治风险下降、全球供应链稳步改善的假设情景下的宏观经济预测。在计算中,课题组假设,2023 年第四季度至 2024 年第四季度的地缘政治风险指数比其在 2023 年第三季度的水平低一个标准差。其他设定与基准情景一致。表 6 报告了该积极情景下 2023 年与 2024 年各关键经济指标的实际增长情况和预测结果。在此假设情景下,消费大幅提升,但投资和进出口都有所下降。课题组预计,全年的 GDP 增速为 5.18%,相对于基准情景增加 0.36 个百分点。

表 6　　中国各主要经济指标增速的积极情景预测:供给侧改善(地缘政治风险下降)

单位:%

指标＼时间	2023 年					2024 年				
	Q1	Q2	Q3	Q4	全年	Q1	Q2	Q3	Q4	全年
GDP	4.50	6.30	4.90	5.50	5.30	5.17	5.14	5.23	5.19	5.18
消费	5.76	10.70	4.23	6.07	6.69	5.41	5.44	6.07	6.56	5.87
投资	5.37	4.17	3.23	3.68	4.11	2.84	3.43	3.87	4.40	3.64
出口	−1.85	−4.76	−9.85	−8.38	−6.21	−9.41	−10.70	−11.38	−11.63	−10.78
进口	−6.97	−6.68	−8.60	−8.24	−7.62	−11.52	−12.71	−12.10	−10.87	−11.80
CPI	1.27	0.10	−0.07	0.13	0.36	0.57	0.99	1.39	1.74	1.17
PPI	−1.57	−4.53	−3.30	−2.47	−2.97	−2.09	−1.48	−0.67	0.17	−1.02
GDP 平减指数	0.45	−1.63	−1.16	−0.40	−0.69	0.36	1.12	1.80	2.43	1.43

注:表中 GDP 增长率为实际数据,其他指标均为名义数据。灰底部分的数据为预测数据,其余为实际统计数据。预测数据根据截至 2023 年 10 月 18 日所发布的数据;参数估计使用的数据区间为 2000 年第一季度至 2023 年第三季度。表中的增长率均为当季同比增长率。

数据来源:Wind、上海财经大学经济学院。

(二)消极情景:供给侧恶化——地缘政治风险进一步加剧

课题组基于当前俄乌冲突和巴以冲突可能转变为更激烈冲突的现状,计算了地缘政治风险加剧的假设情景下的宏观经济预测。在计算中,课题组假设,2023 年第四季度至 2024 年第四季度的地缘政治风险指数比其在 2023 年第三季度的水平高一个标准差。其他设定与基准情景一致。表 7 报告了该消极情景下 2023 年与 2024 年各关键经济指标的实际增长情况和预测结果。当全球供应链压力上升时,中国政府将需要更多资金用于国家安全相关投资,家庭则因对未来收入的悲观预期而降低消费,在表 7 的数据中体现为消费相对于基准情景的大幅下降,以及投资相对于基准情景的大幅提升。课题组预计,全年的 GDP 增速为 4.45%,相对于基准情景降低 0.37 个百分点。

表 7　中国各主要经济指标增速的消极情景预测:供给侧恶化(地缘政治风险上升)

单位:%

时间 指标	2023 年					2024 年				
	Q1	Q2	Q3	Q4	全年	Q1	Q2	Q3	Q4	全年
GDP	4.50	6.30	4.90	5.50	5.30	4.68	4.35	4.40	4.38	4.45
消费	5.76	10.70	4.23	6.07	6.69	4.12	3.54	3.89	4.26	3.95
投资	5.37	4.17	3.23	3.68	4.11	4.52	5.85	7.04	8.07	6.37
出口	−1.85	−4.76	−9.85	−8.38	−6.21	−5.53	−4.56	−3.93	−3.87	−4.47
进口	−6.97	−6.68	−8.60	−8.24	−7.62	−6.29	−4.87	−4.54	−4.17	−4.97
CPI	1.27	0.10	−0.07	0.13	0.36	0.44	0.68	0.87	1.07	0.77
PPI	−1.57	−4.53	−3.30	−2.47	−2.97	−1.73	−1.10	−0.77	−0.51	−1.03
GDP 平减指数	0.45	−1.63	−1.16	−0.40	−0.69	0.19	0.62	0.90	1.22	0.73

注:表中 GDP 增长率为实际数据,其他指标均为名义数据。灰底部分的数据为预测数据,其余为实际统计数据。预测数据根据截至 2023 年 10 月 18 日所发布的数据;参数估计使用的数据区间为 2000 年第一季度至 2023 年第三季度。表中的增长率均为当季同比增长率。

数据来源:Wind、上海财经大学经济学院。

五、总结

本章中,课题组结合新古典增长理论和经济周期理论,建立结构模型，预测了中国 2023 年第四季度至 2024 年第四季度的宏观经济运行状况。

由预测结果，我们发现：第一，中国 2024 年的 GDP 增长率大概率位于 4.5～5.2 的区间，消费和投资的增长率在 5%左右但波动更大，CPI 和 GDP 平减指数将维持正值，通货紧缩风险大幅降低。第二，与美国经济波动对中国经济的影响相比，中国自身的政策选择可能具有更大影响。第三，全球地缘政治风险对中国经济具有潜在的较大影响。

值得注意的是，以上各预测结果均是基于单一情景假设所进行的探讨，并没有深入探讨多个情景相互叠加的影响。原因在于，课题组关注的假设情景之间具有较强的相互独立性，地方政府债务、美国失业率以及地缘政治冲突三者之间不存在必然的关联，因此，复杂情景下的宏观变量增速可以由多个简单情景的结果直接叠加计算。

基于本章的结论，我们针对宏观经济增长目标设定及政策提出以下建议：第一，设立合理的目标经济增速区间，且该增速区间应围绕中国的潜在增速趋势，不宜过低，引导中国经济走上高质量发展的道路。第二，在经济增速低于潜在增速时，实施积极的货币与财政政策能有效应对当前中国经济面临的短期负面冲击。第三，更大力度地发挥中国的大国影响力，推动全球地缘政治紧张局势降温，可能是中国与多方实现共赢的战略选择。

第四章

以新一轮全面深化改革为高质量发展注入新动力

党的十一届三中全会开启了我国改革开放和社会主义现代化建设的历史新时期。自此以后，历届三中全会都聚焦于如何深化改革、扩大开放的相关议题。党的十八届三中全会通过了《中共中央关于全面深化改革若干重大问题的决定》，对全面深化改革做了部署，总目标是完善和发展中国特色社会主义制度，推进国家治理体系和治理能力现代化。2022 年 12 月召开的中央经济工作会议在部署 2023 年经济工作时，明确提出“谋划新一轮全面深化改革”。人们对党的二十届三中全会抱有很大的期待。

习近平总书记强调，新时代坚持和发展中国特色社会主义，根本动力仍然是全面深化改革。当前，我国发展面临新的战略机遇、新的战略任务、新的战略阶段和新的战略环境，更加有效地应对各种风险和挑战、形成引领高质量发展的体制机制和发展方式，根本出路还是在于坚持全面深化改革，在新一轮全面深化改革中提振经济发展信心、提升资源配置效率、激发创新发展动力，为全面建设社会主义现代化国家、全面推进中华民族伟大复兴提供基本保障和强大动力。

一、新一轮全面深化改革应将法治建设摆在重要位置，不断建设法治的市场经济，提振民营经济发展信心

法治改革与法治建设具有全局性、关键性、战略性意义，是国家治理体系和治理能力现代化的重要基石。在全部领域的改革中，法治改革先行是其他领域改革能够规范有序实施、最终实现改革目标的重要保障。没有一个良好的法治环境，市场经济就无法长期良好运行，建立现代市场经济体制，需要完善法治。在全面深化改革的大局中，迫切需要以法治凝聚市场化改革力量，以此形成“自上而下、自下而上”上下联动的改革势态以及最大公约数的改革共识。

法治，很重要的作用是稳定信心和预期。当前，不少企业特别是民营企业存在信心不足、预期不稳等问题。在具体经营层面，面临订单减少、经营成本上涨、应收账款增加、利润下滑甚至亏损、资金链断裂等困境，战略收缩甚至躺平现象大量出现；在制度环境层面，市场准入、产权保护等问题仍然突出，针对民营企业的隐性壁垒依然大量存在，民营企业制度性交易成本偏高；在舆论环境层面，民营经济近年来时常会遭遇一些非议、限制甚至打击，尽管有鼓励民营经济的政策出台，但负面舆情还是周期性出现，许多民营企业家感到困惑和迷茫。

针对以上问题，很关键的就是要进一步推进基于法治的市场经济建设，营造法治化、市场化的良好营商环境，大力提振民营企业家信心，提升未来发展预期。课题组建议：

一是提高民营经济的法律地位。在梳理总结过去三年多来《优化营商环境条例》实施所取得丰富经验的基础上，从国家层面研究制定新时期促进民营经济高质量发展的专门法律法规，以国家立法的形式进一步明确民营经济的政治经济属性，进一步提高民营经济的法律地位，对民营经济的市场进入、生产经营、投资保护、退出维护等全生命成长周期做出明确规定，为民营经济高质量发展提供强有力的法治保障。

二是营造公平竞争的制度环境。公平竞争是市场经济的内在要求，只有拆除了“玻璃门”“弹簧门”，企业家的才能、优化重组生产要素的能力、冒险精神、开拓精神和拼搏精神等才能充分迸发出来。要全面清理和

修订违反公平竞争市场规则的法律和政策规定，在生产要素获取、准入许可、政府采购和招投标等方面对各类所有制企业平等对待，破除制约民营企业的各类障碍和隐性壁垒，全面落实竞争中性和所有制中立原则。

三是优化民营经济的舆论环境。探索建立民营企业社会责任评价体系和激励机制，引导民营企业积极履行社会责任，鼓励民营企业家做到富而有责、富而有义、富而有爱，展现良好的形象，更好地与舆论互动。大力宣传民营企业和民营企业家先进典型，培育和弘扬新时代企业家精神，从法律上对企业家应有的政治荣誉和社会地位给予保障，让他们对未来有稳定的预期，激发干事创业的内生动力，成为推进中国式现代化和经济高质量发展的生力军。

二、新一轮全面深化改革应坚持以经济建设为中心，正确处理政府与市场的关系，大力提升资源配置效率

高质量发展是以人民为中心的发展，满足人民日益增长的美好生活需要，离不开丰富、充分的物质基础，需要有更高水平的生产力和经济发展基础来提供有力支撑。这就决定了我国新一轮全面深化改革仍然要坚持以经济建设为中心，坚持以供给侧结构性改革为主线，通过一系列改革措施正确处理好政府和市场的关系，使市场在资源配置中起到决定性作用，更好地发挥政府作用，推动经济发展质量变革、效率变革和动力变革，在继续推动发展的基础上，要着力解决好发展不平衡不充分问题，努力使经济发展的成果更好地惠及最广大人民群众，更好地推动人的全面发展和社会的全面进步。

使市场在资源配置中起决定性作用以及更好地发挥政府作用，二者是有机统一的，而不是相互否定的，不能把二者割裂开来、对立起来。中国作为一个转型经济体，政府与市场的最优结合点及其结合方式并非也不应该是一成不变的。考虑到市场和政府这两种资源配置方式均有可能出现“失灵”，因此，伴随经济体制改革的不断推进，改革者、决策者需要适时对政府与市场的关系是否适应新时期社会生产力的发展做出新判断，及时对政府与市场的关系做出适应性调整。当前，全国统一大市场建设对于更新优化政府和市场的关系提出了新的要求。

一是全国统一大市场建设要求进一步厘清政府与市场的边界，其关键是切实收缩政府直接配置资源的边界，以法治的方式推动行政权退出市场领域，压缩政府干预经济活动的空间，并进一步向市场充分放权，切实矫正政府角色错位、越位的问题。特别是要切实降低地方政府设置的商品、资源、要素跨区域流动的壁垒，逐步消除各类商品市场和要素市场的地区分割，从市场局部分割型治理向全局协同型治理转变。

二是全国统一大市场建设要求中央政府为市场提供统一、开放、公正、透明、可预期的基础性制度框架，使各地区各部门按照统一的制度标准来执行中央政府的政策，而非出现同一文件不同地区不同部门不同解读，进而出现执行偏差乃至扭曲。当然，在一些具体领域也要防止一刀切，否定地区差异。这里更多讲的是基础性制度，特别是在产权保护、契约执行、市场监管等基础性制度上，应该坚持统一性原则，减少地方自由裁量权空间。

三是全球统一大市场建设要求更好地发挥政府在居民收入分配、教育、医疗卫生、住房、社会保险、社会救济等社会安全网建设中的作用，建立财政转移与农业转移人口市民化相挂钩的动态支持机制，逐步实施非户籍常住人口与户籍人口均等享有基本公共服务的体制机制，促进城乡居民基本公共服务均等化，最大限度地消除居民扩大消费的后顾之忧，进而为全国统一大市场建设提供强大的内需支撑。

三、新一轮全面深化改革应该聚焦创新驱动，坚持教育、科技、人才一体化推进，推动高水平科技自立自强

中国整体上还处于要素驱动向效率驱动、创新驱动转型的半途，创新体系整体效能还不强，政府行政干预过多，创新要素在不同创新主体之间的流动和组合尚不自由、充分，使得创新资源配置分散、重复和低效。政产学研在基础科学创新和应用技术创新中存在角色分工定位不清，导致产出效益不高、成果转化滞后、价值创造低下。反映到经济领域，就是尽管中国产业门类齐整，但是多而不优、大而不强的特征较为明显，在关键基础材料、核心基础零部件和先进基础工艺等方面对外依存度较大，关键核心技术受制于人，一旦外部环境收紧，就面临“卡脖子”的现象。

基础研究旨在获得基本规律和基本原理,是科技创新的源头。2022年,我国基础研究经费投入在R&D经费总投入中的占比仅为6.57%,远低于主要发达国家15%以上的普遍水平。核心技术的短板,根源正是在于基础理论研究的落后,对于最源头和最底层的研究没有跟上,无法实现"从0到1"的创新突破,更多的是追随式的创新应用。当前,基础研究应当成为世界一流大学和高水平研究型大学推进教育、科技、人才一体化的重要发力点,以及深化产教融合,开辟发展新领域新赛道、不断塑造发展新动能新优势的重要支撑点。

一是构建对基础科学研究和原创性探索研究提供长期稳定政策、财务支持的机制,使得一些产出相对不确定但一旦成功将具有较大正外部性的"慢研究""深研究"和"冷研究"也能够得到稳定、持续的支持,并实施有利于鼓励高校和科研院所研究人员潜心基础研究和创新的学科学术评价体系,推动科技研发领域的松绑放权改革,将科研人员从烦冗的行政性事务中解脱出来,赋予科技领军人才在技术路线决策、研究经费支配、配套资源调动和科技成果转化等方面的自主决定权,不断优化科技创新生态和制度环境。

二是强化企业科技创新主体地位,提升企业科技创新引领力和全球竞争力。善于运用市场竞争机制激励企业创新投入,通过开放竞争环境的营造,培育一批具有一定自主创新能力的创新型领军企业尤其是民营企业,并依托这些企业加强产业技术前瞻性判断和研发路线图研究,发挥企业家精神在颠覆性技术创新方面所具备的独特组织优势与动态能力优势,引领数字化技术、绿色低碳技术等前沿技术创新并推动商业化运用,推动基础固链、技术补链、优化塑链、融合强链,加强立足中国的技术创新与世界的联系纽带。

专题报告

专题一

化解通货紧缩风险，助力经济复苏和高质量发展

价格作为反映市场供求关系的指示器，是宏观经济的核心变量之一。常用的价格指标包括 CPI（消费者价格指数）、PPI（生产者价格指数）以及 GDP 平减指数。2023 年这些指标的同比增速均在低位徘徊，有的甚至出现负增速。2023 年价格增速如此低，背后的根本原因是什么？其影响因素有哪些？它们的影响程度如何？2024 年的价格走势如何？特别地，猪肉价格在 2024 年会上升吗？对 CPI 影响有多大？价格通缩会带来什么风险和危害？应该如何化解通货紧缩风险，从而助力经济复苏和高质量发展？本专题试图围绕这些问题进行详细的讨论。

一、价格通缩初显，警惕债务通缩

2023 年前 10 个月，CPI、PPI 和 GDP 平减指数同比增速均较 2022 年同期和年均增速明显下降。如图 42 所示，受国际环境复杂严峻、国内需求仍然不足以及基数效应等因素的影响，2023 年前 10 个月 CPI 和核心 CPI 累计同比增速分别为 0.4％和 0.7％，较 2022 年年均 2.0％和 0.9％的增速有所下降，其中 7 月 CPI 同比增速创下自 2021 年 2 月以来新低 －0.3％；受国际大宗商品价格波动传导、工业需求偏弱以及基数效应等多种因素影响，2023 年前 10 个月 PPI 累计同比增速为－3.1％，较 2022

年年均4.1%的增速大幅下降,且已连续13个月出现负增长,其中5月创下自2016年以来新低-5.4%;课题组根据国家统计局公布的GDP名义值以及实际同比增长率构造计算得到的GDP平减指数在2023年前三季度分别为0.45%、-1.63%和-1.16%,累计同比增速约为-0.8%,大幅低于2022年同期值3.1%,其中,第二季度创下自21世纪以来新低,甚至低于2009年第二季度金融危机时的最低值-1.53%。总体而言,2023年价格增速较2022年明显下降,CPI、PPI呈现双降走势,GDP平减指数同比增速也显著下降,通缩迹象显现。

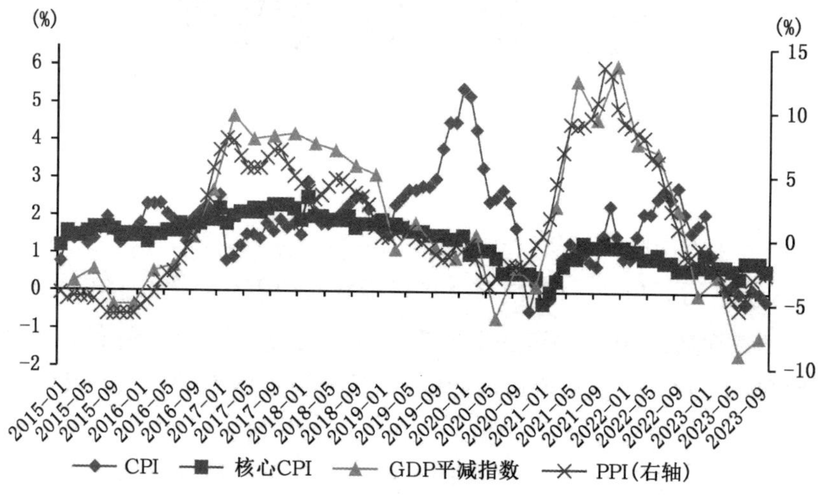

数据来源:国家统计局、上海财经大学经济学院。

图42 价格指数同比增速

当年价格指数同比增速既受到上年价格上涨(下降)的滞后(延伸)影响(即翘尾因素的影响),又受到当年价格变动的新影响(即新涨价因素的影响)。为了更清楚地看到当年新涨价因素的影响,课题组将CPI和PPI的同比增长分为两部分:第一部分是上年同期至上年年底的翘尾因素影响,第二部分是当年价格变动的新涨价影响。从图43可以看出去除翘尾因素影响后的CPI新涨价因素在2023年的变化情况,除了9月、10月以外,翘尾影响几乎都是正的,新涨价因素低于CPI同比增速,且在4—8月及10月均为负值。图44显示PPI以及翘尾因素和新涨价因素的变化,翘尾因素和新涨价因素在2023年均为负值,进而带动PPI同比增速显著下降。尽管自7月以来PPI下降的幅度有所减缓,但依然为负,且下降幅度的减缓主要是由负翘尾因素的影响逐渐减弱所带动的。

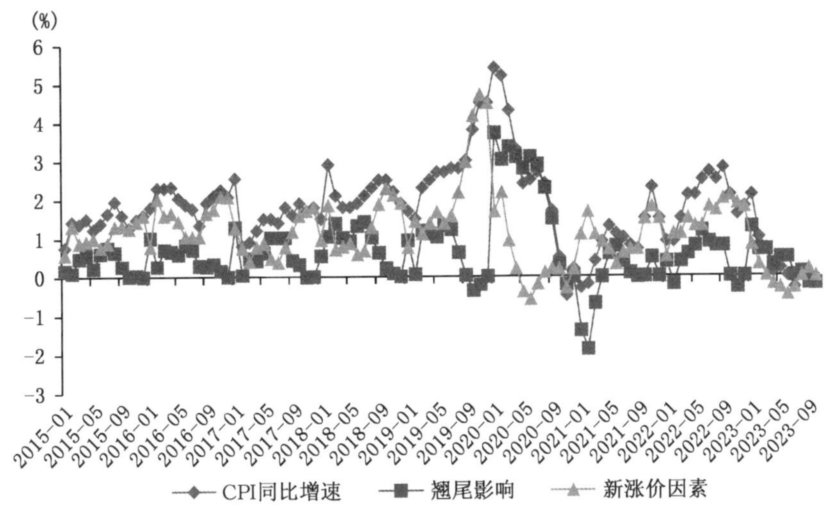

数据来源：国家统计局、上海财经大学经济学院。

图 43　CPI 同比增速翘尾影响与新涨价因素

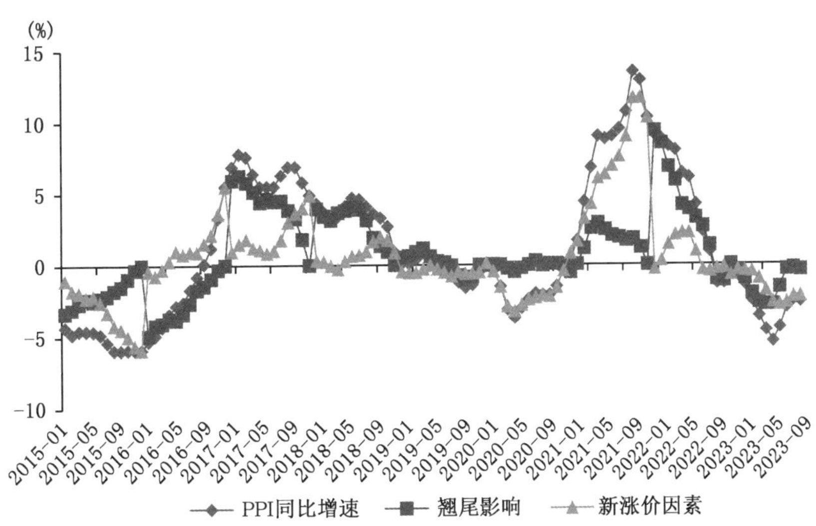

数据来源：国家统计局、上海财经大学经济学院。

图 44　PPI 同比增速翘尾影响与新涨价因素

GDP 平减指数涉及全部商品和服务，反映一般物价水平走向，是对价格水平比较宏观的测量。相较而言，CPI 侧重于居民消费方面的价格变化情况,PPI 侧重于工业生产方面的价格变化情况。CPI 受食品和服务价格影响较大,PPI 受国际大宗商品价格影响较大。下文分别对 CPI 和 PPI 的内部结构进行深入分析,并对部分重要商品从供求关系角度进行具体的讨论和预测。

(一)CPI 分析和预测

根据课题组的数学模型和计量分析[①]发现,食品对 CPI 的影响约为 18%,服务业对 CPI 的影响约为 40%。国家统计局 2023 年 11 月最新发布的数据显示,2023 年前 10 个月 CPI 同比上涨 0.4%,较 2022 年同期 2.0%的增速下降 1.6 个百分点。从食品来看,2023 年前 10 个月食品价格平均上涨 0.4%,导致 CPI 上涨约 0.07 个百分点,而 2022 年同期食品价格增速为 2.5%,拉动 CPI 上升约 0.45 个百分点。从非食品来看,2023 年前 10 个月非食品价格平均上涨 0.3%,导致 CPI 上涨约 0.28 个百分点,而 2022 年同期增速为 1.9%,拉动 CPI 上升约 1.56 个百分点。从另一分类消费品和服务角度来看,2023 年前 10 个月消费品价格平均同比下降 0.1%,导致 CPI 下降约 0.06 个百分点,而 2022 年同期增速为 2.8%,拉动 CPI 上升约 1.68 个百分点;2023 年前 10 个月服务价格平均同比上升 1.0%,导致 CPI 上升约 0.4 个百分点,而 2022 年同期增速为 0.9%,拉动 CPI 上升约 0.36 个百分点。由此可见,2023 年 CPI 同比增速下降主要是由以食品为代表的消费品价格同比增速下降所导致。

进一步从食品的分项来看,其中猪肉和鲜菜价格对 CPI 的影响相对较大,其变化如图 45 所示。

2023 年前 10 个月猪肉价格累计同比增速为−9.8%,导致 CPI 同比增速下降约 0.16 个百分点,而 2022 年同期同比下跌 12.7%,导致 CPI 同比增速下降约 0.18 个百分点。2023 年前 10 个月猪肉价格同比增速总体呈现下降趋势,1 月同比增速为 11.8%,受翘尾因素以及春节期间对猪肉需求增加的影响,2023 年初猪肉价格仍维持较高增速,自 3 月以来同比增速持续下跌,7 月猪肉价格同比增速为−26%,之后略有回升,9 月猪肉价格同比增速为−22.0%,但 10 月同比增速又降至−30.1%。猪肉

① 课题组采用不同的方法(如解方程和回归分析),结果是稳健的,而且与国家统计局的家庭消费支出的微观调查数据基本一致,说明课题组研究分析的结果是合理的。

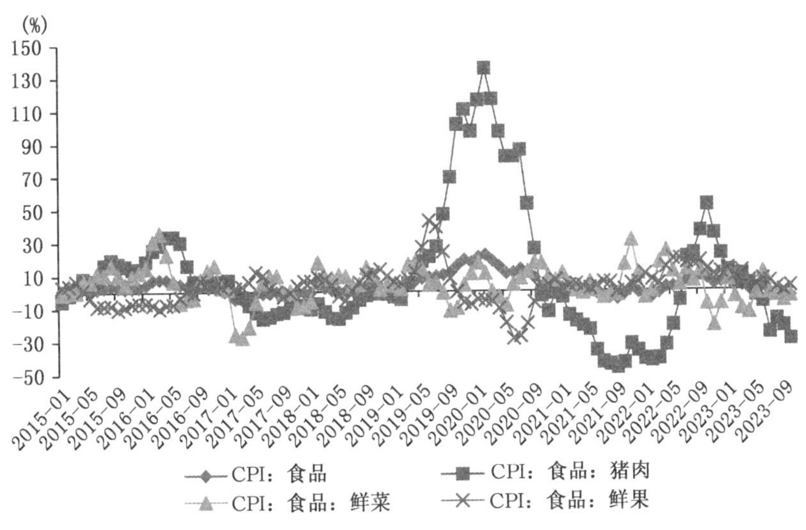

数据来源：国家统计局。

图 45　猪肉、鲜菜、鲜果价格同比增速

价格的同比增速受到与“猪周期”密切相关的猪肉当期价格以及基数效应影响。猪周期是指由于猪肉供需失衡所引发的猪肉价格呈现周期性波动的现象。猪肉的产能周期约为 9 个月，养殖户购进能繁母猪之后引导繁殖，生下的猪仔需要经过约 9 个月的饲养，体重达到标准成为准备出栏的生猪。当猪肉涨价时，养殖户会增加产能，约 9 个月后市场上的猪肉供大于求，猪肉价格开始逐渐下跌，养殖户又降低产能，约 9 个月后，市场上猪肉供应不足，猪肉价格再次走高，养殖户又开始增加产能。生猪生长的周期叠加养殖户趋利避害的行为，周而复始，便形成了“猪周期”。2022 年 3 月“猪周期”开始进入上行周期，猪肉价格波动上升，这就导致 2022 年从 3 月至年底生猪和能繁母猪存栏数不断增加，随着供给不断增加，当供大于求时，自 2022 年 10 月底猪肉价格开始震荡下行，2023 年能繁母猪存栏数波动下降，生猪存栏数先下降后缓慢上升，依然低于 2022 年最高出栏数（见图 47）。考虑到 2023 年 6—7 月非洲猪瘟较为严重，以及自 2023 年初以来，能繁母猪存栏数总体处于下降趋势，而且秋冬是腌腊旺季，又临近春节，需求明显增加，也为猪肉价格的上升提供了一定的支撑，加之 2023 年较低的基数效应，课题组预计，2024 年猪肉价格将呈现上升趋势，同比增速显著上升，对 CPI 的拉动作用较 2023 年可提高约 0.4 个百分点。

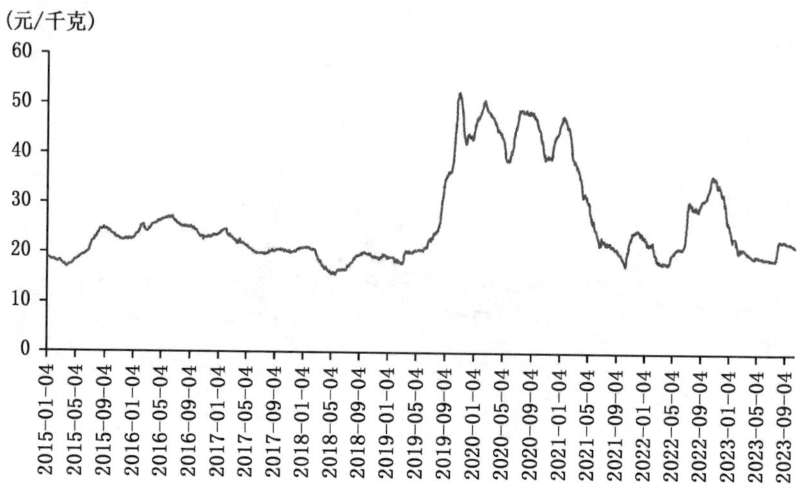

数据来源:农业农村部。

图 46　猪肉平均批发价格

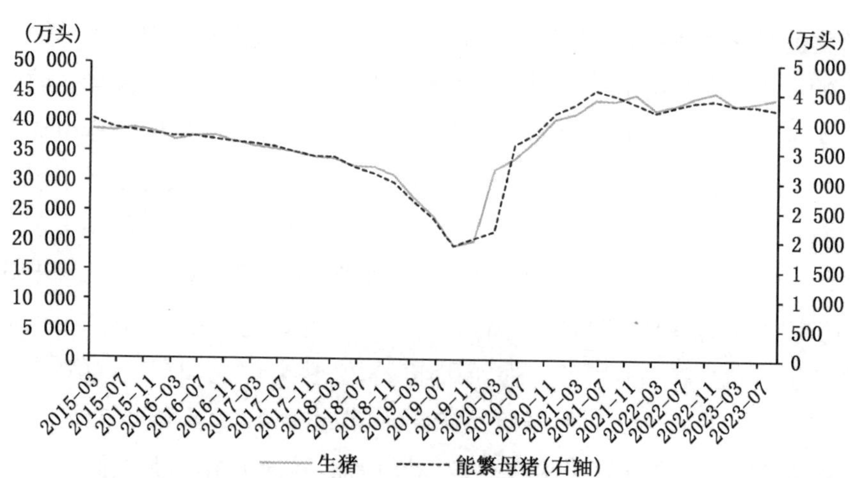

数据来源:农业农村部。

图 47　生猪与能繁母猪存栏数

就鲜菜价格来说,2023 年前 10 个月鲜菜价格累计同比下降 3.1%,导致 CPI 同比增速下降约 0.07 个百分点,而 2022 年同期同比上升 6.8%,导致 CPI 同比增速上升约 0.14 个百分点,这主要是由于,一方面 2022 年受疫情影响蔬菜价格基数相对较高;另一方面,2023 年天气总体较好,有利于蔬菜成长。从月度来看，2023 年 1 月受春节错峰影响，鲜菜价格同比增速为 6.7%，春季叶类菜随气温升高，上市量增长较快，供给充足，加之 2022 年较高的基数效应，4 月鲜菜价格同比增速为−13.5%；6 月鲜菜价格受夏季高温、蔬菜进入换茬期影响，阶段性上涨，同比增速达 10.8%之后，又继续延续了下行趋势，9 月同比增速达到−6.4%，10 月同比增速略有回升，为−3.8%。随着入秋后，全国大部分产区自然灾害减少、气温适宜，蔬菜产量增加，预计第四季度蔬菜价格同比增速依然为负，2024 年蔬菜价格对 CPI 的拉动作用较 2023 年也将显著上升。

除猪肉和鲜菜外，鲜果价格也对 CPI 有着重要影响。2023 年前 10 个月鲜果价格累计同比上涨 5.7%，导致 CPI 同比增速上升约 0.1 个百分点，而 2022 年同期同比上涨 13.5%，导致 CPI 上升约 0.24 个百分点。2022 年鲜果价格保持高位波动，原因主要是受疫情影响种植端与物流价格上涨，带动零售端提高销售价格，且消费者对于水果品质需求的提升，水果门店呈现中高端化趋势，也拉动水果价格走高。这两种因素持续影响着 2023 年的鲜果价格，受翘尾因素和春节错峰影响，2023 年 1 月鲜果价格同比增速为 13.1%，之后虽然波动下降，但在 2022 年的高基数下，同比增速仍为正，直至 9 月迎来秋季水果大丰收，苹果、梨、葡萄和蜜柚等水果供应充足，由此鲜果价格同比增速转负，为−0.3%，10 月鲜果价格同比增速又小幅回升至 2.2%，预计在不发生极端天气的情况下，短期内鲜果价格将保持低位波动。

进一步研究食品分项中水产品、粮食和蛋类对 CPI 的影响，其变化如图 48 所示。2023 年前 10 个月水产品价格累计同比上涨 0.1%，导致 CPI 同比增速上升约 0.002 个百分点，而 2022 年同期同比上升 1.6%，导致 CPI 同比增速上升约 0.03 个百分点。2023 年 1 月受疫情放开和春节错峰影响，水产品价格同比增速为 4.8%，较 2022 年下半年显著上升；2—4 月，受养殖存塘比例较常年偏高、供给较为宽松的影响，且春节后是水产品消费的淡季，同比增速为负；6—8 月受较低的基数影响，同比增速转正，与 2022 年同期相比有小幅增长，但总体较稳定，主要原因是受端午及暑期假期居民出游需求增长，带动水产品需求增长；10 月同比增速为−0.5%，增速再次下降主要是受日本核污水排放的影响，导致水产品需求下降。

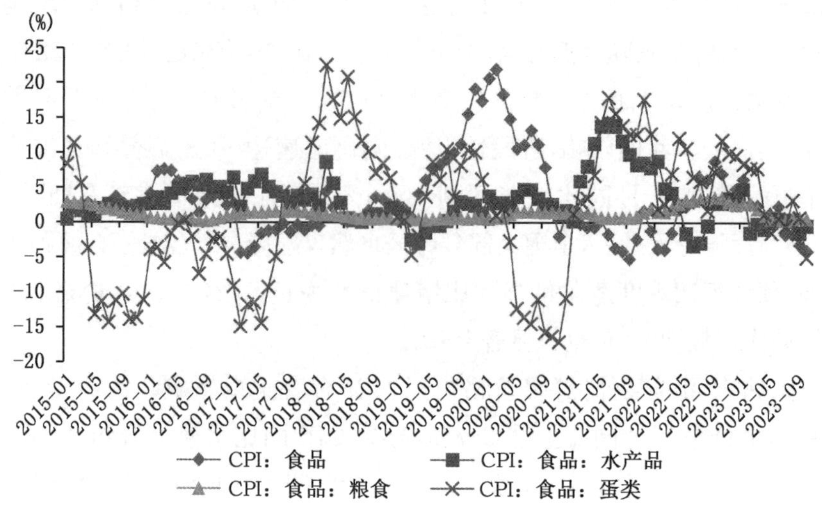

数据来源:国家统计局。

图 48　水产品、粮食、蛋类价格同比增速

粮食安全是维护国家安全的重要支撑,粮食保供稳价关乎国计民生。2023 年前 10 个月粮食价格累计同比增长 1.2%,导致 CPI 同比增速上升约 0.02 个百分点,而 2022 年同期同比上升 2.8%,导致 CPI 同比增速上升约 0.05 个百分点。2023 年前 10 个月,粮食产量稳步攀升,且我国粮食自给率较高,口粮自给率达 100%,谷物自给率在 95%以上,粮价同比增速相对 2022 年呈现放缓趋势(2022 年粮食价格高主要是受疫情影响),2023 年 1 月受翘尾因素和春季错峰影响,粮食价格同比增速为 2.7%,之后增速持续下降,至 7 月同比增速为 0.3%,后期小幅增加,10 月同比增速达 0.6%,整体较为平稳。课题组选择了小麦、大豆、玉米这三种主要的粮食作物,使用库存消费比这一衡量粮食供需水平的指标,库存消费比下降表示供小于求,上升则表示供给充足。从图 49 可以看出,我国粮食供应总体比较充足,大豆的库存消费比相对较稳定,二十多年来基本维持在 4%～16%这一区间,玉米与小麦的供应量在 2012 年开始大幅上涨,其中,玉米在 2015 年出现拐点开始下降,小麦的拐点则出现在 2019 年。2023 年粮食库存消费比,除小麦从 2022 年的 107.02%跌至 97.79%(仍维持高位),玉米与大豆均比 2022 年有所上升,分别从 53.51%增至 58.16%、从 7.72%增至 8.14%。2023 年 10 月,联合国粮农组织最新发布的《谷物供求简报》显示，2024 年度季末世界谷物库存量最新预报数为 8.84 亿吨，较期初水平增长 3.0%，创历史新高。结合我国与世界粮食整体供应充足的情境，预计 2024 年粮食价格总体稳定，不会显著上涨。

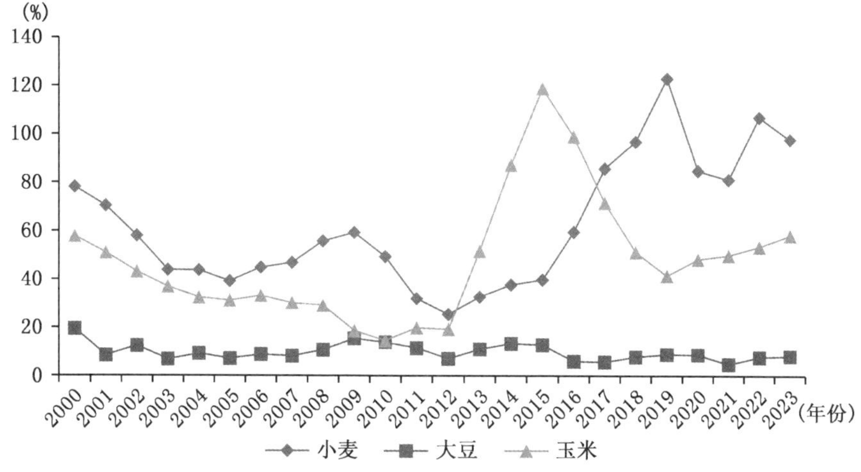

数据来源：汇易网、Wind 数据库。

图 49　粮食年末库存消费比

2023 年前 10 个月蛋类价格累计同比增长 2.1%，导致 CPI 同比增速上升约 0.03 个百分点，而 2022 年同期同比上升 6.7%，导致 CPI 同比增速上升约 0.07 个百分点。由图 50 所示的周高频鸡蛋批发价格可以看出，受到饲料价格延续高位影响，养殖成本对鸡蛋价格的支撑作用明显，2022 年鸡蛋价格整体呈现波动上升态势，2023 年 1 月，随着外出人员务工返乡，内销需求好转，加之受春节备货提振，蛋价逐步上行，之后随着企业放假，市场进入休市状态，产区库存开始增加，蛋价震荡下行；2 月是鸡蛋需求淡季，家庭储备尚未消化完，同时食品企业订单也相对有限，蛋价震荡走弱；3 月市场交投有所升温，蛋价逐步抬升，但是随着蛋价涨至阶段性高位，终端开始出现抵触高价心理，蛋价弱势下调，同时业内对后市预期降低；4 月虽有清明节日提振，但提振力度相对有限，蛋价多是震荡偏弱；5 月“五一”期间消化尚可，下游补货拉动蛋价小幅上涨，但随着下游补货的结束，市场交投转淡，加之各地气温回升，贸易环节风控意识提升，蛋价震荡下行。但是，6 月中旬之后，鸡蛋开始止跌反弹，价格进入上行周期,主要原因是蛋鸡存栏量低,叠加夏季产蛋率下降,鸡蛋供应量偏紧,助推其价格进一步上涨至 9 月中上旬,而中秋、国庆“双节潮”过后又小幅下降。2023 年鸡蛋价格的变动趋势与蛋类价格同比增速的变动趋势整体相符,2023 年 1 月蛋类价格同比增速为 8.4%,之后进入消费淡季,加上 2022 年基数增加,因此同比增速呈现下降趋势,5 月同比增速为 −1.5%,之后同比增速波动上升,其中 8 月达 3.2%,但 10 月同比增速又降至 5%。

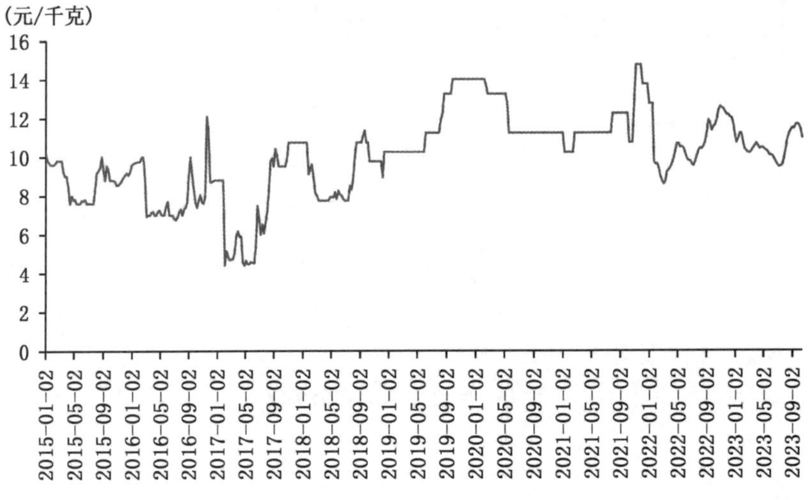

图 50　鸡蛋平均批发价格

2023 年前 10 个月猪肉、鲜菜、鲜果、水产品、粮食和蛋类加在一起共拉低 CPI 约 0.078 个百分点,而 2022 年同期这 6 项共拉高 CPI 约 0.35 个百分点,因此 2023 年前 10 个月猪肉、鲜菜、鲜果、水产品、粮食和蛋类价格合计对 CPI 的贡献较 2022 年同期下降约 0.428 个百分点。基于以上分析,2023 年前 10 个月鲜菜、鲜果、水产品、粮食和蛋类价格同比增速均较上年同期有所下降,抵消了猪肉价格同比增速的上升,从而带动食品类价格同比增速从 2.5%下降至 0.4%,进而引起 2023 年前 10 个月 CPI 同比增速仅 0.4%。考虑到基数效应、供求关系及猪肉价格变化趋势等因素的影响,课题组预计,2024 年食品价格对 CPI 的拉动作用将较 2023 年有所上升。

下面进一步从非食品价格方面进行分析。如前文所说,2023 年前 10

个月非食品价格累计同比增速较 2022 年同期明显下降。如图 51 所示，2023 年前 10 个月非食品价格同比增速呈现先降后升的趋势，1 月同比增速为 1.2%，随后持续下降，6 月同比增速降至－0.6%，之后又于 10 月回升至 0.7%。进一步从结构分类来看，相较于 2022 年，价格增速下降的有居住类、生活用品及服务类以及交通和通信类。2023 年前 10 个月居住类价格累计同比增速为 0.0%，导致 CPI 同比增速上升约 0 个百分点，而 2022 年同期同比上涨 0.8%，导致 CPI 同比增速上升约 0.18 个百分点。2023 年前 10 个月居住类价格同比增速由负转正，1 月同比增速为－0.1%，而 10 月同比增速为 0.3%，整体呈现小幅上涨趋势，较为平稳。

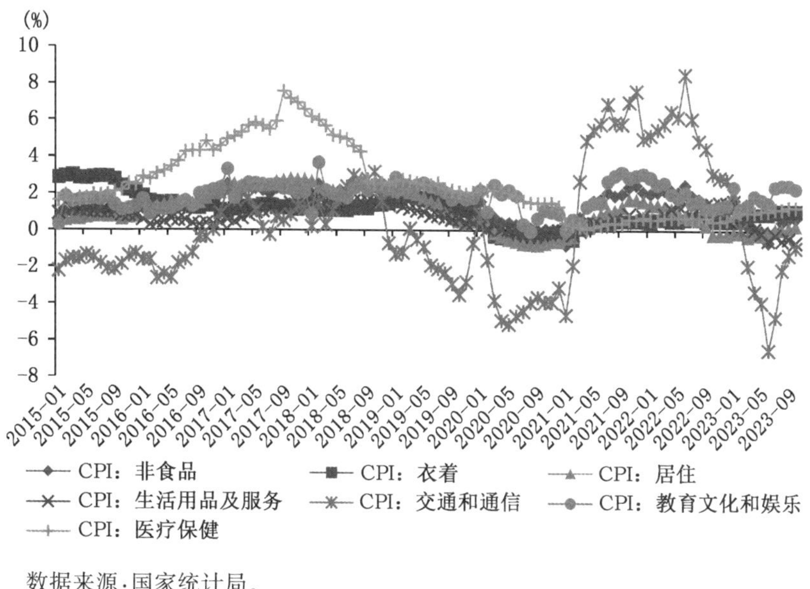

数据来源：国家统计局。

图 51　衣着类、居住类、生活用品及服务类、交通和通信类、教育文化和娱乐类、医疗保健类同比增速

2023 年前 10 个月生活用品及服务类价格累计同比增速为 0.1%，导致 CPI 同比增速上升约 0.01 个百分点，而 2022 年同期同比上涨 1.1%，导致 CPI 同比增速上升约 0.09 个百分点。2023 年前 10 个月生活用品及服务类价格同比增速由正转负，1 月同比增速为 1.6%，而 10 月同比增速为－0.6%，增速下降主要由家用器具类拉动。随着房地产市场开发投资、商品房销售额的同比增速下降，家用器具的需求也受到影响。

下面来看一下波动相对较大的交通和通信类。2023年前10个月交通和通信类价格累计同比增速为－2.3％，导致CPI同比增速下降约0.31个百分点，而2022年同期同比上涨5.6％，导致CPI同比增速上升约0.76个百分点。2023年前10个月交通和通信类价格同比增速变动剧烈，1—6月同比增速持续下降，由1月的2.0％降至6月的－6.5％；而7—9月同比增速略有上升，但仍为负，至10月同比增速为－0.9％。2022年底，我国疫情防控政策逐渐放开，居民出行意愿大幅上涨，飞机票、旅游和交通工具租赁费价格普遍上涨。但是，随着交通运输行业加快恢复，运力供给增加，城市间交通费涨幅有所回落。此外，燃料价格下降也导致2023年交通价格的下降，受以石油为代表的国际大宗商品能源类价格整体下行影响，国际原油价格2023年上半年总体呈现下降趋势，带动2023年前10个月国内汽柴油等交通工具用燃料价格同比下降6％，相应地影响CPI同比增速下降0.17个百分点。

相较于2022年，价格相对比较稳定的是教育文化和娱乐类。2023年前10个月教育文化和娱乐类价格累计同比增速为2.0％，导致CPI同比增速上升约0.18个百分点，而2022年同期同比上涨1.9％，导致CPI同比增速上升约0.18个百分点。2023年前10个月教育文化和娱乐类价格同比增速呈现小幅波动趋势，1月同比增速为2.4％，虽然2—5月经历了同比增速的小幅下降，但7—10月在疫情放开后暑假旅游热的带动下，旅游价格上升显著，同比增速在13％左右，进而引起教育文化和娱乐类价格同比增速又回归至2.3％～2.5％的区间。

不同于前面几类，医疗保健类和衣着类价格同比增速相较于2022年略有上升。2023年前10个月医疗保健类价格累计同比增速为1.1％，导致CPI同比增速上升约0.15个百分点，而2022年同期同比上涨0.7％，导致CPI同比增速上升约0.09个百分点。2023年前10个月医疗保健类价格同比增速呈现温和增长，1月同比增速为0.8％，至10月同比增速为1.3％，医疗保健类价格同比增速从2018年9月起一直保持相对平稳的趋势，2020年新冠疫情发生后开始下降，直到2021年4月达到2006年以来的最低值，这主要是因为国家调低了西药特别是进口西药的价格，之后触底反弹，2022—2023年前三季度均呈现温和上涨趋势，特别是中药价格显著上涨，2023年前10个月累计同比上升5.2％。

2023 年前 10 个月衣着类价格累计同比增速为 0.9%，导致 CPI 同比增速上升约 0.03 个百分点，而 2022 年同期同比上涨 0.5%，导致 CPI 同比增速上升约 0.02 个百分点。2023 年前 10 个月衣着类价格同比增速温和上涨，1 月同比增速为 0.5%，而 10 月同比增速为 1.1%，价格上升较快的月份集中在 8—10 月，主要是受大众消费复苏带动以及基数效应的影响。医疗保健类、衣着类以及旅游类价格的上升反映了疫情放开后人们更加注重健康和生活质量的提高。

2023 年前 10 个月居住、生活用品及服务、交通和通信、教育文化和娱乐、医疗保健以及衣着类加在一起共拉高 CPI 约 0.06 个百分点，而 2022 年同期这 6 项共拉高 CPI 约 1.32 个百分点，因此，2023 年前 10 个月居住、生活用品及服务、交通和通信、教育文化和娱乐、医疗保健以及衣着类价格合计对 CPI 的贡献较 2022 年同期下降约 1.26 个百分点。基于以上分析，主要受国际原油价格影响，2023 年前 10 个月交通和通信类价格同比增速下降明显，进而带动非食品价格同比增速较上年同期下降 1.6 个百分点。考虑到国内经济的缓慢复苏以及以能源类为代表的国际大宗商品价格波动趋势等因素的影响，课题组预计，2024 年非食品价格同比增速将较 2023 年有所上升。

总体来看，2023 年前 10 个月 CPI 同比增速受内需动力不足、国际原油等大宗商品价格变化、以鲜菜为代表的食品价格以及基数效应等各种因素的影响而有所下跌，其中 7 月 CPI 同比增速创下自 2021 年 2 月以来的新低－0.3%，10 月同比增速也仍处于低位，为－0.2%；核心 CPI 同比增速呈现先降后升趋势，除 1 月之外，前 10 个月均在 1 以下，总体处于低位徘徊。考虑到基数效应、经济的缓慢复苏、以猪肉为代表的食品价格变化趋势以及大宗商品价格波动等各种因素的综合影响，课题组预计，2024 年 CPI 平均同比增速将较 2023 年有所上升，但消费信心依然不强，内需增长乏力，核心 CPI 上升空间有限。

（二）PPI 分析和预测

如前所述，2023 年前 10 个月 PPI 同比增速先下降后波动上升，其中，6 月同比增速创下自 2016 年以来的历史新低－5.4%，之后略有回升，但一直为负，10 月同比增速为－2.6%。2023 年前 10 个月 PPI 累计同比增速为－3.1%,其中,生产资料同比增速为－4%,生活资料同比增速为0.1%。根据课题组的分析,生产资料出厂价格对PPI的影响(即生产资料的权重)约占79%,生活资料出厂价格对PPI的影响(即生活资料的权重)约占21%[①],这与之前一段时间生产资料与生活资料产出分别占整个工业产出的比例基本一致。由于生产资料占比较大,且其自身价格波动也较大,因此PPI同比增速的变化与生产资料价格同比增速变化基本一致。事实上,2023年前10个月生产资料的价格变化影响PPI同比下降约3.16个百分点。

进一步的分析显示,2023年前10个月PPI同比增速大幅下降(相较于2022年同期5.2%的增速下降8.3个百分点),一方面是由于2022年在俄乌冲突的影响下原油价格大幅上升,虽然之后由于美联储加息,原油价格又有所下跌,但是2022年油价基数相较2023年仍然较大,且俄乌冲突的边际影响逐渐减弱,2023年上半年原油价格延续了2022年下半年的下降趋势,翘尾因素和新涨价因素均为负值,共同拉低2023年PPI的同比增速。另一方面,由于全球经济增速放缓,加之美国区域性银行的破产进一步增加了全球经济下行的风险,对大宗商品的需求相应下降,价格也随之走弱,而美联储的紧缩性货币政策也影响到大宗商品价格的走向,增大了大宗商品价格下行的压力,导致大宗商品价格大幅下跌。

2018—2019年PPI定基价格指数(2016—2020年数据基期为2015年,2021年数据基期调整为2020年)在高位小幅波动,2020年受新冠疫情和国际油价影响先降后升,2021年基期调整后继续上升,2022年第二季度受俄乌冲突影响,大宗商品价格快速上升,PPI定基指数达到历史新高,之后随着冲突的边际影响逐渐减弱,PPI定基指数也有所回落,这一下降趋势在美联储加息的持续影响下延续到了2023年6月,但是从7月下旬开始,国际原油价格又重现涨势,主要原因是石油输出国组织(OPEC＋)成员国大力减产和俄罗斯受制裁石油出口高度不确定,全球原油供应面临较大的波动,一些重要原油生产国家出现了供应短缺的情况;且受夏季航空旅行强劲以及发电用油增加等因素的推动,全球石油需求创下历史新高,供需错配导致2023年第三季度原油价格又呈现上涨趋

① 使用2023年1—9月数据计算。

势（见图 52）。

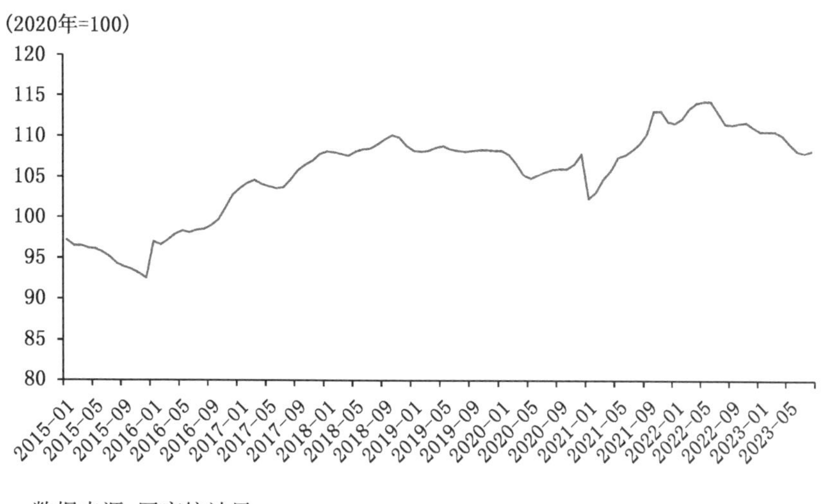

数据来源：国家统计局。

图 52　PPI 定基指数

接着看一下国际原油供需平衡差异①以及相应的原油价格变化趋势。如图 53 与图 54 所示，OPEC＋于 2016 年 11 月 30 日正式达成了此前 8 年来首份减产协议，以及减产协议随后又被多次延长，导致原油供需平衡在 2017 年一直为负，因此，国际原油价格从 2017 年起震荡上行，2018 年 10 月叠加美国制裁伊朗的影响，原油供应创下近年来的最高价，2019 年高位震荡。2020 年 3 月，沙特与俄罗斯进行石油战，双方大幅增产，原油供需平衡差异由 2019 年第四季度的 0.05 百万桶/天增至 2020 年第一季度的 6.7 百万桶/天，导致国际原油价格疯狂下跌，甚至原油期货合约出现价格为负的历史奇观，5 月 OPEC＋新的减产协议使得国际原油价格迅速反弹，原油供需平衡差异由 2020 年第二季度的 8.55 百万桶/天降至 2020 年第三季度的－1.09 百万桶/天。然而，全球新冠疫情蔓延降低了石油相关产品的需求，国际原油价格仅反弹至一个较低的水平。随着新冠疫情逐渐好转以及全球经济逐渐复苏并扩张，国际原油价格从 2020 年 12 月开始攀升，2021 年 4 月、7 月、10 月 OPEC＋都达成温和增产协议，但受到 2020 年第四季度至 2022 年第一季度原油供需平衡

---

①　包括库存变化及其他杂项。

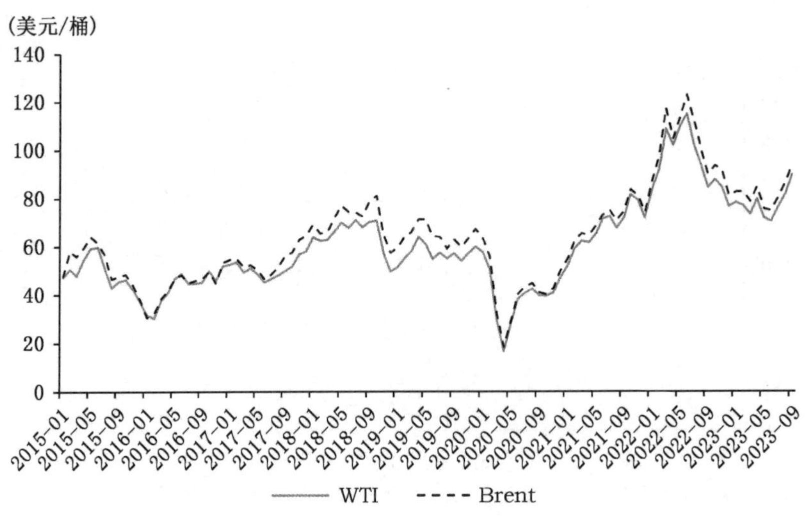

数据来源:EIA。

图 53　国际原油价格

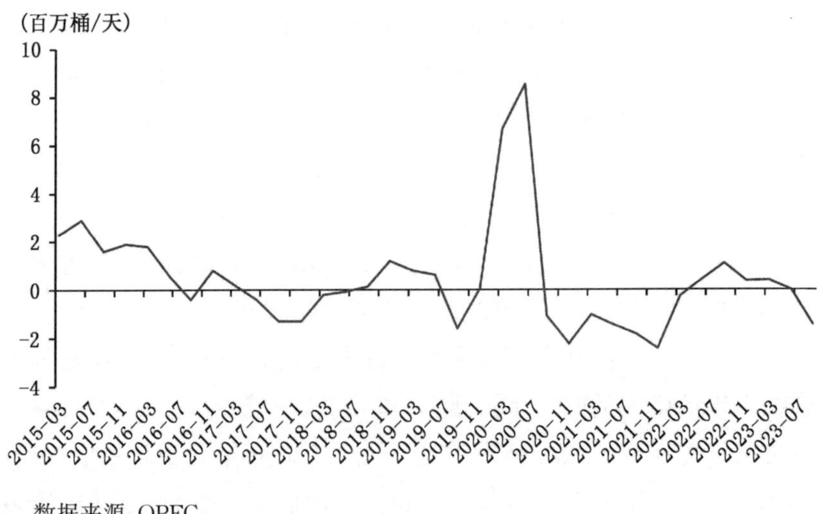

数据来源:OPEC。

图 54　国际原油供需平衡差异

差异持续为负的影响,不断扩大的供需缺口使得 2022 年 3 月国际原油价格超过 2018 年的最高价,随后俄乌地缘冲突引发风险溢价,使 2022 年 6 月国际原油价格突破历史高峰,带动原油供给不断增加。随着原油供需平衡差异在 2022 年第三季度达到新的高点,油价开始回落,2023 年上半年原油供需平衡差异一直为正；同时，受美联储加息的持续影响，油价总体呈现下跌，第三季度因为 OPEC＋减产，所以市场对于原油的需求大于供给，第三季度原油供需平衡跌至－1.45 百万桶/天，原油价格也小幅回升。由此，2023 年前 9 个月 WTI 和 Brent 原油价格平均同比增速分别为－20.25％和－20.27％（见图 55）。考虑到基数效应、OPEC＋减产和 2023 年 10 月开始的巴以冲突加剧了国际地缘政治的不确定性，以及全球经济扩张对石油相关产品需求等因素的影响，课题组预计，2024 年原油价格将保持波动上涨趋势，受基数影响，同比增速将显著升高。

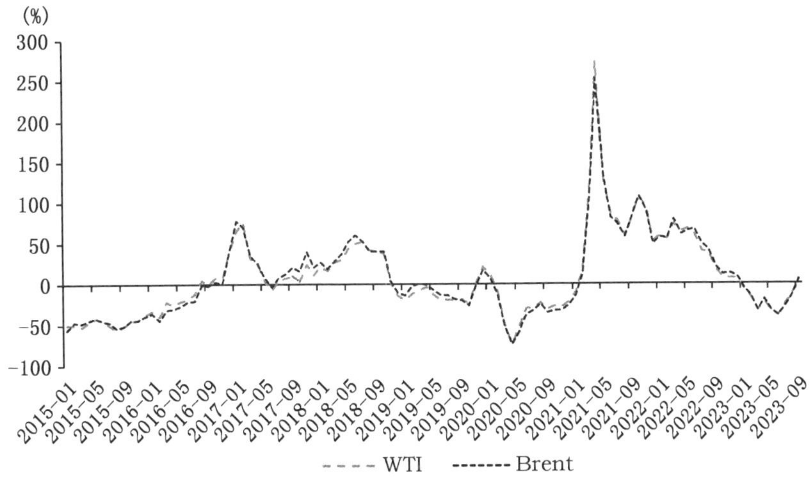

数据来源：上海财经大学经济学院。

图 55　国际原油价格同比增速

除了原油，煤炭也对 PPI 有着重要的影响。如图 56 所示，课题组选用动力煤与炼焦煤供需缺口来分析煤炭供需情况，其中，动力煤市场主要为热电厂、工矿企业提供燃动力，而炼焦煤主要用于生产焦炭。煤炭供需缺口的计算公式为：动力煤（或炼焦煤）总需求－动力煤（或炼焦煤）总供给，其中，煤炭总需求＝动力煤（或炼焦煤）出口数量＋消费量；煤炭总供给＝动力煤（或炼焦煤）进口数量＋产量。可以看出，动力煤供需周期性波动较为明显，而炼焦煤供需相对较为平稳。2016 年煤炭行业开始一轮由去产能、环保政策为主导的供给侧改革，仅 2016 年全年，全国一共有 1 727 个煤矿退出，煤炭总产能减少 26 296 万吨/年，煤炭供给受到制约，煤炭价格上升;2021年,煤炭供需失衡,全年需求大于供给,受到当时新冠疫情的影响,大量电厂为了疫情防控保发电,大量采购进口煤填补缺口,使得2021年需煤量比往年有大幅增加;而7—11月我国受进口煤总量的严格管控,使得进口煤的数量减少,煤炭价格也在此期间大幅上涨。此外,蒙煤产煤量严重减少也导致了煤价抬高,2021年1—12月蒙古国煤炭产量累计3 012.44万吨,同比减少1 269.74万吨,降幅为29.65%。2023年初,受到美联储加息影响,全球经济衰退对国内产生影响。国内冬季供暖接近尾声,煤炭市场需求进入淡季,库存压力加大,导致动力煤价格下跌;同时,煤企陆续开始节后复工复产,但下游焦钢企业开工率较低,采购需求弱,供大于求也导致炼焦煤煤价下跌。2023年5月,海内外价差倒挂,澳煤进口政策放宽,蒙煤进口大增叠加国内产量不减,总供给出现宽松,动力煤煤价持续回落。2023年7月,迎峰度夏开启,水电发电量持续低位,火电替代需求提升,焦炭第三、第四轮价格提涨落地,部分焦企亏损缓解,动力煤和炼焦煤煤价又出现企稳反弹的迹象。

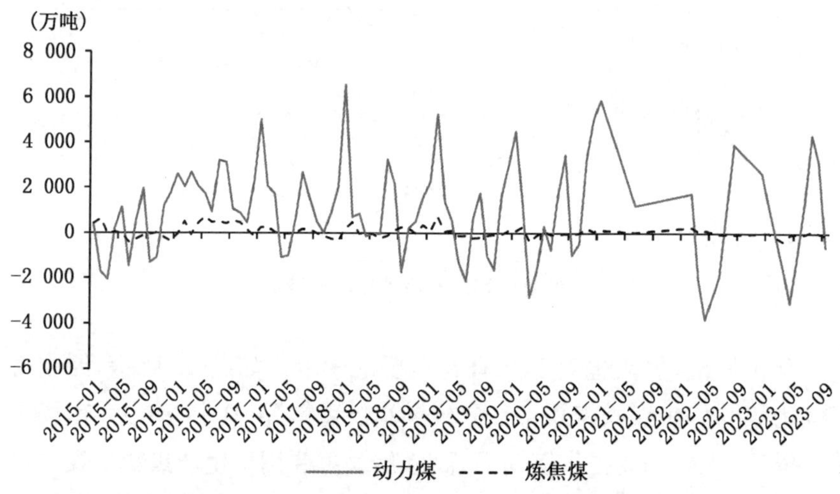

数据来源:Wind。

图56 动力煤与炼焦煤供需缺口

2023年上半年,钢价由涨转跌。第一季度钢材价格上行,受疫情放开后国内经济景气水平回升影响,钢材市场得到明显提振;此外,钢材供应回升偏慢,需求明显增加,供需结构改善驱动钢材价格偏强运行。而第二季度钢材价格呈现V形走势:首先,政府支出强度减弱,居民和企业扩表意愿不强，第二季度经济复苏不及预期；其次，受房地产市场不景气影响，钢材需求恢复不及预期，高产量背景下，钢厂出现减产，4月、5月粗钢产量同比大幅回落，叠加原料供应缓解，产业链形成负反馈。综合作用下，第二季度钢材价格大幅下跌，第三季度钢材价格仅有小幅反弹，前三季度钢材整体供给大于需求，价格走低。

随着全球需求减弱，美联储加息进展存在不确定性，对大宗商品价格形成较为明显的压制；同时，在2022年第二季度俄乌冲突的影响下，使得以能源、钢铁、矿产为代表的大宗商品价格达到历史新高，虽然之后冲突的边际影响逐渐减弱，大宗商品价格经历了波动下降的过程，但受全球各种地缘政治冲突的影响，大宗商品价格走势仍存在许多不确定性，特别是俄罗斯和OPEC+成员国的石油供应可能低于预期，信贷条件收紧可能阻碍石油或煤炭公司增加供应的能力，对化石燃料更严格的监管可能阻碍相关投资，巴以冲突加剧的地缘政治担忧也是影响大宗商品价格的重要因素。2023年前10个月大宗商品经历了先降后升的变化过程，其中，能源类和矿产类价格在2023年1—10月呈现先降后升，而有色类与钢铁类价格走势则相对平稳，进而带动中国大宗商品价格指数也呈现先降后升的趋势（见图57）。综合考虑到基数效应、美联储加息的不确定性以及国际政治经济形势等各种因素对大宗商品价格进而对PPI的影响，课题组预计，2024年PPI同比增速将较2023年有所上升。

因此，综合考虑到"猪周期"、国内外经济复苏、基数效应，以及原油等大宗商品价格的变化趋势等各种因素的影响，预计2024年CPI和PPI增速均较2023年有所上升，GDP平减指数增速也上升。尽管预计2024年价格指数同比增速将上升，但值得注意的是，扣除食品和能源的核心CPI增速依然相对较低，自2023年2月一直低于1%，且GDP平减指数同比增速在第二、第三季度均为负值，通缩迹象显现，内需不强，增长动力有待提高。

通货紧缩会加重企业债务负担，企业过度负债又会反过来恶化通货紧缩，从而陷入"债务—通缩"的恶性循环，债务和货币购买力的冲击将对几乎所有其他的经济变量产生严重影响，最终可能导致经济的"螺旋式"衰退甚至大萧条，因此要特别警惕债务通缩。

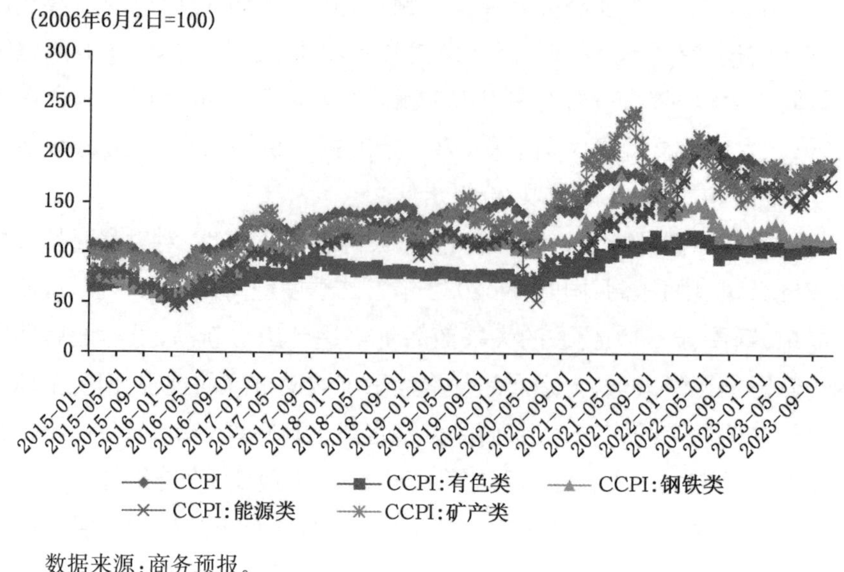

数据来源:商务预报。

图 57 中国大宗商品价格指数(CCPI)

二、政策建议

商品或服务价格反映了供需平衡关系。从前面的分析可以看出,当前 CPI 和扣除食品与能源的核心 CPI 都很低,前 10 个月累计同比增速分别为 0.4%和 0.7%,远低于正常情况下 3%的通胀目标。如前所述,这些价格数据也反映了当前经济内生动力不强,有效需求依然不足。

短期来说,政策制定方向应该集中于进一步扩大消费,持续改善消费环境,释放消费潜力特别是服务类消费,进而为经济复苏提供助力。

当前居民消费不足的主要原因有:一是受疫情影响,我国居民人均可支配收入增速显著下降,疫情三年平均增长 3.4%,尽管 2023 年有所增加,前三季度累计实际增长 4.7%,但仍低于疫情之前;二是居民、私营企业等民间部门信心不足,2023 年消费者信心指数创下历史新低;三是经历疫情后,居民的预防性储蓄意愿更强,更倾向于增加储蓄以应对未来收入和支出的不确定性。

鉴于此,首先,短期内需要通过颁布一些积极稳定的政策来提振信心、改善预期。预期会影响居民的决策,进而影响需求和投资,最终对整个经济以及社会的稳定健康发展都有重要的影响，因此，进行有效的预期管理非常重要。其次，注意需求的结构性差异，低收入家庭更关注生活必需品，高收入家庭更注重高质量商品甚至奢侈品。针对不同的群体，采用相应的刺激方法促进消费。

进一步从中长期来说，需要进行供给侧改革，提高供给侧的高质量发展进而满足有效需求。2015 年出现的通缩主要是由于一些中上游行业的产能过剩，之后通过一定程度的供给侧改革，降低了产能过剩行业的生产，价格逐渐回升。

PPI 受到国际原油等大宗商品的影响较大，大宗商品价格会传导到企业的生产成本上。首先，政策制定者应当正确认识能源战略储备的必要性和重要性，尽快形成政府储备，提高能源战略储备能力。其次，要大力发展新型清洁能源，寻求可替代资源，使得我国对化石能源的依赖性逐渐减少。这样，一方面可以降低对外依存度，有助于提高大宗商品的国际定价权；另一方面也有利于“双碳”目标的实施，改善生活环境。同时，加快推进新能源发展，强化新能源装备制造竞争优势，进一步提升新能源装机比例。最后，通过创新，提高产品质量，释放消费潜力，把海外需求转移到国内。近十年来，“海淘”“海代”增势迅猛，说明随着经济的发展，我国人民特别是中高收入家庭已不再满足温饱型消费，而是追求高质量、个性化的商品和服务。建议政府加快推进相关体制改革，创立思考和创新的良好环境，鼓励大家多进行高质量的创新性研发，全面提升供给体系的适应力和创新性，相关制度必须明确稳定并落到实处。

总体来说，为了实现我国经济的高质量平稳健康发展，不能单靠短期的刺激，还要进行中长期的供给侧改革，从而创造出能满足人们真正需要的高质量商品和服务。

（执笔人：朱梅）

专题二

如何理解当前房地产市场的困境

房价持续低迷，房企资金链承压，房地产投资萎缩，连带地方政府土地出让金锐减。如何理解这种状况？课题组认为，家庭收入不确定性是理解的关键，当前我国房地产市场的疲软不仅仅是房地产内部的问题，而是牵扯到整体经济运行是否健康的问题，房地产是果，实体经济是因。要扭转房地产的颓势，就要有全局意识，要关注于稳定劳动力市场、提高家庭收入、恢复家庭预期。只有这样，才能从根本上恢复家庭的住房需求，起到稳定房地产市场的目的，而不是“头疼医头、脚疼医脚”。同时，中长期可以考虑放开二次抵押，激活沉睡的房产。

一、房地产市场数据分析

2023 年第三季度，虽然整体经济呈现复苏状态，但房地产市场的表现并不尽如人意，未能延续上半年复苏的态势。虽然从 2022 年以来，各项降利率、降首付、降买房限制的政策在各地层出不穷，但边际效果不明显。课题组认为，房地产市场疲软的原因不应只在房地产市场内部寻找，而应具有全局精神，从一个更宽广的角度思考房地产市场的问题。本专题就提供了这样一种思路，家庭收入波动增加才是房地产市场问题的关键所在。在接下来的分析中，我们首先对房地产市场的表现做一个概览，然后提出我们的认识视角。

(一)房价仍未止住下滑的态势

房价是房地产市场是否已恢复的最重要指标,但从数据来看,房价的恢复明显不及预期。从整体来看,2023 年上半年总体房价下跌,但跌幅有所收窄。第一季度房价弱复苏,第二季度出现回调,第三季度未延续房价回调的趋势,并且房价在各城市之间呈现显著的分化现象。

首先是新建住宅价格指数(见图 58)。在经历了 2022 年的大幅下跌之后,新建住宅价格在 2023 年开始恢复,但这一恢复态势在第三季度受到阻碍,虽然房价下滑幅度未增加,但降幅也并未收窄。同时,从各城市的房价来看,整体房价保持平稳也是受一、二线城市所致,三线城市的降幅仍然较大。如果继续引入四线城市的话,估计房价降幅会进一步扩大。具体来说,70 个大中城市新建住宅价格指数总体下跌,9 月房价指数同比下降 0.6%,7—9 月跌幅均为 0.6%。其中,一线城市房价指数 9 月同比上升 0.7%,涨幅较上月增加 0.1 个百分点;二线城市 7—9 月房价同比上涨 0.2%、0.3%和 0.2%,涨幅较第二季度略有下降;三线城市房价同比持续下行,7—9 月分别同比下降 1.5%、1.4%和 1.4%。当然,这一数据还可能受政策干扰的影响,毕竟在许多地方,企业下调新房价格会受到地方政府的限制,因此,此处的新房价格下跌只能作为房价下降的一个上界。真实的情况可能更加严重。

在二手房市场上,房价的降幅更加明显(见图 59)。二手房房价虽然在 2023 年上半年有所好转,房价降幅有所收窄,但下半年降幅继续扩大,并未出现“金九银十”的现象。与此同时,二手房价格分化则表现得更为明显,当前居民对于二手房购买,仅看好一线城市的二手房市场。这也反映出当房价下跌不受限制时,下降幅度会更大。同时,从这一数据也可以看出,真正决定我国房地产市场供给的并不只是新建房,而是包括巨大的二手房存量市场。具体而言,9 月我国总体二手住宅价格指数同比下降 3.2%,二、三线城市二手房价格分别下降 3.2%和 3.5%,跌幅较上月分别扩大 0.2%和持平,一线城市 9 月同比下降 1.4%,跌幅较上月回落 0.2 个百分点。

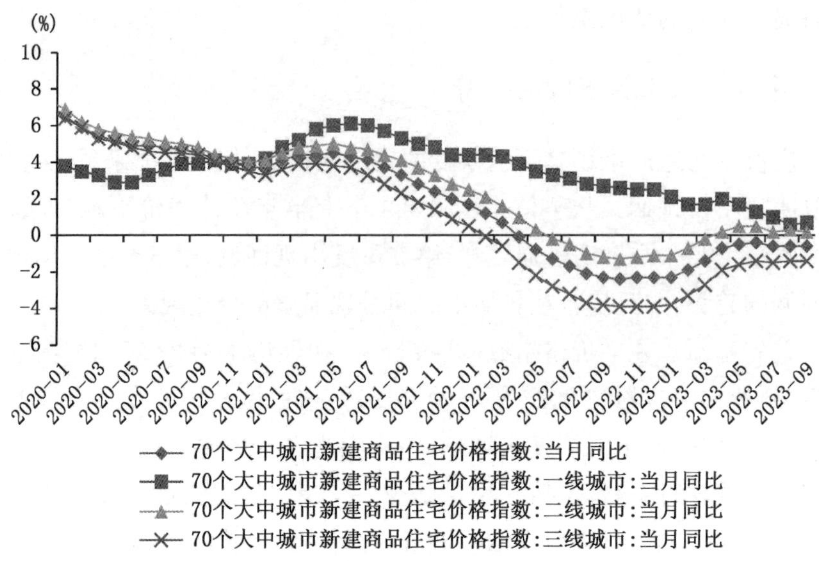

数据来源:国家统计局、上海财经大学经济学院。

图 58　70 城新建商品住宅价格指数当月同比增长率

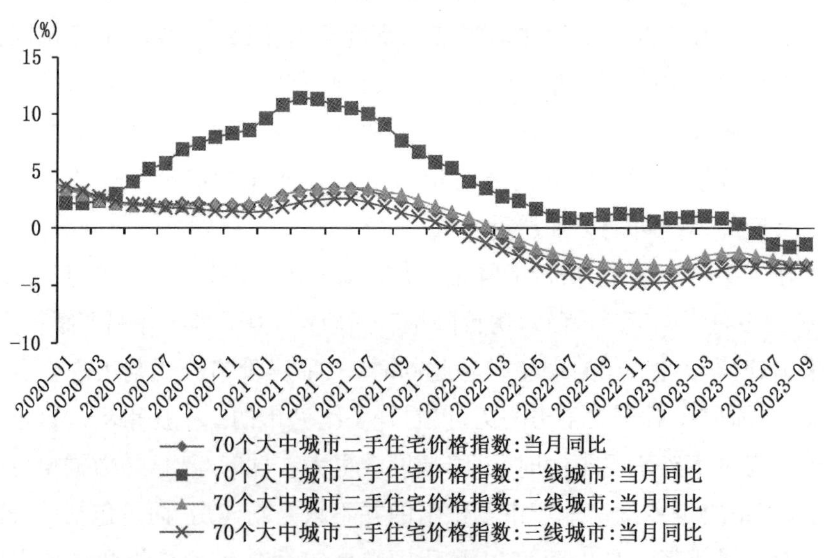

数据来源:国家统计局、上海财经大学经济学院。

图 59　70 城二手住宅价格指数当月同比增长率

虽然相比于新房价格,二手房价格更能反映房地产真实的供需关系,但二手房市场本身也存在巨大的异质性。例如,二手房的位置、房龄、是否学区房、是否靠近地铁、交通是否便利等均可能影响价格。如果在房地产市场低迷的情况下，购买住房的家庭也更倾向于购买那些状况更好的住房，这会掩盖房价的真实下降幅度。因此，课题组也画出了控制二手房状况的二手房出售挂牌价指数走势图（见图 60）。从图中可以看出，在控制了住房状况之后，所有城市的二手房价格均呈现持续下降的趋势，当然，一线城市的二手房降幅还是小一些，但已经不再同二手住宅价格指数一样，呈现上升状态了。同时，二、三、四线城市的住房下降幅度变得更大。

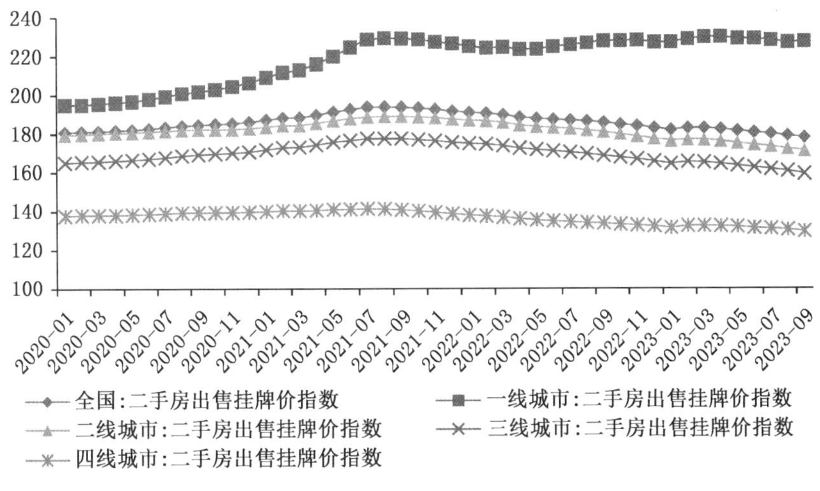

数据来源：Wind、上海财经大学经济学院。

图 60　全国二手房挂牌价指数

从以上房价信息中可以看出，我国房地产市场的低迷始终在持续，虽然一线城市整体上状况好一些，但也仅仅是降幅低一些，并未起到房价上涨从而稳定房地产市场的作用。

（二）房地产市场销售再次下滑

房价下降是否会刺激销售，还是家庭整体住房需求下降，使得房地产销售下降、房价下降？在本部分，我们先检验数据中房地产的销售情况。从 2023 年全年的情况来看，房地产销售在上半年存在回暖的迹象。由于累积的刚性住房需求得到释放，因此经济整体形势上行，房地产政策环境逐步宽松，第一季度房地产市场复苏势头强劲。随着政策边际效应的递减，进入第二季度后，销售复苏势头有所衰减。但是到了下半年，无论是新房还是二手房,房地产的销售再次陷入下滑的趋势。

从图 61、图 62 中可以看出,2023 年 1—9 月商品房销售额 89 070 亿元,累计同比下降 4.6%,降幅较 1—8 月扩大 1.4%,销售面积 84 806 万平方米,同比下降 7.5%,跌幅较上月扩大 0.4%,跌幅较 2022 年水平显著收窄。其中,住宅销售额 79 311 亿元,同比下降 3.2%,跌幅较上月扩大 1.7%,住宅销售面积 72 770 万平方米,同比下降 6.3%,跌幅较上月扩大 0.8%,相比 2022 年的表现均明显回暖。进入第三季度以来,商品房 9 月单月销售额 10 912.4 亿元,同比下降 19.2%,环比增长 41.6%,销售面积 10 857.1 万平方米,同比下降 19.8%,环比增加 47.0%。综合来看,2023 年第三季度以来,我国商品房销售额和销售面积均较第一、第二季度大幅下降,楼市复苏势头有所衰减。

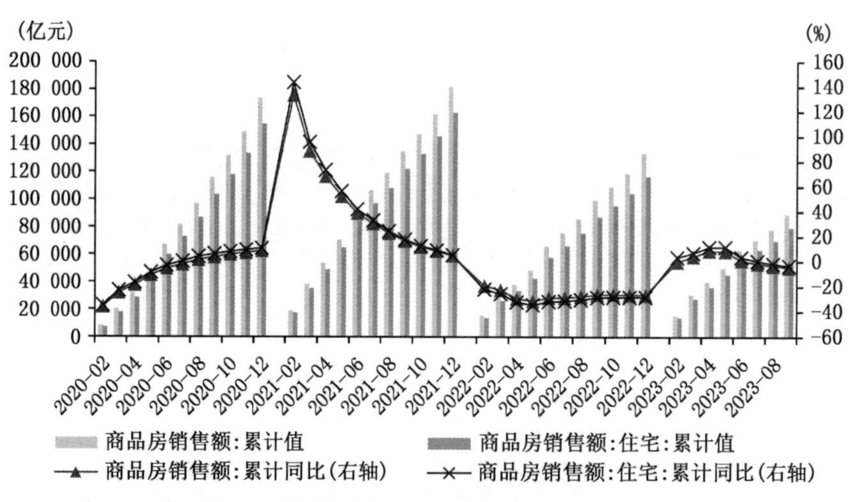

数据来源:国家统计局、上海财经大学经济学院。

图 61 全国商品房销售额累计同比增长率

分地区来看,我国不同区域楼市复苏态势在下半年均受到阻碍,地区间呈现共同下滑的态势(见图 63、图 64)。当然,区域异质性仍然存在,东部地区和东北地区的下滑相对较小,2023 年 1—9 月东部地区商品房销售额累计 54 953 亿元,同比下降 3%,较第一、第二季度分别下降 12.3% 和 10.1%,销售面积 38 822 万平方米,同比下降 5.2%,且整体规模较大,占我国房地产整体销售额的 61.7%。东北地区楼市在 2023 年初也呈现较好的复苏态势,但下半年复苏显得疲软,1—9 月东北地区商品房销售

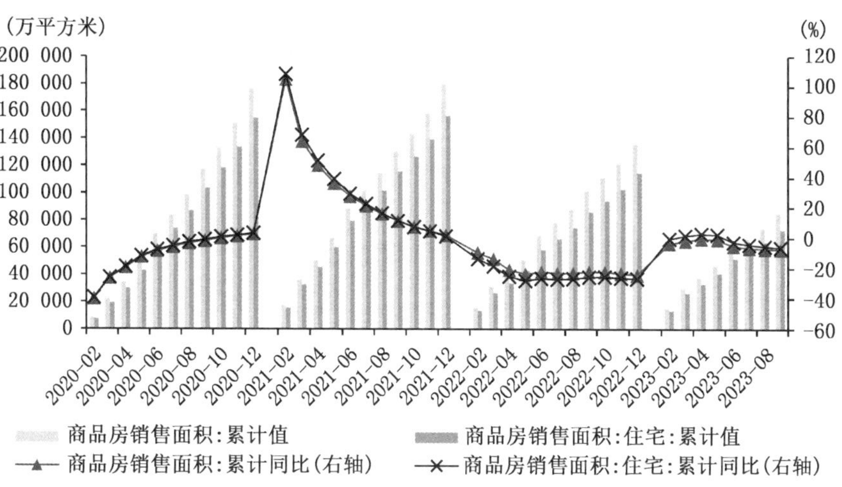

数据来源:国家统计局、上海财经大学经济学院。

图 62　全国商品房销售面积累计同比增长率

额累计 2 154 亿元,同比下降 8.5%。而中、西部地区楼市复苏一直较为缓慢,下半年尤甚。中部地区 2023 年 1—9 月销售额和销售面积甚至比上年同比下降 9.2%和 11%,西部地区 1—9 月销售额同比下降 4.4%,销售面积同比下降 8.7%。

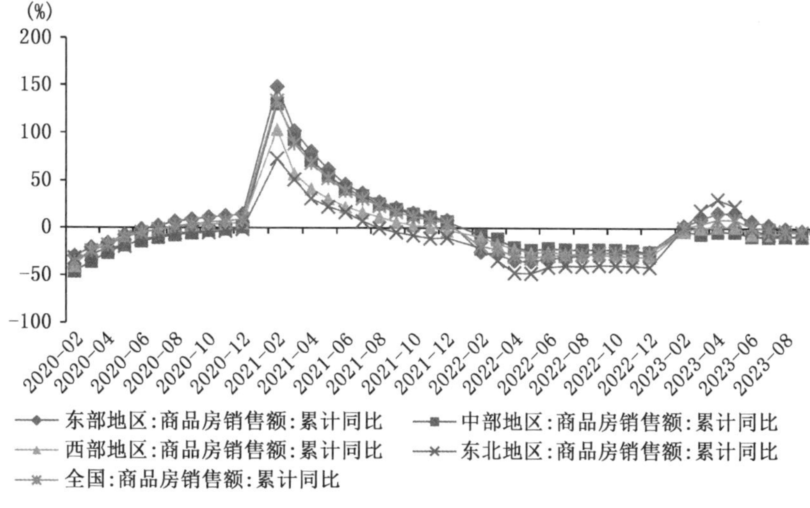

数据来源:国家统计局、上海财经大学经济学院。

图 63　全国和分地区商品房销售额累计同比增长率

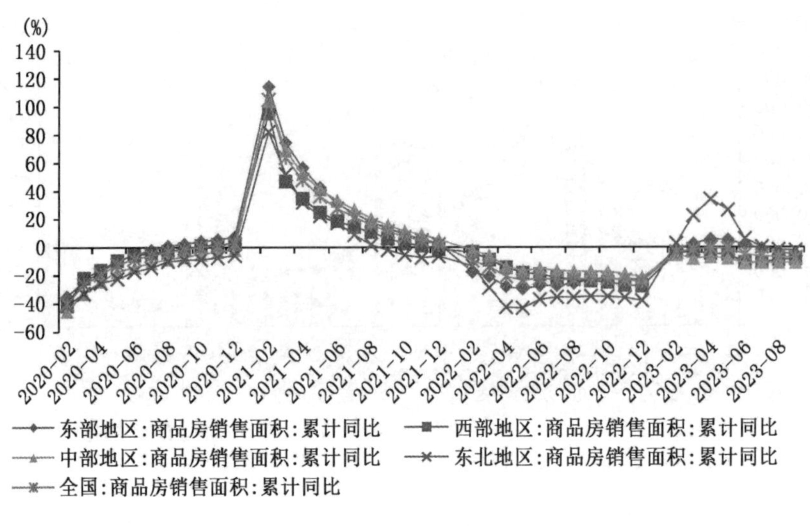

数据来源:国家统计局、上海财经大学经济学院。

图 64 全国和分地区商品房销售面积累计同比增长率

在二手房市场上,受"认贷不认房"政策取消的影响,二手房市场的挂牌量在 9 月有所上升(见图 65)。从图中可以看出,各城市二手房出售挂牌量指数在 2023 年第三季度均呈现上升态势,特别是三、四线城市。当然,二手房市场销售的回暖也可能传递的是一个房地产市场状况更加严重的信号。现有研究表明,当家庭遇到小的收入冲击时,家庭会利用自身的储蓄来平滑消费,尽量不改变住房等调整需要成本的资产。但是,当家庭遇到一个较大的收入冲击,或者家庭的储蓄被消耗殆尽后,家庭也会被动调整住房等流动性较差的资产。因此,在二手房价格下降的前提下,二手房挂牌量上升可能预示着许多家庭的流动性陷入枯竭,只能被动卖房。

虽然房地产市场销售在 2023 年上半年短暂展现出复苏态势,但下半年重回下降态势,受此影响,我国商品房的库存压力仍然处在高位(见图 66)。2023 年 1—9 月我国商品房待售面积 64 537 万平方米,同比增长 18.3%,9 月单月消化库存 258 万平方米;1—9 月住宅待售面积 31 186 万平方米,同比增长 19.7%。只看住宅的话,待售面积虽然还不算特别高,但趋势上已经慢慢向 2014—2015 年峰值逼近。当然,待售面积增加固然受到房屋销售不畅的影响,但要注意到,各地房地产企业新开工面积的大幅下降也会降低待售面积未来的增速,即使在这种情况下,房屋待售

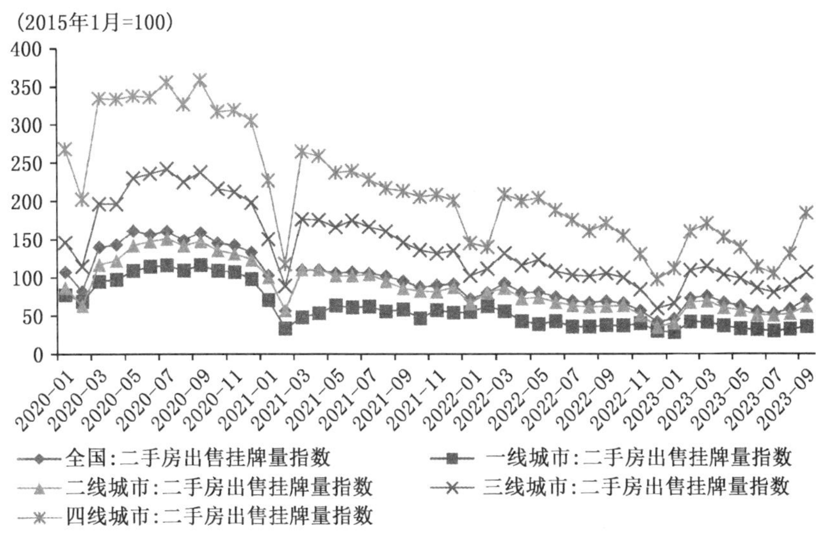

数据来源:Wind、上海财经大学经济学院。

图 65　全国二手房挂牌量指数

面积仍然持续增长,说明了房地产市场的形势严峻。然而,情况更为复杂的是,2014—2015 年,国家曾通过五次降息降准来刺激房地产市场,但当下,家庭似乎对刺激政策的反应甚微。

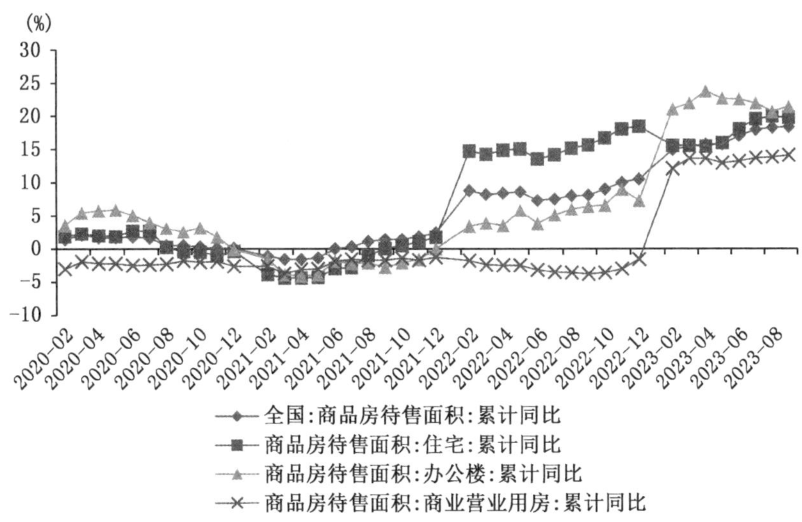

数据来源:国家统计局、上海财经大学经济学院。

图 66　全国商品房待售面积累计同比增长率

(三)房地产企业承压,投资下降

房地产市场恢复疲软直接影响到房地产企业,导致房地产企业资金链紧张、投资下滑,甚至可能出现金融风险。

首先,从资金到位情况(见图 67、图 68)可以看出,2023 年 1—9 月房地产开发到位资金累计 98 067 亿元,虽然降幅较上年同期大幅收窄了 11%,但仍然同比下降 13.5%,并未恢复正增长。同时,单月来看的话,9 月跌幅较上月累计同比扩大 0.6 个百分点,这表明房地产企业的资产负债表改善还未提上日程,资金复苏形势依然错综复杂。

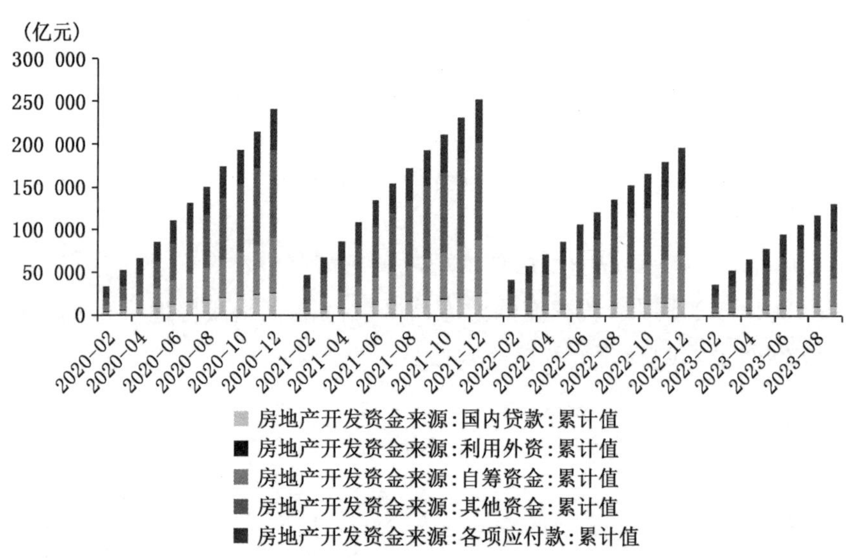

数据来源:国家统计局、上海财经大学经济学院。

图 67 全国房地产开发资金来源

从资金来源看,2023 年 1—9 月利用外资累计 35 亿元,同比大幅下降 40%,自筹资金累计 31 252 亿元,同比下降 21.8%,并且自 2022 年以来大致表现为加速下行,房企资产负债表状况仍需进一步改善。资金增长动力则主要来自其他资金,对应上半年房地产销售情况的复苏改善。但是,进入第三季度后,受房地产市场再次收紧的影响,其他资金的同比增速也转负,进一步表明房地产企业的资金链不容乐观。

房地产企业的资金链受到影响,自然就会降低投资、降低开工,这就

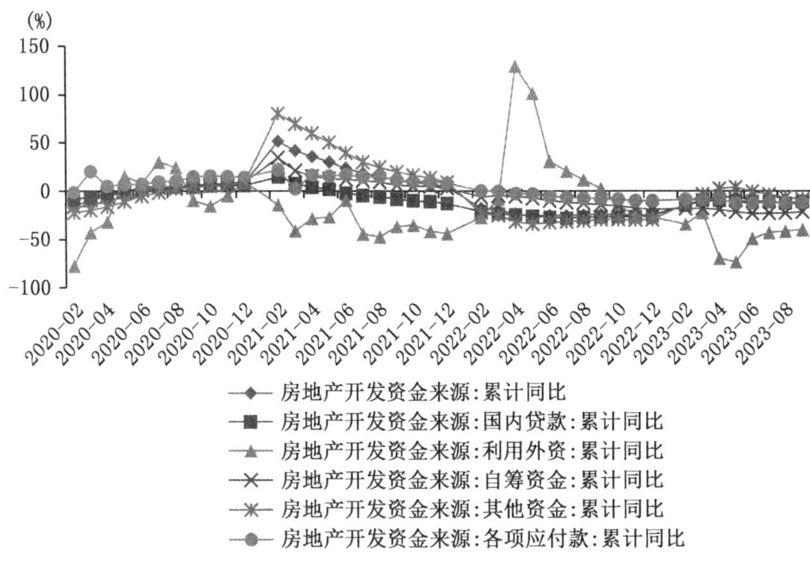

数据来源:国家统计局、上海财经大学经济学院。

图 68　全国房地产开发资金来源累计同比增长率

使得房地产开发投资形势依然严峻。图 69 显示了房地产开发投资的累计同比增速情况,从整体上看,2023 年 1—9 月全国房地产开发投资 87 269 亿元,同比下降 9.1%。不断下滑的房地产开发投资显示了房地产企业在资产负债表并未得到根本修复的情况下,对于投资的信心不足。同时,还可以看出,在趋势上如果不考虑封控带来的波动,其实房地产投资的下滑趋势可以追溯至 2021 年初,而这也与整个房地产市场开始变冷的时间点相吻合。因此,可以说房地产市场的波动直接影响着房地产企业。要想房地产企业彻底摆脱资金压力、释放投资潜能,首要的任务是恢复房地产市场的信心。

从开发投资构成看,建筑工程作为最重要的投资构成,2023 年 1—9 月投资额累计 47 860 亿元,同比下降 11.5%,跌幅较上月扩大 0.1%,已超过一年同比持续下降,房地产开发活动仍处在收缩和调整的阶段。其他费用主要包括房地产企业的土地购置费用,2 月达到 2023 年度最高同比涨幅 11.6%,表明房企上年的购地热度有所提高,截至 2023 年 9 月累计 35 731.9 亿元,同比减少 6.0%。这说明房地产企业不仅对当前的投资没有动力,对于未来的发展也缺乏动力。

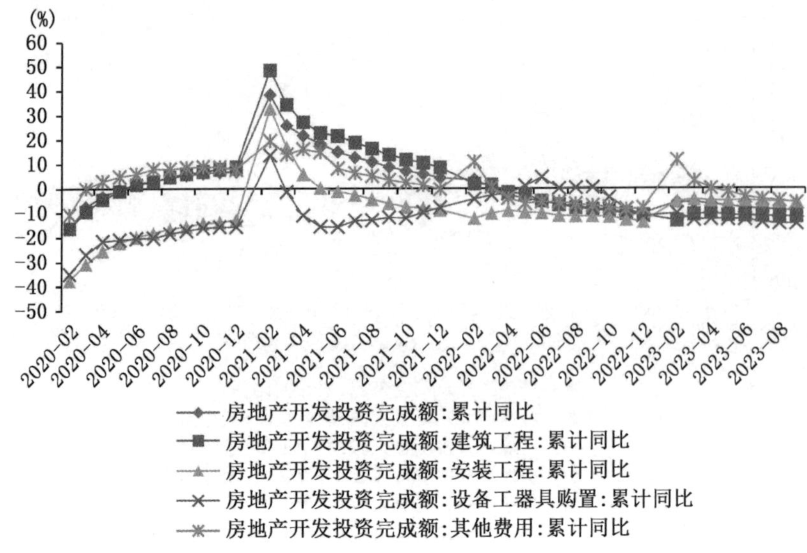

数据来源:国家统计局、上海财经大学经济学院。

图 69　全国房地产开发投资及其构成完成额累计同比增长率

在防范和化解头部房企风险的主基调之下,随着"保交楼、保民生、保稳定"的政策稳步推进,2023 年以来房屋竣工面积持续同比增长,我们认为这一势头有望得到持续。2023 年 1—9 月房屋竣工面积 48 705 万平方米,同比增长 19.8%,涨幅较上月扩大 0.8%,其中,住宅竣工面积 35 319 万平方米,同比增长 20.1%,涨幅较上月小幅收窄 0.2%,相关维稳政策取得成效,居民的市场信心得到修复。结合图 66,当下房地产的复苏仍处于去库存的调整阶段。

与竣工大幅改善相反,我国房地产市场新开工持续疲软(见图 70)。我们认为,由于土地市场回温速度缓慢,房企到位资金改善幅度较小,以及进入第二季度以来我国房地产销售回落带来的不确定性,将持续制约房企新开工的恢复速度。2023 年 1—9 月房地产开发企业房屋施工面积 815 688 万平方米,同比下降 7.1%,其中,住宅施工面积 574 250 万平方米,同比下降 7.4%。1—9 月房屋新开工面积 72 123 万平方米,同比下降 23.4%,降幅较上月扩大 1.4%,其中,住宅新开工面积 52 512 万平方米,同比下降 23.9%,降幅较上月扩大 1.3%。

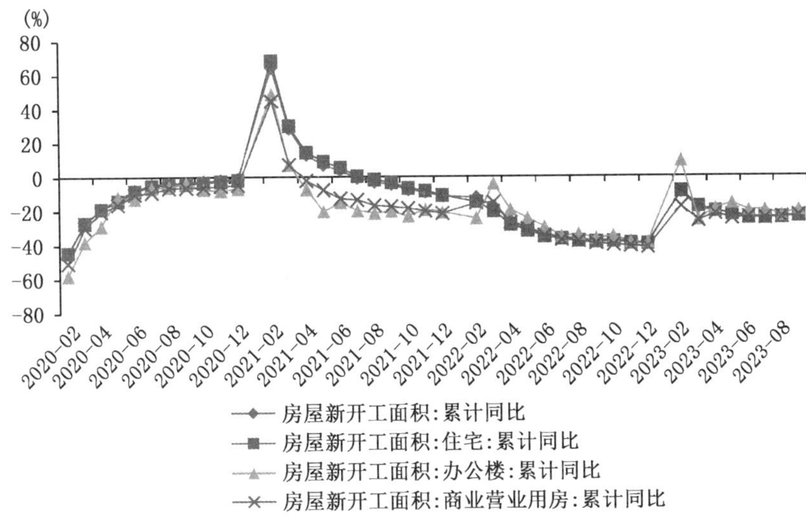

数据来源:国家统计局、上海财经大学经济学院。

图 70　全国房地产新开工面积累计同比增长率

(四)土地交易市场未现回暖信号

房地产市场资金链收紧,不仅投资下滑,为未来囤地的动机也下降,这自然影响到了地方政府的土地供给。从整体上看,2023 年 1—9 月地方政府国有土地使用权出让收入累计 30 875 亿元,同比下降 19.8%,下行幅度扩大 0.2%,情况继续恶化(见图 71)。同样地,从趋势上看,这一下降趋势可以追溯到 2021 年初,虽然 2021 年国有土地使用权出让收入同比增速仍然为正,但增速在 2022 年呈现断裂式下滑,增速直接降为负值,并且再也没有恢复为正,最高降幅甚至一度逼近 30%。土地市场的持续遇冷也会令地方政府的预算捉襟见肘,这更会减少经济稳定的工具和手段。

在土地市场的供给与交易状况层面,分区域(见图 72)可以看出,进入 2023 年第三季度后各地土地供应不断减少,100 个大中城市供应土地数量大于成交数量。考察一、二、三线城市的土地的超额供给[①]状况,2023 年初我国主要大中城市均存在土地超额供给的状况;进入 4 月,一

① 土地超额供给=(土地供应量-土地成交量)/城市数量。

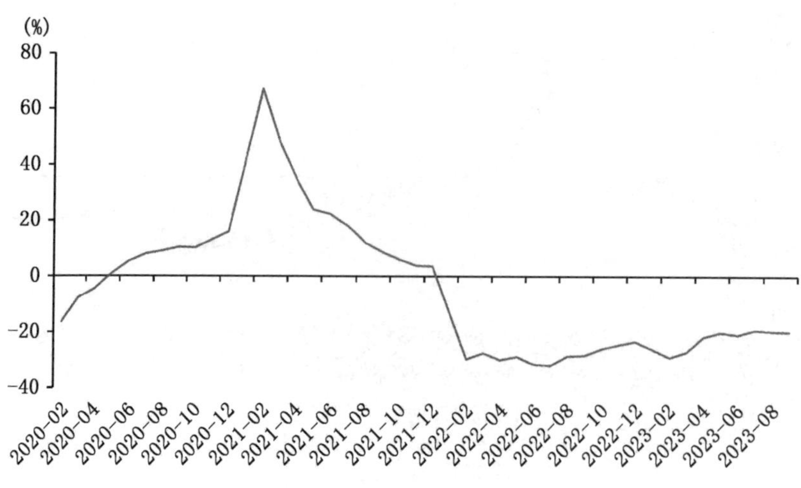

数据来源:国家统计局、上海财经大学经济学院。

图 71　地方本级政府性基金收入:国有土地使用权出让收入同比增长率

线城市土地超额供给迅速转负;5 月,二、三线城市均出现土地成交量大于供应量的情况。随着销售回温企稳,房企的信心也在逐步修复,土地市场处于缓慢回温中,但形势依然严峻。9 月,总体成交规模为 1 605 宗,同比下降 32.1%,远未恢复至下行周期前的水准。

从成交土地溢价率看(见图 73),目前全国整体土地市场仍处于较为清冷的状态,反映了房地产市场面临长期预期较弱的问题。同时,各城市之间呈现分化的趋势。进入 2023 年第三季度,二、三线城市土地溢价率回暖势头有所提升,一线城市有所下降。

(五)家庭出现资产负债表衰退现象

房地产市场的疲软直接反映了家庭住房需求的下降。从家庭部门来看,家庭部门总需求的不足不仅体现在住房需求的下降上,而且体现在家庭债务和储蓄上。由于新增贷款是一个流量的概念,不存在基数效应,因此,新增贷款更能体现家庭部门加杠杆的决心,图 74 显示了居民户全部贷款以及中长期贷款与短期贷款的季度同比增速情况。从图中可以看出,家庭债务的增速自 2022 年以来持续走低。在中长期贷款方面,虽然在 2023 年第二季度居民户中长期贷款同比增速自 2022 年以来首次超过 0,恢复正增长,但这一“回暖”显然受上年疫情影响所致,因为在 2023 年

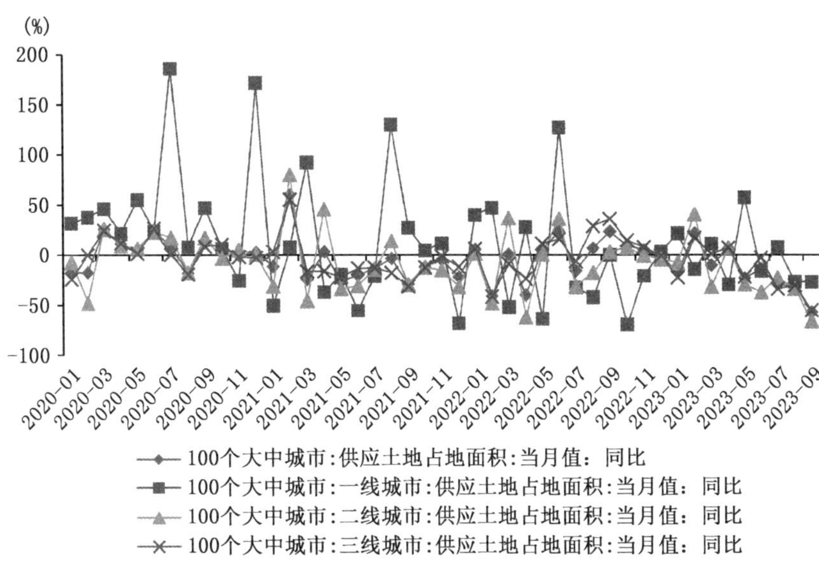

数据来源:国家统计局、上海财经大学经济学院。

图 72　全国 100 个大中城市供应土地占地面积同比增长率

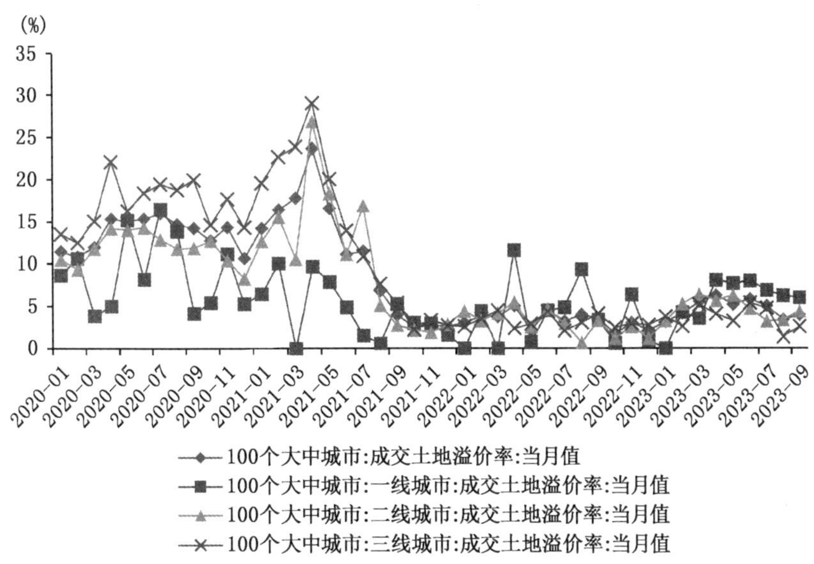

数据来源:国家统计局、上海财经大学经济学院。

图 73　全国 100 个大中城市成交土地溢价率同比增长率

第三季度居民户中长期贷款同比增速再次转负。与此同时,在短期贷款方面,居民户短期贷款增速的回正也只维持了2023年第一、第二两个季度,在第三季度再次转负。当然,同消费的变动一致,居民户短期贷款同比增速转负的时间比中长期贷款更早,从2021年年中就开始了。从图中还可以看出,居民户贷款新增速度放缓其实可以追溯到2021年初,这也从2021年底出台的一系列促进房地产市场发展的政策中得以体现。近年来,虽然各地政府出台了一系列鼓励购房的政策,但家庭部门仍然不愿意继续加杠杆。

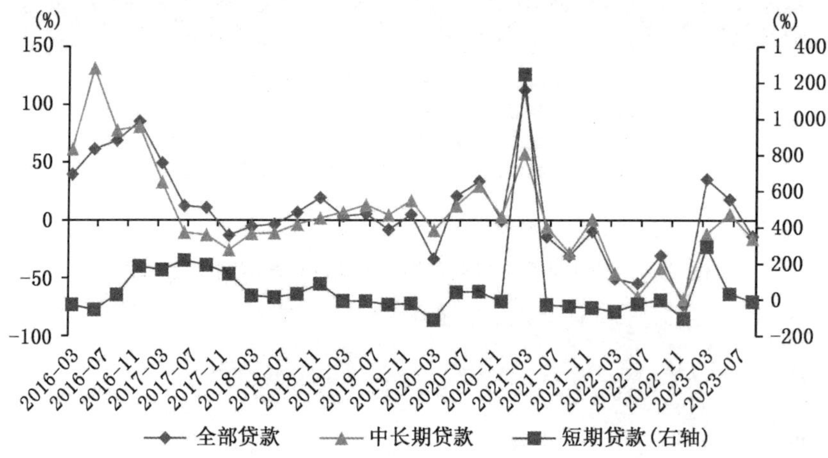

数据来源:上海财经大学经济学院、Wind。

图74 家庭部门新增人民币贷款季度同比增速

家庭部门既不消费,也不加杠杆,那么钱去哪里了呢?根据课题组观察,与家庭部门的债务累积降速相反,家庭部门的存款从2022年以来呈现爆发性增长。虽然受预防性储蓄动机的影响,2020年疫情暴发以来我国居民户新增人民币存款就大幅增加,但最近两年来家庭部门的储蓄再上一个台阶。如图75所示,分年度来看,虽然2023年第二、第三季度的存款新增额相较于2022年有所降低,但仍然远远高于其他年份的同季度的值。并且,如果加上第一季度的值,2023年前三季度总的存款新增额还超过2022年同期1.21万亿元,这还是在2022年任一季度的存款额均是同期最高的前提下得到的结果。

如何理解家庭部门的这种需求端的疲软,是不是房地产的问题必须

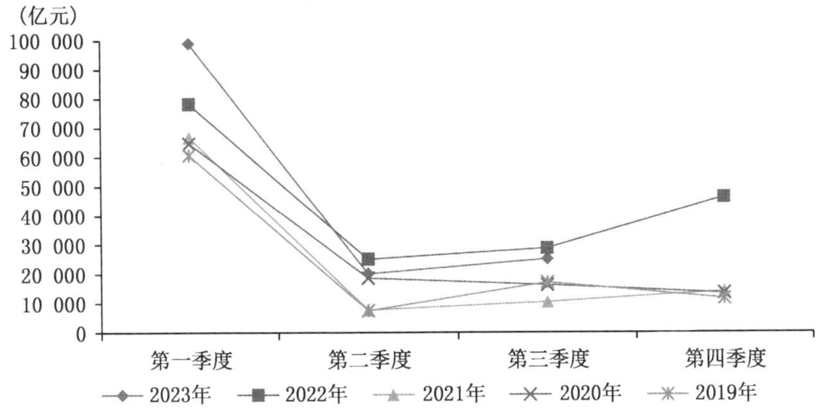

数据来源:中国人民银行、国家统计局、上海财经大学经济学院。

图 75　家庭单季存款新增额

在房地产内部寻找原因? 在接下来的部分,利用构建的包括家庭住房投资行为的结构模型,课题组将探讨家庭部门资产配置转变的原因、由此产生的影响,以及相应的政策应对。

二、如何理解当前房地产市场的困境

消费弱预期恢复,房地产市场低迷,家庭部门也不再愿意累积债务,而是更愿意持有流动性更强的储蓄,如何理解家庭部门表现出的这种"资产负债表衰退"式的转变? 关于这一问题的回答其实是理解房地产市场整体现象的核心。如果我们找到了这一问题的回答,并对症下药,从根本上促进房地产市场的恢复,那么房地产企业、地方政府所面临的问题也就迎刃而解。

(一)文献中的解释

经济学文献中对此问题一般存在两种解释。

第一种解释认为,家庭资产负债表衰退是外生的紧缩的信贷冲击的原因。其经济学逻辑如下:当经济体受到一个紧缩的信贷冲击时,房价下降,此时家庭只能被动降杠杆,这样一方面会降低债务,另一方面也会降低消费与住房需求,引起房价下跌。然而,当前中国的情况可能与这种观点并不一致,如图 76 所示,无论是首套房还是二套房,我国的平均房贷利率均处于一个较为宽松的环境中,并且最近一段时期以来,各地降首付、降买房限制的新闻层出不穷。因此,信贷政策的故事可能并不符合我国当前的情况。

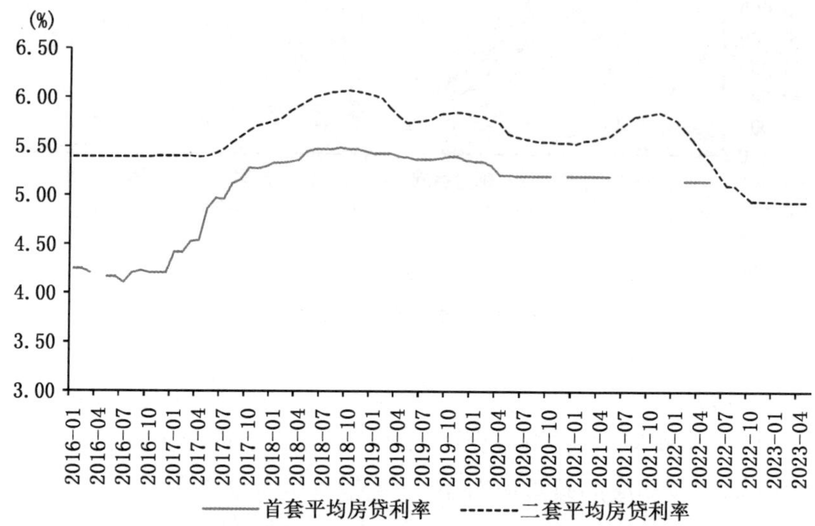

数据来源:中国人民银行、上海财经大学经济学院。

图 76　平均房贷利率

另一种解释是,偏好冲击或者说信息冲击是导致家庭资产负债表衰退的原因。这一观点认为,如果有一个负向偏好冲击,出于对未来住房需求的担忧,家庭会立刻开始变卖房产,使得房价下跌、贷款减少,同时房价下跌产生的负向财富效应会进一步引起消费下降。图 77 显示了中国家庭消费者信心指数的变动,从图中可以看出,消费者信心指数确实是在 2022 年开始大幅下降。但由于统计数据中的消费者信心指数是家庭对整体经济环境的感知,其实并不能等价于偏好冲击。而单纯的偏好冲击主要作用于有房家庭,这使得有房家庭的消费相比于无房家庭下降得更多,而我国当前家庭需求的下降是全方面的,甚至无房家庭受到的影响更大。因此,我们必须继续深入探讨消费者信心指数大幅下降背后更深层次的原因。

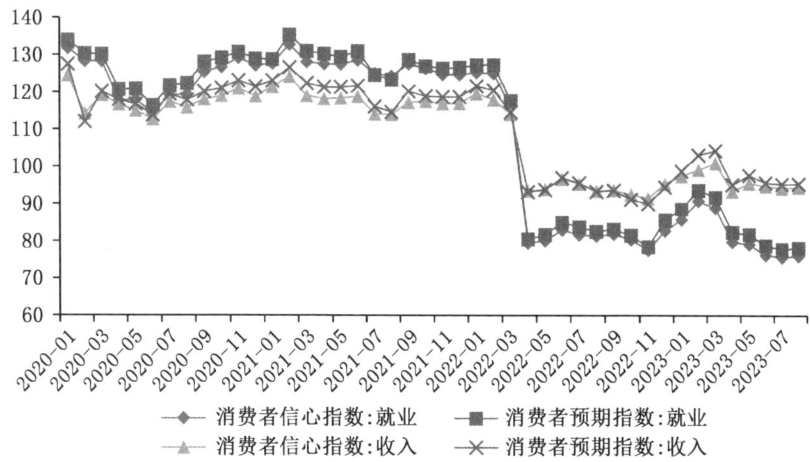

数据来源:国家统计局、上海财经大学经济学院。

图 77　消费者信心指数和预期指数

(二)本报告的解释:收入波动增加

课题组在 2022 年的年终报告中指出,收入不确定性的增加、预期的减弱是理解这些问题的根本。在本次报告中,我们将继续就这一问题展开更为细致的探讨,我们将主要回答以下几个问题:第一,在冲击是离散的情况下,检验收入不确定性冲击的影响,以及当前市场的自我调整能否吸收掉不确定性的影响;第二,考虑到疫情已经结束,检验收入不确定性的影响何时衰退、经济何时恢复正轨,以及必需的政策应对。

利用课题组构建的中国特色的家庭住房与债务选择模型,在考虑家庭资产负债表的情况下,课题组检验了收入不确定性冲击对家庭的影响。此时,由于疫情已经结束,因此我们考虑的收入不确定性冲击为离散型的(见图 78),具体而言,我们假定在第 0 期时,经济处于初始稳态,家庭的住房选择刚好等于住房供给。在第一期时,家庭受到一个收入不确定性冲击,收入过程的方差增加 1 倍。由于疫情从 2020 年开始,并且 2023 年还没有看到收入方差下降的迹象,因此,我们假设收入方差会在高位维持四期,然后在第五期时收入方差下降至初始稳态水平。模型是理性预期的,即家庭无法知悉第一期收入方差增加,但当第一期冲击到来后,之后各期收入方差的大小以及内生房价的大小均已被家庭所知悉,家庭会根据收入冲击以及内生的房价进行最优化决策。房价是由住房的市场出清决定的,在计算时,我们假设转移路径上的住房存量保持与初始稳态相同,在某一个房价下,如果家庭的住房需求小于供给,说明房价过高,这需要我们调低房价;反之亦然。最终得到一个使得在转移路径上的每一期住房需求均等于供给的房价,即是最终的房价。

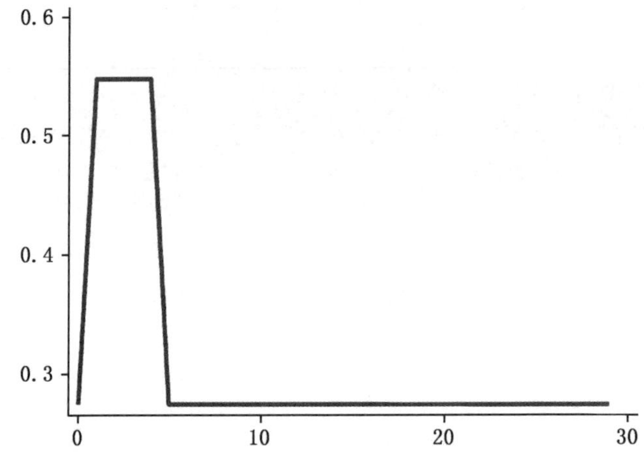

数据来源:上海财经大学经济学院。

图 78　收入不确定性的动态图

图 79 显示了基准情形的结果。基准情形的假设为,家庭受到收入不确定性冲击,但由此导致的总需求下降不会进一步反馈到经济中;也就是说,这一结果只是捕捉了收入不确定性冲击的直接影响。从图中可以看出,当收入不确定性增加时,出于对未来收入下降的担心,家庭的预防性储蓄动机增加。虽然住房作为一种资产,也会起到平滑消费的目的,但由于住房的流动性较差,且房贷的利率要高于存款利率,因此,住房的流动性差的特性不仅会掩盖家庭预防性储蓄动机向房地产市场的传导,而且会引起家庭住房需求下降,反映到房地产市场中就是房价下降、家庭债务下降,这与 2022 年以来的房地产市场变动完全一致;也就是说,并不是房地产市场内部问题导致房地产市场的低迷,问题的根源还是出在劳动力市场上。并且随着时间的推移,当收入不确定性冲击退去,家庭的预防性储蓄动机消失,此时由于家庭的总收入未受到影响,因此,家庭的住房需求会再次恢复,使得房价继续升高,反而高于初始稳态。

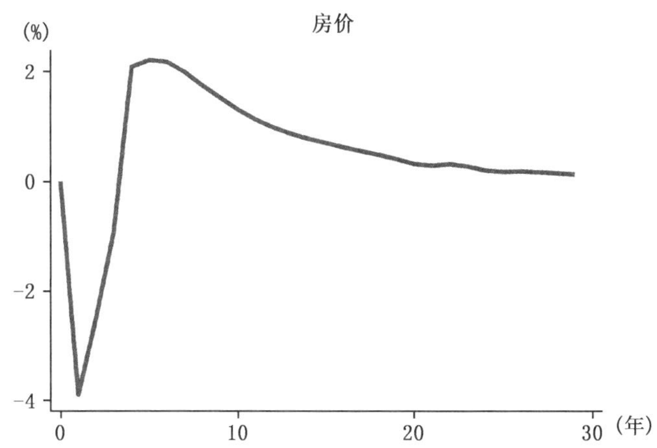

数据来源:上海财经大学经济学院。

图 79　收入方差冲击对房地产的影响

同时,由于模型理性预期的设定,不确定性冲击发生的当期,既可以被理解为真实的经济冲击发生的时期,也可以被理解为家庭意识到经济体发生了剧变的时期。如果按照后一种情况来看,由于家庭在 2021 年下半年才开始逐渐意识到收入不确定性增加,因此,冲击的第一期也可以被理解为 2021 年末至 2022 年初,这一段时期正好是家庭初现资产负债表衰退的时期。从图 79 中还可以看出,房地产开始真正复苏,房价开始超过初始稳态的时期正好是收入不确定性冲击消失的时期;也就是说,当家庭意识到未来的收入变得更加稳定时,家庭的总需求才会真正恢复。而只要收入不确定性冲击继续存在,那么家庭的预防性储蓄动机就会存在、家庭消费需求就会受到抑制。

根据前面的描述可知,收入不确定性冲击会直接引起家庭的预防性储蓄动机,从而降低家庭的住房需求,使得房价下降。但根据课题组 2022 年年终报告的结果,收入不确定性冲击还会引起消费下降,而消费的下降也会传导到生产端,引起失业率的上升或者工资的下降,现有文献称之为一般均衡效应,又称间接效应。在本专题中,我们通过将家庭需求的下降与工资建立联系,进一步捕捉收入不确定性冲击的间接效应。图 80 显示了模拟结果,其中,实线表示基准情形的结果,虚线表示捕捉这种一般均衡的间接效应的结果。从图中可以看出,当把总需求下降产生的工资下降或者失业率升高考虑进来后,收入不确定性冲击对房地产市场的影响会更加严重。原因在于,收入不确定性冲击虽然使得家庭预防性储蓄升高,但并未从根本上改变整体经济收入水平。但是,当总需求不足传导到生产端时,还会额外产生负向收入效应,导致经济情况进一步下降。

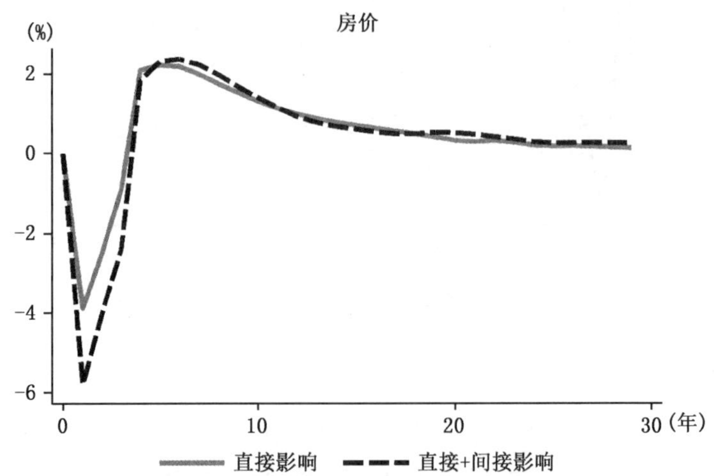

数据来源:上海财经大学经济学院。

图 80　收入不确定冲击的直接影响与间接影响

收入方差增加会导致家庭主动降杠杆,引起房价的下降,并且总需求降低带来的间接效应会放大这种效果。但这些结果都是在给定住房面积总量保持不变的前提下得到的。如果企业像现实数据中表现的那样降低住房供给、降低开工率,从而使得住房总供给下降,那么收入不确定性冲击对房地产市场的影响是不是就会降低?在本专题,我们检验了这一猜测。具体做法如下:假设当收入不确定性增加时,房价不再像基准情形时内生下降,而是始终保持不变。此时家庭就会降低住房需求,如果相比于现实数据,模型中家庭住房需求的降低较大,那么就说明在现实中,即使企业降低了住房供给,也无法抵消家庭需求下降的影响,从而保证房价不变。

图 81 显示了模拟结果。从图中可以看出,如果保持房价不变,当收入不确定增加时,家庭的住房需求会降低,并且会在收入不确定性冲击的最后一期达到顶峰,最高可达到 9%左右。这一结果不仅高于数据值,而且需要注意的是,此处的住房面积是所有住房的存量,不仅对应于现实中的新房,而且包括二手房。而数据中的住宅的房屋新开工面积是一个流

量的概念,仅包括新房面积。从这里可以看出,即使房地产企业降低了住房供给,但这对于急剧萎缩的房地产需求来说仍然无法起到稳定房地产市场的目的。

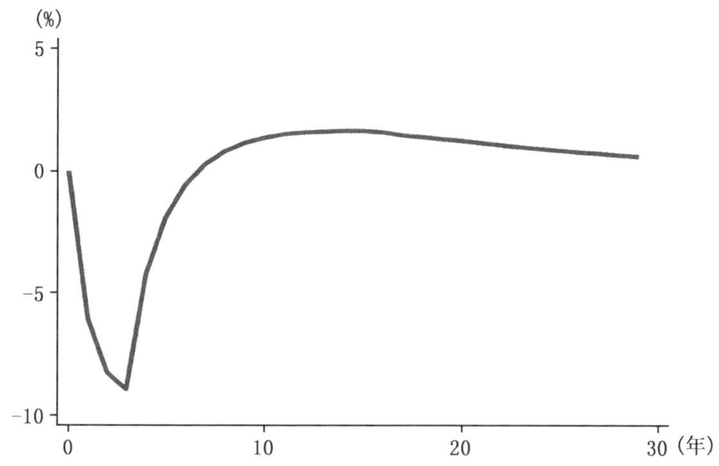

数据来源:上海财经大学经济学院。

图 81　房价不变时收入不确定性冲击对住房需求的影响

三、如何应对:增强房地产流动性与特定人群的稳需求作用

如何扭转家庭部门的这种情形,再次激发家庭的住房需求,甚至更进一步地激发家庭的消费需求?从前面的分析可以看出,房地产市场的回暖不是取决于房地产内部的调整,而是主要在于家庭何时预感到经济开始向好、收入开始变得稳定,只有在这时,家庭的需求才会恢复,因此,本专题的分析也具有重要的政策含义。课题组认为,需要认识到当前我国房地产市场的疲软不仅是房地产的问题,而且是牵扯到整体经济运行是否健康的问题。现在社会上有些观点认为,房价降低、家庭债务增速放缓是家庭购房动机下降所导致,是房地产市场内部问题,因此,降低家庭购房壁垒,比如调低贷款利率、降低首付比、降低买房限制等政策可以起到刺激房地产市场的作用。这种观点孤立地看待房地产问题,低估了房地产市场问题的严重性,最近两年出台的类似政策的效果也印证了这一点。本专题的分析表明,劳动力市场的健康运行才是稳定房地产市场的关键,

政策制定者要有全局意识,要关注于稳定劳动力市场、提高家庭收入、恢复家庭预期,只有这样,才能从根本上恢复家庭的住房需求,起到稳定房地产市场的作用,而不是“头疼医头、脚疼医脚”。

与此同时,由于中国二次抵押市场几乎等于缺失的现实,大量未还完房贷或已还完房贷的住房净值仍在市场中沉睡,未能起到平滑家庭消费、改善家庭需求的作用。因此,课题组认为,在保证家庭部门不陷入“债务通缩”衰退的大前提下,家庭部门加杠杆的具体措施不妨换一种思路,不再将眼光放在住房需求上,而是放松二次抵押的限制,将加杠杆的人群放在多年前已经买房、已经累积了足够的房屋净值且目前急需消费资金的家庭。这样,不但不增加家庭的额外债务负担,而且会放松家庭的预算约束,从而起到刺激需求的目的。

为此,课题组继续利用构建的结构模型,模拟了引入二次抵押市场后宏观变量的变动情况。从图 82 显示的结果可以看出,当引入二次抵押后,在遇到收入冲击的时候,家庭可以利用房屋净值贷款进行消费平滑,因此没有必要累积过量的储蓄,自然也就有钱可以消费;同时,住房流动性增强还会放松家庭面临的信贷约束,因此消费会立刻增加、储蓄会立刻下降。与此同时,住房资产的流动性增强,家庭的住房投资意愿增加,由此导致房价上升。同时,家庭能否使用二次抵押取决于房屋净值的大小,因此,引入二次抵押相当于盘活了房贷,家庭此时可以提前还贷,保持一个较高的房屋净值额度,这样在需要的时候才能进行二次抵押,这就导致引入二次抵押反而会降低家庭的债务负担。并且,由于房贷的利率高于流动性资产的利率,因此家庭部门处于资产最优配置的角度,也会用储蓄替代房贷,降低财务成本,这也就导致储蓄下降得最多。当然,在实际运行过程中,需要将再融资的成本尽可能地降低,只有这样,才不会产生额外的负向收入效应,真正发挥住房资产的稳经济作用。

进一步地,特定人群在政策刺激效果中的作用不容忽视。习近平总书记在《当前经济工作的几个重大问题》中,强调“要提高消费倾向高、但受疫情影响大的中低收入居民的消费能力”;课题组在 2022 年的宏观报告中指出,由于市场更加不完备,因此,在我国可能存在着家庭储蓄率高与家庭边际消费倾向高并存的现象。其经济学含义为:未还完房贷的住房净值不能进行二次抵押导致的市场不完全性,不但会提高家庭储蓄,而

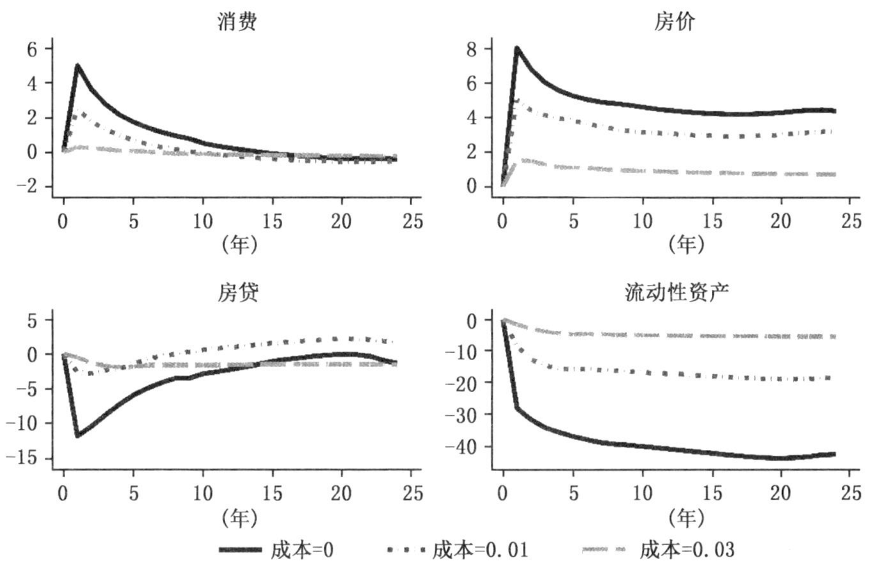

数据来源：上海财经大学经济学院。

图 82　引入二次抵押后消费、房价、债务、储蓄等的变动情况

且会提高家庭对收入冲击的边际消费倾向。具体而言，如果家庭不能进行二次抵押，一方面由于未来收入不确定性的存在，家庭未来可能有收入骤降的风险，如果不想因此而卖房，则家庭就需要为未来的房贷还款储备流动性资产；也就是说，二次抵押市场的缺失引入家庭额外的储蓄动机，压低了日常消费。另一方面，在面临收入冲击时，家庭也不能通过调整信贷保持消费平滑，进行自我保险(self-insurance)，为了降低消费的波动，家庭也会压低日常消费。因此，家庭消费不但受到额外储蓄动机的抑制，而且受到消费平滑机制缺失带来的抑制。在收到财政补贴后，家庭的边际消费倾向可能更高。

课题组继续利用构建的结构模型，比较了中国和美国家庭的边际消费倾向大小(见图 83)。从图中可以看出，虽然财政补贴是一次性的，但其存在长期效应；并且在中国家庭的边际消费倾向始终大于美国家庭。课题组进一步发现，无房家庭、流动性资产更少的家庭以及杠杆率更高的家庭，会更容易受到预算约束的限制，边际消费倾向更高。这部分特定人群在稳定经济过程中将起到重要作用。完善再分配调节机制、转移支付体系，将财政补贴政策或社会保障政策向这部分人群倾斜，提高这部分人群的收入对于总需求的恢复作用不容忽视。

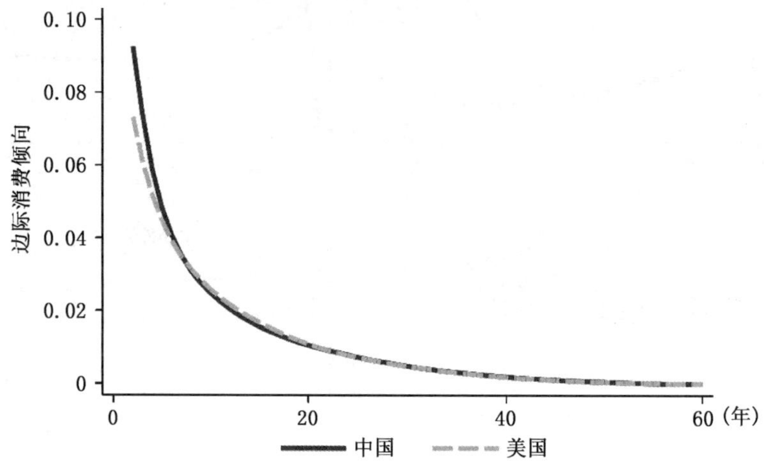

数据来源:上海财经大学经济学院、国家统计局。

图 83　家庭边际消费倾向动态图

最后,需要认识到劳动力市场的稳定不仅体现在失业率的下降,而且体现在居民收入的稳定。虽然仍有一些结构性问题,但后疫情时代我国失业率终于在 2023 年降低至疫情前水平,然而,这并不意味着劳动力市场已经完全恢复、已经万事大吉,针对劳动力市场的政策已不再是重点,可以有序退出了。本报告的分析表明,即便是失业率保持不变,仅仅是家庭收入波动增加同样可以产生总需求不足的现象,而家庭收入波动增大的问题仍然没有得到有效解决。因此,制定并实施稳定家庭收入,熨平家庭收入波动的政策仍然是当前劳动力市场保持健康发展的重要任务。

(执笔人:宁磊,王雨真)

专题三

防范化解地方政府债务扩张风险，引领金融高质量发展

防范化解地方政府债务风险，切实维护财政金融稳定，是当前坚决打好防范化解重大风险攻坚战的重要任务。作为财力的重要补充，当前中国地方政府显性债务总体规模大，但风险可控，并且不同地区间地方政府偿债压力差别显著，中西部地区地方政府债务压力加大；地方政府隐性债务持续攀升，潜在风险较高、付息压力较大，成为防范化解地方政府债务扩张风险的关键点。紧接着，考虑到地方政府债务与金融系统的紧密联系，整个金融系统都可能受到债务风险外溢的威胁，本专题详细分析了地方政府债务扩张对银行风险的影响，发现地方政府债务扩张会显著增加银行风险，严重威胁金融系统稳定，成为防范化解系统性金融风险的“灰犀牛”。

一、我国地方政府债务现状及风险状况

（一）地方政府显性债务总量大、增速快、总体风险可控、付息压力大、期限明显拉长

根据财政部的数据（见图 84），截至 2022 年底，全国地方政府债务余额约为 350 618 亿元，其中，一般债务约为 143 896 亿元，专项债务约为

206 722 亿元。可以看出,我国地方政府债务余额呈现上升趋势,但仍控制在地方政府债务限额之内,专项债务余额的攀升是导致地方政府债务余额总规模上升的原因。从增速来看,自 2017 年以来,地方政府债务余额以年均 16.3%的速度快速增长,远高于同期名义 GDP 增速 7.8%,反映出地方政府债务增长速度过快,因此,及时遏制控制债务规模过快增长、切实维护债务可持续性是当前迫切需要解决的问题。

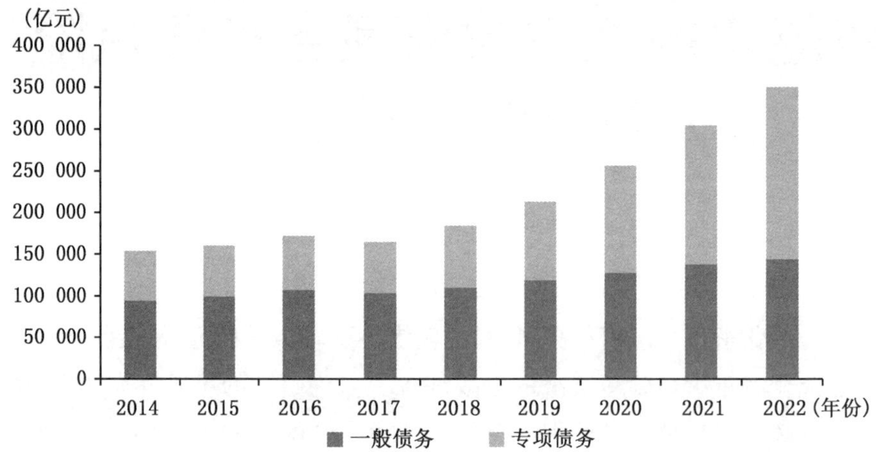

数据来源:上海财经大学经济学院、财政部。

图 84　2014—2022 年地方政府债务余额

地方政府债务风险上升,但整体可控。当前,我国经济发展面临增速大幅降低、总需求不足等多重挑战,而地方政府债务规模却逐渐攀升,由此带来的债务压力和风险不容忽视。本专题分别用负债率(存量债务规模/名义 GDP)、债务率(存量债务规模/政府综合财力)指标测度了我国的地方政府债务压力。其中,地方政府综合财力不仅包括一般公共预算收入和政府性基金收入,还需要考虑中央对地方的支付。截至 2022 年底,地方政府负债率为 29.1%,虽然低于国际通行警戒值,地方政府债务风险整体可控,但近年来呈现逐渐攀升态势(见图 85)。受地方政府财力不足,面临收入压力、支出刚性和举债收紧等多重因素的影响,2022 年底地方政府债务率为 125.1%,近年来呈现增长趋势,且连续两年超过 100%(见图 86)。

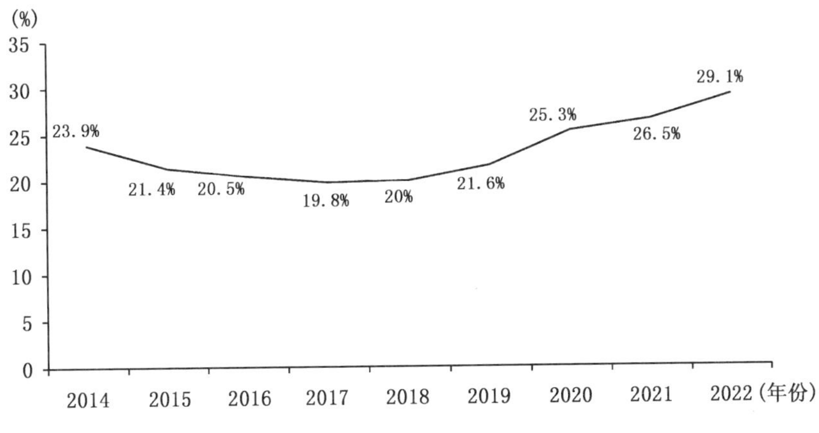

数据来源：上海财经大学经济学院、财政部。

图 85　地方政府负债率变化趋势(一)

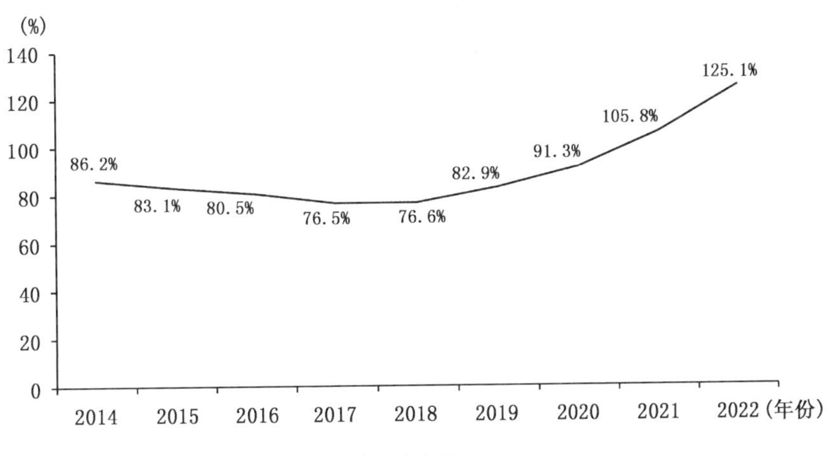

数据来源：上海财经大学经济学院、财政部。

图 86　地方政府债务率变化趋势(二)

地方政府债务付息支出激增，付息压力较大。近几年地方政府存量债券平均利率基本保持在 3.5%左右，而债务规模扩大直接导致付息支出的激增。本专题经过测算，2022 年地方政府债券支付利息 1.12 万亿元，较上年同比增长 20.8%，较 2018 年付息支出翻了一番，首次突破 1 万亿元(见图 87)，地方政府的高负债率已转化为严峻的偿债压力。

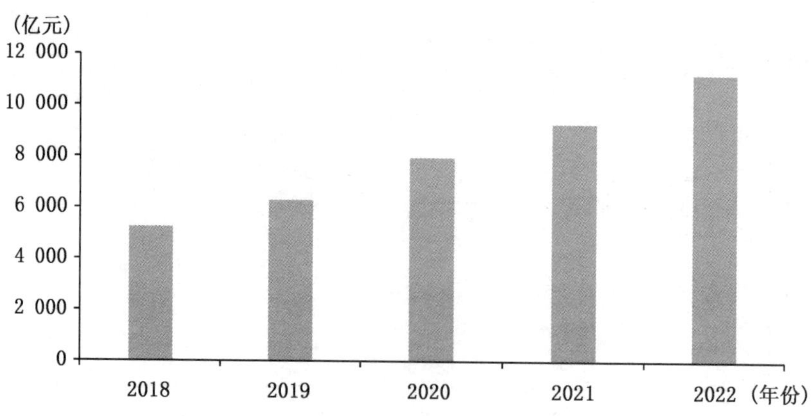

数据来源:上海财经大学经济学院、财政部。

图 87 地方政府债券付息支出

地方政府债券特别是专项债券的期限明显拉长。从 2018 年底到 2022 年底,存量地方政府债券的剩余平均年限从 4.4 年上升至 8.5 年(见图 88)。其中,专项债券剩余期限从 2020 年开始大幅拉长,2022 年底专项债券期限首次突破 10 年。自 2019 年以来,专项债券投向范围不断扩容,特别是运行专项债券用于重大项目资本金,使得 30 年超长期限的基础设施专项债券发行激增,拉长了整体债务期限。地方政府债务发行期限拉长可以部分缓解地方政府短期偿债压力,也可以使债务资金更好地与基建等长期项目相匹配,避免期限错配造成的债务违约风险。

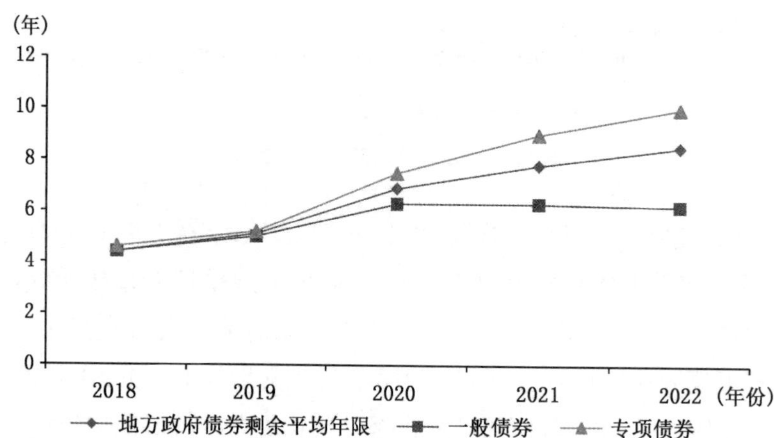

数据来源:上海财经大学经济学院、财政部。

图 88 地方政府债券剩余平均年限变化趋势

（二）不同区域间地方政府债务负担差别显著，中西部地区地方政府债务压力较大

分不同区域来看，经济规模较大、相对发达的省份债务余额更高；经济规模较小的省份地方政府债务余额相对较低。Wind数据显示，2022年底，地方政府债务规模排名前五的省份分别为广东（25 082.3亿元）、山东（23 588.0亿元）、江苏（20 694.1亿元）、浙江（20 168.8亿元）和四川（17 705.4亿元），依次占地方政府债务总额的7.2%、6.7%、5.9%、5.8%和5.0%（见图89）。经济欠发达地区产生的资金流有限，如何偿还债务是真正棘手的问题。并且，受政治体制的影响，经济落后地区在债务问题上存在严重的“隐性担保”和“期限错配”的双重卸责动机，因而成为地方政府债务局部违约风险的主要爆发点。

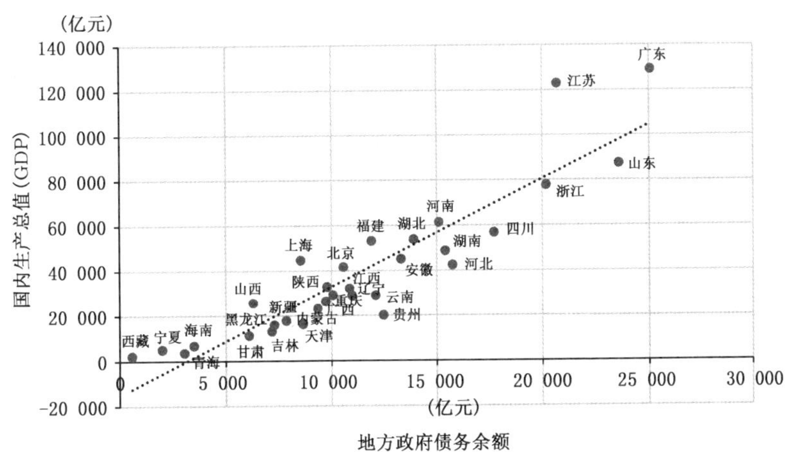

数据来源：上海财经大学经济学院、Wind。

图89　2022年各省地方政府债务余额与国内生产总值（GDP）

从地方政府显性债务率方面来看，省级分布同样存在显著的区域不平衡现象。截至2022年底，7个省份的债务率超过150%（债务率警戒区间的上限是150%），分别是天津、吉林、云南、辽宁、贵州、重庆和福建（见图90）。相较而言，虽然广东、山东、江苏、浙江四大经济强省的地方政府债务余额较高，但四省的债务率均值仅为112%，这也说明地区经济发达代表其偿债能力也较强，债务问题通常不会对其构成真正的困扰。

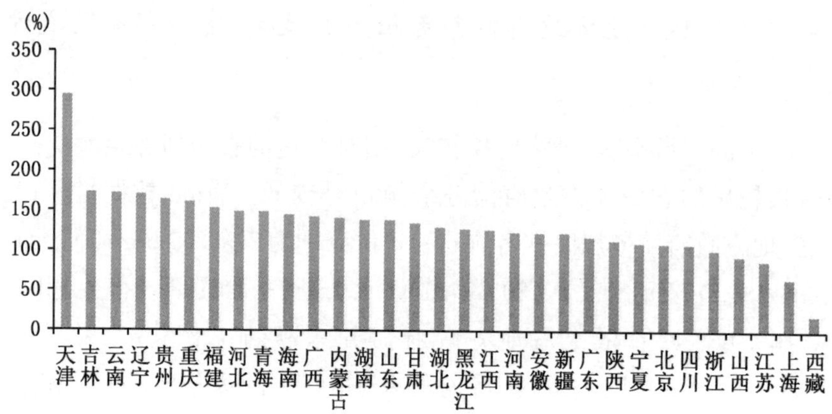

注:债务率=地方政府债务余额/综合财力。其中,综合财力=一般公共预算收入+政府性基金收入+一般公共预算补助收入+中央政府性基金预算补助收入-一般公共预算收入上解-地方政府性基金预算上解。

数据来源:上海财经大学经济学院、Wind。

图 90　2022 年各省份地方政府显性债务率

在地方政府负债率(地方政府债务余额/地方 GDP)方面,负债率较高的省份集中在西南地区、西北地区和东北地区,青海债务余额占 GDP 的比率为 84%,贵州为 62%,显性债务已经超过了地方债务负债率 60% 的"红线",吉林债务余额占 GDP 的比率为 55%,甘肃为 54%,而直辖市天津的负债率也高达 53%(见图 91)。

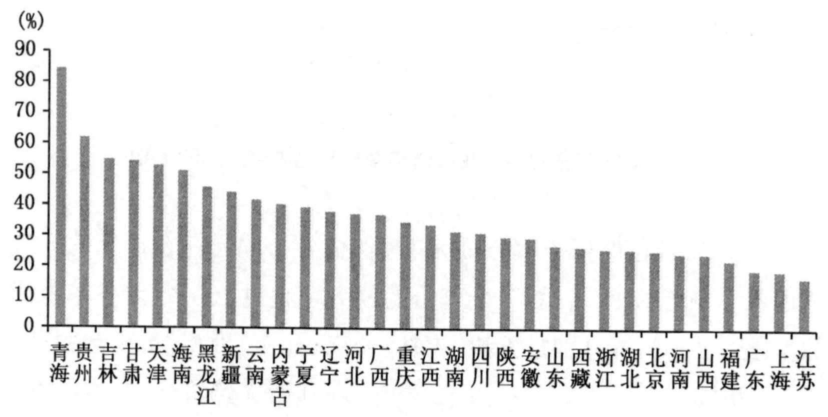

数据来源:上海财经大学经济学院、Wind。

图 91　2022 年各省份地方政府显性负债率

（三）地方政府隐性债务规模持续攀升，潜在风险较高

事实上，地方政府显性债务仅仅是地方政府债务的一部分，另外一部分是隐性债务，且大部分通过地方投融资平台进行融资。尽管 2014 年以来多份政策文件已经明确划分了地方融资平台融资与地方政府债务的界限，但在相当长一段时间内，地方政府与地方融资平台之间依然存在千丝万缕的联系。鉴于地方融资平台在地方政府隐性债务形成中的重要性，大多数已有研究采用地方城投有息债务刻画地方政府隐性债务。[①]

近年来，受财政收入下滑、举债规模增加、债务集中到期等因素影响，部分地区地方隐性债务风险加剧。本专题经过测算，截至 2022 年底，城投平台形成的带息债务规模达到 54.2 万亿元（剔除母子公司重复计算部分，但未剔除已经成功转型为普通国有企业的债务，不包括尚未披露年报的城投公司），其规模远远超过地方政府一般债和专项债之和。在纳入城投平台有息债务后，全国地方政府广义债务率[（地方政府债务余额＋城投平台有息债务）/综合财力]和广义负债率[（地方政府债务余额＋城投平台有息债务）/地方 GDP]分别达到 320.4％和 74.4％，均处于较高水平，且付息压力加大。如果采用 IMF 的估计，截至 2022 年底，地方政府隐性债务约为 56.67 万亿元[②]，据此推算，地方政府负债率将达到 84.7％。

分省来看，在纳入城投平台有息债务后，整体偿债压力较大，尤其是中西部财政实力较弱的省份。其中，广义债务率超过 300％的省份有 18 个，天津、重庆、江苏、云南 4 个省份超过 400％，分别为 744％、469％、444％和 415％（见图 92）；广义负债率仅有 9 个省份没有超过 60％，天津、贵州的负债率更是超过 130％（见图 93）。

近三年，地方政府债已经进入还债高峰，仅地方政府债券 2023 年就将到期 3.66 万亿元，2024—2030 年，不计后续新发债券，平均每年还将到期 3.1 万亿元。如果考虑城投债券，则 2023 年到期 7.74 万亿元，2024—2030 年平均每年到期 4.8 万亿元，其中，2024—2026 年到期额分

① 毛捷，刘潘，吕冰洋. 地方公共债务增长的制度基础——兼顾财政和金融的视角[J]. 中国社会科学，2019(9)：45－67＋205.

② 国际货币基金组织(IMF). 2022 年第四条磋商报告[R]. 2023.

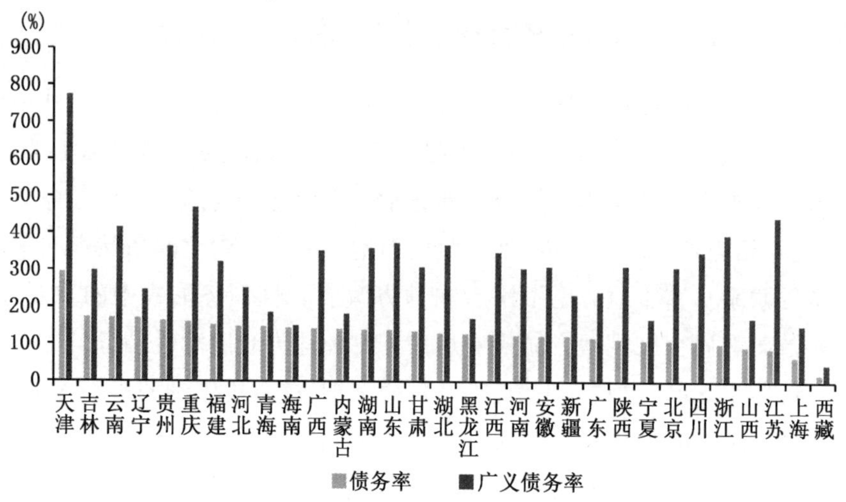

数据来源:上海财经大学经济学院、Wind。

图 92 2022 年各省地方政府债务率与广义债务率

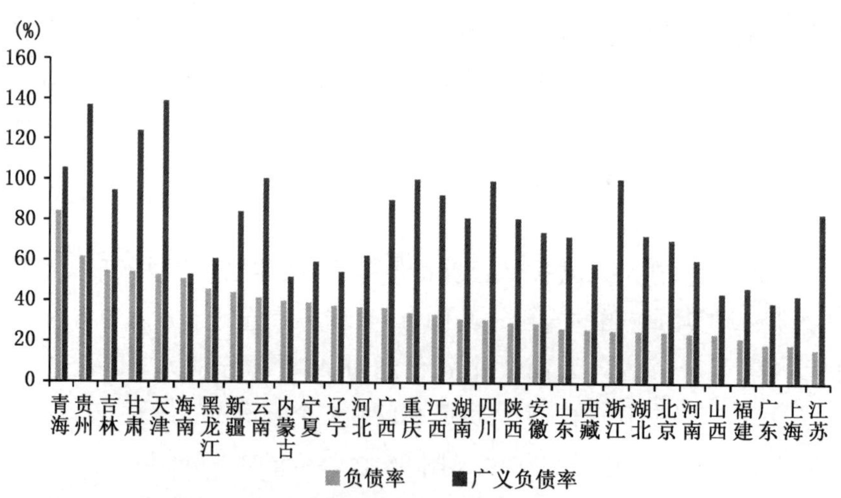

数据来源:上海财经大学经济学院、Wind。

图 93 2022 年各省地方政府负债率与广义负债率

别高达 6.2 万亿元、5.62 万亿元和 6.68 万亿元。除此之外,还有大量以银行贷款以及信托贷款、委托贷款、融资租赁等非标融资形式存在的隐性债务。巨额的债务规模对地方政府形成了沉重的还债负担,全国每年公开的债务付息支出自 2021 年开始,连续两年超过 1 万亿元,截至 2023 年

9月已高达8 579亿元,同比增长4.4%,全年债务付息支出将达到新高。

随着债务还本付息压力不断累积,地方债务违约风险也越来越令人担忧。根据Wind数据统计,地级市/区2022年平均债务率(总债务/地方综合财力)达496%。债务率500%以上的地级市/区达161个,根据财政部地方政府债务风险等级评定制度,债务率超过300%,进入红色区域的地区达到266个(按考虑城投有息债务的宽口径计算)。疫情三年,财政收入增长受限,同时存量债务集中到期,这些弱资质地方城投再融资压力加大、融资成本上升。2023年以来,青海、云南、贵州、天津等省份的城投债发行利率均高达5.89%以上。随着房地产业走弱,地方政府依赖土地财政获得偿债收入的能力也迅速下滑,多种因素叠加,债务问题愈显恶化。

综上所述,近年来,我国推出了一系列规范地方政府债务管理的法律、规章和制度,对地方政府债务实施限额限量管理,试图遏制地方政府债务快速膨胀的势头。然而,目前我国地方政府显性债务风险虽然总体可控,但隐性债务风险较高,并且债务风险存在较为明显的地区异质性,经济欠发达的中西部地区的债务风险水平相对较高,潜在的债务风险不容忽视。

二、地方政府债务扩张对银行风险的影响

作为联结财政—金融的重要载体,地方政府债务扩张风险极易外溢至金融系统①,成为防范化解系统性金融风险的“灰犀牛”。从现实经济运行过程来看,地方政府债务资金主要来源于银行部门,如图94所示,在地方政府债务管理体制改革之前,根据2013年审计署报告,在地方政府性债务资金来源中,高达56.56%的债务资金来源于银行贷款。

在地方政府债务管理体制改革之后,如图95所示,根据财政部2022年12月《地方政府债券市场报告》数据,在中国地方政府债券投资者结构中,商业银行占比高达82.97%,是地方政府债券的主要购买者。

① 徐忠.新时代背景下中国金融体系与国家治理体系现代化[J].经济研究,2018,53(7):4—20.

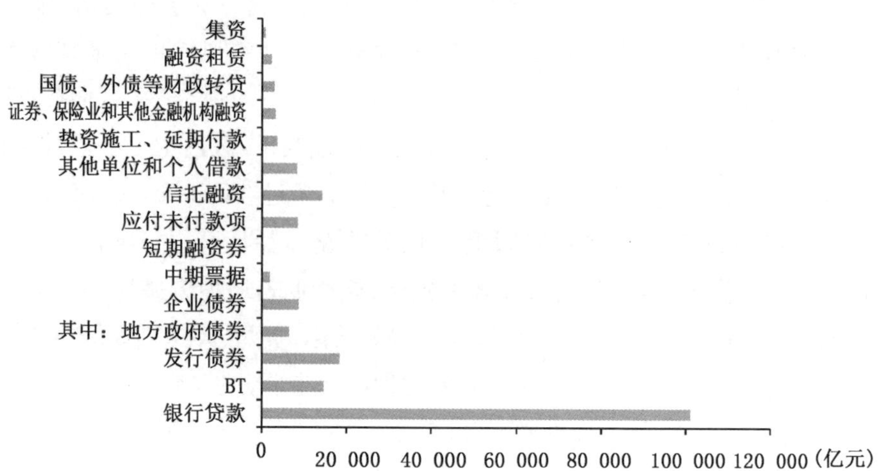

数据来源:上海财经大学经济学院、审计署。

图 94 2013 年 6 月底地方政府性债务资金来源情况

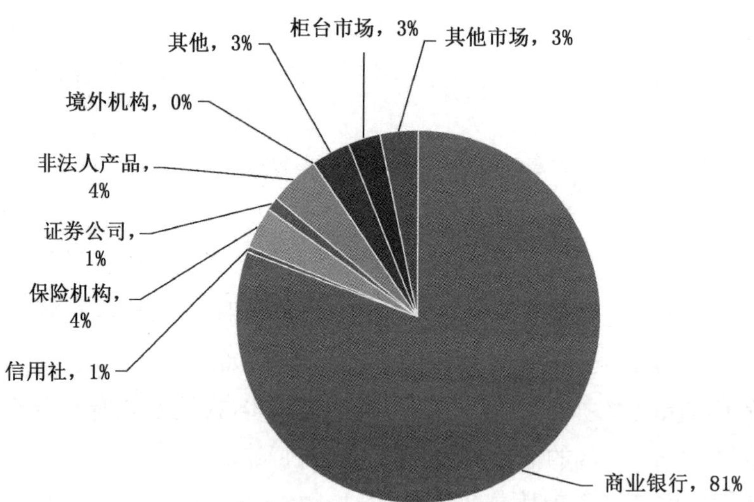

数据来源:上海财经大学经济学院、财政部。

图 95 2022 年 12 月底地方政府债券投资者持有结构

此外,不同于家庭、企业等其他经济行为主体,地方政府与银行间并不仅仅是单纯的债务债权关系,还广泛存在盘根错节的关联关系。[①] 一

① 郭玉清,何杨,李龙.救助预期、公共池激励与地方政府举债融资的大国治理[J].经济研究,2016,51(3):81—95.

方面，当前中国商业银行政策性金融职能仍未完全消除[①]，地方政府能够通过指令性手段干预其信贷投放规模和结构[②]，以满足自身融资需求，从而损害银行系统盈利能力和效率；另一方面，地方政府能够通过行政影响力为银行在行业吸储竞争、拓展客户渠道、税收优惠扶持等方面提供隐性补偿[③]，这些扭曲激励会破坏银行市场化经营决策行为，进而增加银行系统脆弱性。由此可见，地方政府债务规模急剧扩张以至于陷入债务偿还困境中，必然会对银行日常经营活动产生影响。接下来，本专题将考察地方政府债务扩张会对银行风险和经营效率的影响。

（一）样本选择与数据来源

本专题选取 2007—2020 年中国商业银行年度数据作为研究样本。最终研究样本是由 212 家商业银行共 1 557 个年度观察值构成的非平衡面板数据构成，依据银保监会的分类标准，样本包括 5 家大型国有商业银行、12 家股份制商业银行、112 家城市商业银行和 83 家农村商业银行。本专题选取的样本银行总资产占银行业金融机构总资产的比例在样本期间内一直维持在 80.79%以上，具有较高的代表性。

在数据来源方面，银行财务数据主要来源于国泰安数据库（CSMAR）、中国研究数据服务平台（CNRDS）和全球银行与金融机构分析库（ORBIS Bank Focus），对于以上三个数据库存在差异或者缺失的部分变量数据，本专题通过手工收集各银行历年年报和历年《中国金融年鉴》进行补齐修正。宏观经济金融数据来源于 CEIC 数据库、历年《中国统计年鉴》和中国人民银行官方网站。

（二）经验结果及分析

为考察地方政府债务扩张对银行风险承担的影响，本专题构建如下面板数据模型：

---

① 王国刚. 中国银行业 70 年：简要历程、主要特点和历史经验[J]. 管理世界，2019，35(7)：15－25.

② 钱先航，曹廷求，李维安. 晋升压力、官员任期与城市商业银行的贷款行为[J]. 经济研究，2011，46(12)：72－85.

③ 李维安，钱先航. 地方官员治理与城市商业银行的信贷投放[J]. 经济学(季刊)，2012，11(4)：1239－1260.

$$Risk_{ijt}=\beta_0+\beta_1 LGD_{jt}+\varphi X_{ijt}+\gamma Y_{jt}+\lambda_t+\lambda_i+\varepsilon_{ijt} \quad (1)$$

式中,$i=1,\cdots,N$ 表示银行个体;$j=1,\cdots,K$ 表示银行所在地区;$t=1,\cdots,T$ 表示观察年份;被解释变量 $Risk_{ijt}$ 表示位于地区 j 的银行 i 在第 t 年的风险承担水平;核心解释变量 LGD_{jt} 表示地区 j 在第 t 年的地方政府债务;X_{ijt} 为银行层面控制变量集合;Y_{jt} 为地区宏观经济层面控制变量集合;λ_t 为年份固定效应;λ_i 为银行个体固定效应;ε_{ijt} 表示多维度的随机误差项。

本专题选取风险加权资产比率(*Risk*)作为银行风险承担的衡量指标,其具体计算公式为:风险加权资产比率=风险加权资产/总资产。需要说明的是,若银行在年度报告中披露了风险加权资产数据,则直接采用该数值计算银行风险加权资产比率;若银行在年报中没有披露风险加权资产数据,我们间接计算获得银行风险加权资产,即风险加权资产=同业往来×20%+贷款总额×100%+固定资产×100%。

考虑到地方政府债务资金主要投向基础设施建设和公益性项目等领域,本专题采用收支相抵法估算地方政府债务规模。首先,运用地方政府投资现金平衡式估算每年地方政府基建投资性债务新增规模,即每年地方政府基建投资性债务新增规模=每年地方政府市政领域固定资产投资额-(每年土地出让金中用于投资的资金+每年预算内财政投资资金+每年市政领域投资项目的盈利现金流入)。

然后,利用 2014 年各地区《政府性债务审计结果》公告中地方政府债务余额截面数据,结合前面测算出的地方政府新增债务数据,可以倒推出其他年份各地区地方政府债务规模数据。需要说明的是,以上用于测算的指标数据均来自全国及各省份的《统计年鉴》《国民经济和社会发展统计公报》《中国财政年鉴》《中国国土资源统计年鉴》《中国固定资产统计年鉴》。最后,参考余海跃和康书隆(2020)以及梁若冰和王群群(2021)的研究,本专题采用地方政府负债率(*LGD*),即地方政府债务规模与地区 GDP 的比值作为地方政府债务的代理指标。

表 8 报告了地方政府债务对银行风险承担影响的全样本回归结果。其中,第 1 列单独考察了地方政府债务对银行风险承担的影响,从中可知,地方政府负债率(*LGD*)的回归系数显著为正,表明地方政府债务规模增加会显著提高银行风险加权资产比率,意味着地方政府债务扩张会诱使银行承担更多风险。随后,第 2 列加入银行层面控制变量的回归结

果，发现地方政府负债率（*LGD*）的回归系数依然显著为正，反映出地方政府债务扩张会导致银行风险承担水平增加。最后，第 3 列中进一步加入地区宏观经济层面控制变量，结果显示，地方政府负债率（*LGD*）的回归系数仍然显著为正，并没有改变地方政府债务与银行风险承担之间的正向关系，说明地方政府债务扩张会造成银行风险承担水平增加的结论具有较好的稳健性。另外，从经济意义上看，地方政府债务规模每增加 1%，银行风险加权资产比率将上升 1.54%～5.46%，体现出较强的经济显著性。

表 8　　地方政府债务对银行风险承担影响的回归结果

变量	*Risk*	*Risk*	*Risk*
	(1)	(2)	(3)
LGD	0.054 6*** (0.015 7)	0.019 8*** (0.003 3)	0.015 4*** (0.003 4)
银行层面变量		有	有
地区层面变量		无	有
银行固定效应	控制	控制	控制
年份固定效应	控制	控制	控制
银行数量	212	212	212
观察值	1 557	1 557	1 557

注：表内数字为变量回归系数，对应小括号内的数字为标准误；*、** 和 *** 分别表示10%、5%和 1%的显著性水平。

（三）理论分析

进一步地，本专题构建了一个包含中国地方财政金融制度特征和商业银行具体经营实践状况的 DSGE 模型，探究了地方政府债务扩张对银行风险承担的影响机理。模型中包含代表性家庭、银行、企业、资本生产者以及地方政府五个经济体的决策行为。代表性家庭通过向企业提供劳动以获取工资报酬，向银行提供存款以获得利息收入，购买银行股权并获得股息收入，还需要向地方政府部门缴纳税收，在满足一定预算约束条件下最大化自身预期效用。银行部门作为金融中介负责经济体的资金融通，通过存款市场和股权市场从家庭部门融资，在债券市场上购买地方政府债券为地方政府提供债务性资金，通过贷款市场向企业部门提供贷款资金，以实现自身利润最大化；同时，银行在整个经营过程中需要承担地方政府和企业资金无法偿还的违约风险。企业部门从银行获取贷款融资,并向地方政府缴税,通过购买资本和雇佣家庭劳动从事生产活动,以实现利润最大化。资本生产者通过向企业提供新增资本以实现自身利润最大化。地方政府部门从家庭和企业部门征税,通过发行债券向银行部门融资,以满足自身财政支出。

图 96 为地方政府债务扩张对银行风险影响的脉冲响应图。从图中可以看出,地方政府债务扩张导致银行风险水平增加。这一结论背后的经济学机制在于:一方面,从银行资产端来看,地方政府债务融资需求增加会挤出实体经济融资规模,造成企业贷款规模下降、实体经济产出下降以及家庭获得的工资性收入下降。从银行负债端来看,地方政府债务融资需求增加,这会倒逼银行从家庭部门的融资需求增加,而家庭能为银行提供的存款却有所减少,导致家庭的存款利率上升。存款利率的上升将会增加银行债务融资成本,从而加剧银行与家庭之间的道德风险,尤其是在有限责任制度保护下,银行不需要完全内化贷款违约造成的损失,因而为节省监督成本,银行会主动降低监督努力水平,承担更多的风险。

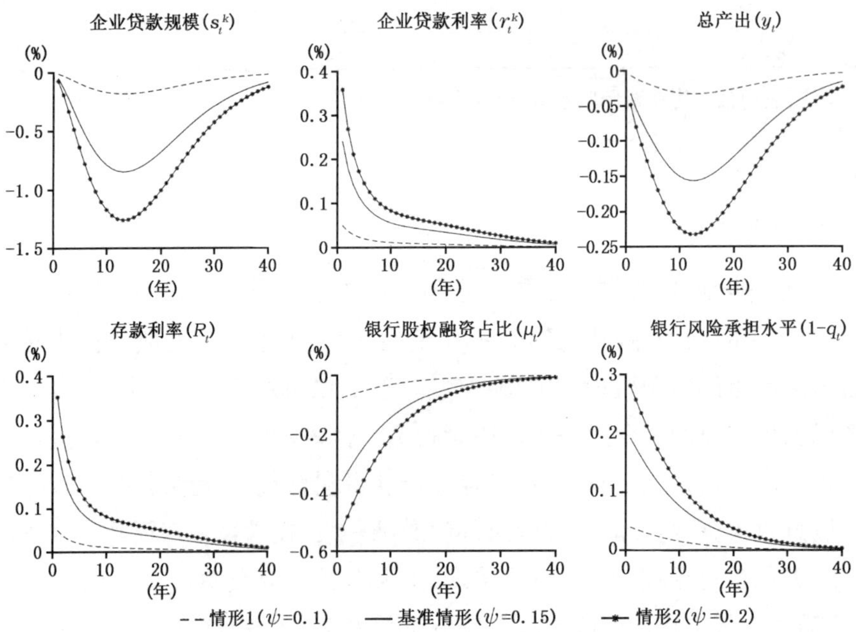

注:横轴表示响应时期,纵轴中企业贷款利率和存款利率的纵轴为稳态偏离值,其余变量为稳态偏离率。

数据来源:上海财经大学经济学院。

图 96 地方政府债务冲击下的脉冲响应结果

另一方面，鉴于地方政府与银行间存在关联关系，当地方政府债务扩张时，银行获得的扭曲激励会增加，使得银行股权融资的成本劣势更为凸显。理性的银行会通过降低股权融资的规模来调整自身负债结构，导致其股权融资占比下降。然而，银行股权融资占比减少意味着其经营决策行为与自身利润的相关度降低，此时银行倾向于降低监督努力水平，最终造成风险承担水平增加。

考虑到全国性银行能够在较大经营范围内分散风险，而地方性银行无法将风险转移至其他区域，为考察这一经营范围异质性在地方政府债务扩张对银行风险承担影响中的作用，本专题进一步给出了地方政府债务扩张对全国性银行（大型国有商业银行和股份制商业银行）与地方性银行（城市商业银行和农村商业银行）风险影响的脉冲响应结果（见图 97）。从图中可以发现，地方政府债务扩张使得全国性银行和地方性银行的风险承担水平均有所增加，由于地方性银行的风险分散能力弱于全国性银行，因此最终使地方政府债务扩张冲击对地方性银行风险承担水平的影响更加显著。

三、地方政府债务膨胀的根源分析

2023 年 7 月 24 日，中央政治局会议首次提出“制定实施一揽子化债方案”。化解地方债务风险，需要研究债务积累尤其是隐性债务膨胀背后的深层次原因。在现有研究文献中，地方政府债务规模的影响因素主要可以归纳为三类：财政分权体制、预算软约束和政绩考核体制。

在财政分权体制的研究方面，许多学者①认为，1994 年分税制改革让“财权上移、事权下压”，造成财权事权不匹配。地方政府在财政收支缺口的压力下，不得不通过大量举债维持运转是地方政府债务形成的根本原因。但是，由于地方债务规模反过来会改变地方政府的预算约束，并影响公共支出和财政收入，从而影响财政状况，因此财政收支缺口与债务规模

---

① Mikesell，J. L.，Tax Expenditure Budgets，Budget Policy，and Tax Policy：Confusion in the States[J]. Public Budgeting & Finance，2002(22)：34－51. 贾康，白景明. 县乡财政解困与财政体制创新[J]. 经济研究，2002(2)：3－9. 杨志勇. 省直管县财政体制改革研究——从财政的省直管县到重建政府间财政关系[J]. 财贸经济，2009(11)：36－41＋136. 莫兰琼，陶凌云. 我国地方政府债务问题分析[J]. 上海经济研究，2012，24(8)：100－108＋116. DOI：10. 19626/j. cnki. cn31-1163/f. 2012. 08. 011.

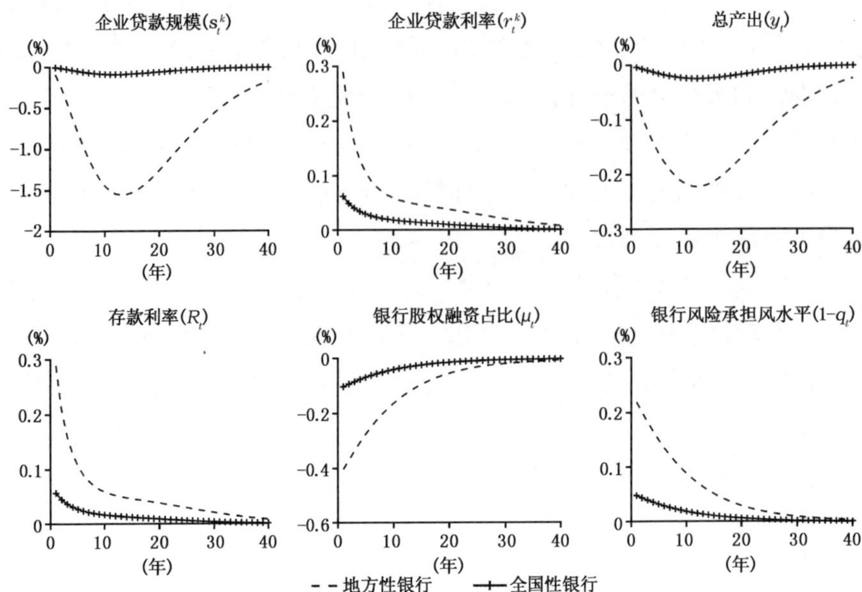

注:横轴表示响应时期,纵轴中企业贷款利率和存款利率的纵轴为稳态偏离值,其余变量为稳态偏离率。

数据来源:上海财经大学经济学院。

图 97　地方政府债务冲击下全国性银行和地方性银行风险承担的脉冲响应结果

之间存在内生性,考虑转移支付作为工具变量后,财政状况恶化并不会导致债务规模扩张。①

预算软约束也是地方政府债务膨胀的原因之一。中国当前的政治体制不允许地方政府破产,中央政府会在必要时对地方财政赤字进行救助。"国有资源、国有资产、国有银行"三者共生,而我国并没有建立完善的破产清算制度环境。② 因此,金融市场通常将地方债视为国家债,这意味着地方债存在严重的预算软约束。③ 这种预算软约束助长了地方政府通过过度举债发展地方经济的倾向,从而导致地方政府债务规模膨胀。④

① 黄春元,毛捷.财政状况与地方债务规模——基于转移支付视角的新发现[J].财贸经济,2015(6):18－31.

② 时红秀.地方政府债务出路问题再讨论[J].银行家,2010(3):10－15.

③ 王永钦,陈映辉,杜巨澜.软预算约束与中国地方政府债务违约风险:来自金融市场的证据[J].经济研究,2016,51(11):96－109.

④ 姜子叶,胡育蓉.财政分权、预算软约束与地方政府债务[J].金融研究,2016(2):198－206.

地方政府债务的膨胀并不能完全通过地方政府收入不足这样的被动成因来解释，更重要的是，地方政府的激励机制出现问题。在以GDP增长为政绩考核指标的体制下，地方官员的晋升激励是地方政府大量举债的主动成因。在这种“GDP锦标赛”机制下，部分地方官员为了获得晋升机会而扩大投资规模，以刺激地方经济增长。由于增加税收的筹资方式会给地方官员声誉造成影响，因此，举债成为地方政府融资的最佳策略。① 陈菁和李建发（2015）以及何杨和王蔚（2015）等学者均从实证分析的角度证明了官员晋升激励对地方政府债务规模的正向影响。②

地方政府之间的经济“锦标赛”激励地方政府之间相互竞争，以吸引更多的投资和资源，这在一定程度上可以促进地方政府提高服务质量、优化投资环境。政府主导投资的增长模式是我国经济的一大特点，通过基础设施建设创造就业机会提高了居民的生活水平和社会福利，促进了地方政府的经济发展，在支持中国长期增长奇迹方面功不可没。但另一方面，这种机制可能导致地方政府的决策目标过度侧重于增长而不是消费，引发盲目投资和过度投资行为，并导致赤字膨胀、过度举债。

为了深入分析地方政府之间的竞争行为及其与债务膨胀之间的关系，本专题构建了一个考虑预算软约束和地方政府竞争的理论模型，其中包含互相竞争的地区，生产函数都是标准的柯布-道格拉斯函数。其中，投入要素包括私人资本和公共资本。公共资本通过公共投资支出进行积累，融资来源是发行地方政府债券。公共资本主要用于提高私人资本生产效率的基础设施建设。假设地方官员的晋升主要取决于通过GDP衡量当地的经济表现，从而地方政府不仅关心通过消费效用来刻画当地居民福利，而且关心本地相对于其他地区的经济产出。同时，为了体现预算软约束在我国地方政府行为中的作用，我们假设当地方政府的税收收入不足以支付债务还本付息时，中央政府将通过增发货币出手救助。最后，代表性家庭通过选择消费和储蓄最大化终生效用的折现值。储蓄可选择购买资本、政府债券和持有货币等形式，购买资本、政府债券都可以获得

---

① 周黎安. 中国地方官员的晋升锦标赛模式研究[J]. 经济研究，2007(7)：36－50.

② 陈菁，李建发. 财政分权、晋升激励与地方政府债务融资行为——基于城投债视角的省级面板经验证据[J]. 会计研究，2015(1)：61－67＋97. 何杨，王蔚. 土地财政、官员特征与地方债务膨胀——来自中国省级市政投资的经验证据[J]. 中央财经大学学报，2015(6)：10－19.

投资收益,但货币会随着通货膨胀而贬值。

我们根据模型均衡条件,通过数值方法计算重点讨论了当反映地方政府“GDP 锦标赛”竞争程度的参数发生变化时,对地方政府行为的影响。不失一般性地,假设地区 1 的全要素生产率低于地区 2。如图 98 所示,根据数值模拟的结果,我们发现如下结果:

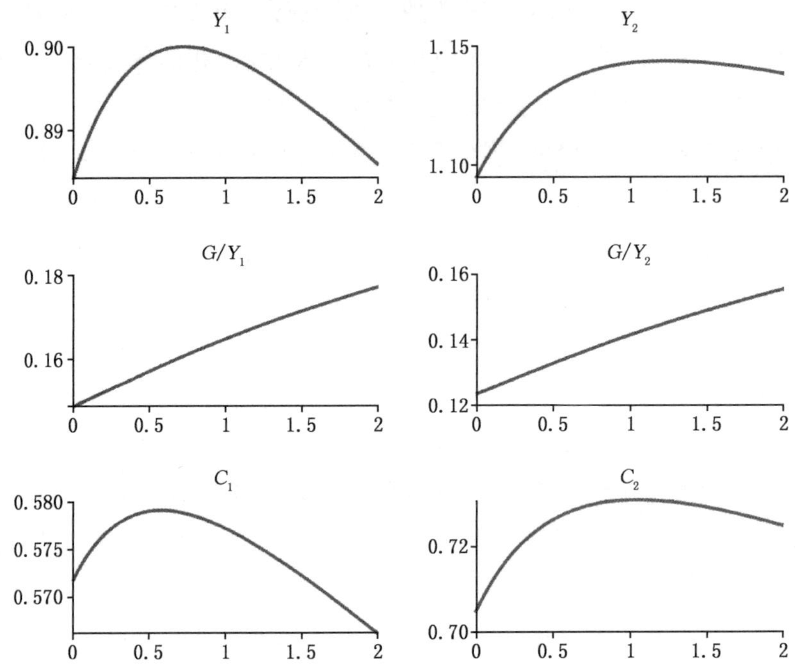

注:横轴代表地方政府对于相对 GDP 的权重 Φ,即“GDP 锦标赛”的竞争强度。Y 和 C 分别代表产出和消费,G/Y 代表负债率。

数据来源:上海财经大学经济学院。

图 98　地方政府 GDP 竞争对产出、消费和负债率的影响

第一,两地的负债率(通过比值衡量)均逐渐增加。可见,随着地方政府更加重视经济表现,“GDP 锦标赛”竞争程度提高,两地竞相通过增加支出来刺激经济,导致财政支出占 GDP 的比重逐渐上升,从而使地方政府负债率也逐渐上升。此外,随着负债率逐渐增加,地区 1 的负债率一直高于地区 2，这也符合 Qu 等（2022）①通过实证分析得到的结论。

第二，注意到产出和消费都表现出驼峰形状，这表明从经济增长和社会福利的角度看，均存在最优的“锦标赛”权重。并且，由于消费先于 GDP 达到峰顶，因此从消费者福利的角度出发，最优的“锦标赛”权重小于从产出的角度做大经济蛋糕所需的最优权重。同时，驼峰形状还表明，地方政府间的竞争行为在初期阶段是可以促进增长的，即一定程度的地区间良性竞争有助于提高经济产出和社会福利。但一旦竞争加剧，对增长目标过度关注，就会产生盲目扩张行为，导致互相竞争的两地债务过度积累，推高政府杠杆率，使得经济产出和社会福利均有所下降。

第三，给定 Φ_2，则 Y_1、C_1 和 G_1/Y_1 均与 Φ_1 正相关，此结论与下标无关。换言之，给定对照地区的“锦标赛”权重，本地区的产出、消费以及负债率均会随着本地区的“锦标赛”权重而增加。这就意味着对于任一地区而言，给定对照地区的“锦标赛”权重、提高本地区的“锦标赛”权重、更积极地参与地区间竞争都是占优策略。但这样的竞争关系就使两地政府竞争面临囚徒困境，最终导致两地不仅债台高筑，而且陷入了经济产出与社会福利均下降的双输局面。

第四，地区 2 的稳态产出和消费水平均高于地区 1，同时负债率低于地区 1。这一性质与数据特征相吻合。可见，上述分析并不排斥通过研发和创新提高全要素增长率的作用。全要素增长率提高，不仅有助于提高产出和消费，还可以降低负债率。因此，应当合理引导地方政府的竞争行为，使资源更多地投向着眼于未来的研发领域，有利于减轻盲目投资和资源浪费现象，实现良性竞争。

四、结论与政策启示

防范化解地方政府债务风险，切实维护财政金融稳定，是当前坚决打好防范化解重大风险攻坚战的重要任务。基于这一背景，本专题总结归纳了当前中国地方政府债务现状以及风险状况，发现地方政府显性债务总体规模大，但风险可控，并且不同地区间地方政府偿债压力差别显著，

① Qu, X., Xu, Z., Yu, J. T., & Zhu, J. Understanding Local Government Debt in China: A Regional Competition Perspective[J]. Regional Science and Urban Economics, 2022.

中西部地区地方政府债务压力加大;地方政府隐性债务持续攀升,潜在风险较高、付息压力较大,成为防范化解地方政府债务扩张风险的关键点。紧接着,考虑到地方政府债务与金融系统的紧密联系,整个金融系统都可能受到债务风险外溢的威胁,因此本专题详细分析了地方政府债务扩张对银行风险的影响。研究发现,地方政府债务扩张会显著增加银行风险,且地方政府债务扩张对小规模银行风险的影响更加显著。

根据以上结论,本专题认为,一方面,需要压实地方政府主体责任,遏制增量、化解存量,有序推进地方政府债务风险防范化解;另一方面,需要厘清地方政府债务对金融风险的影响机制,筑牢财政风险向金融领域传导的"防火墙",切断风险外溢的路径。具体而言,应注意以下几个方面:

第一,推动债务体制改革,加强对地方政府债务的过程管理和风险防控。首先,应规范地方政府举债融资权限,确保地方政府举债规模与财政承受能力相适应,避免地方政府债务违约风险发生;其次,运用包含地方政府债务规模、期限结构、债务用途等多因素的风险评估方法,构建地方政府债务风险监测预警体系,准确评估地方政府债务潜在风险。最后,建立健全地方政府债务风险应急处理机制,对局部地区的地方政府债务违约事件迅速响应,做好风险蔓延防控处理,避免风险传染至其他地区和部门。

第二,当前我国地方政府融资过度依赖商业银行,地方政府应探索多元化的融资渠道来满足自身融资需求,从源头上改善地方政府对商业银行的强依赖关系。例如,通过公共私人合作(PPP)项目、发行长期债券、结构性货币政策工具等多渠道解决资金链紧迫问题。同时,地方政府需审慎规划和管理项目支出,并进一步提高政府财政信息的透明度,向市场和投资者提供准确的财政信息,以增强信任度、降低融资成本,吸引更多的资金。

第三,银行应强化自身经营决策的独立性,通过规范与地方政府的关系,把握好地方政府举债融资需求,加强对地方政府举债融资的约束力,打破地方政府债务刚性兑付和政府兜底的定式思维,促使地方政府债务融资回归市场化,以提升自身抗风险能力。同时,对于当前的存量债务,相关银行需摸清债务融资规模和期限结构特点,做好风险敞口统计并建立应急处置机制,及时应对和化解潜在的地方政府债务风险。

(执笔人:李双建,吴化斌)

专题四

完善劳动力市场,促进高质量就业

受新冠疫情影响,近年来我国劳动力市场承受重大压力。2021 年,全年失业率波动下降,新增就业人数同比显著上升,略低于 2019 年,求人倍率持续处于高位。2022 年,全国失业率波动变化较大,但最终回落到 5.5%的目标范围内,完成全年新增 1 100 万就业人员的目标。而随着 2023 年经济持续恢复、疫情影响减弱,本年劳动力市场整体保持稳中向好的态势,调查失业率下降,居民收入稳步增长。

虽然就业形势整体保持稳定,但结构性就业矛盾不可忽视。2023 年青年失业率仍处于高位,一方面,劳动力供给伴随高职扩招和海归学生回国两大趋势稳定增长,而就业需求却因经济增速下阶梯、不同产业的就业弹性分化明显等因素多方承压;另一方面,由于青年就业意愿过度集中于服务业,导致社会产业发展和就业意愿的不匹配带来结构性失业。在 2023 年总体就业边际改善的环境下,青年失业率背离整体失业率逆势上升,这是因为复苏态势主要出现在对青年群体就业弹性较小的生活性服务业,如住宿餐饮,而青年群体增长就业弹性大的其他服务行业恢复不及预期,高度拖累青年劳动力需求。当前,行业修复分化的短期冲击,叠加青年就业结构分化这一中长期结构因素,使得青年就业市场在 2023 年经济整体回暖之时持续遇冷。

而中年群体作为政策较少关注的人群,也承受着巨大的压力。一方面,中年群体背负着偿还房贷、养儿育老等经济压力;另一方面,由于招聘市场中隐形的年龄歧视,故中年群体再就业难,并且由于技能与市场需求不匹配,因此再就业质量的下降也是困扰该群体的一大问题。

与低迷的青年就业和中年再就业市场形成鲜明对比的是农民工就业强势复苏。2023 年第三季度末,外出务工农村劳动力总量 18 774 万人,同比增长 2.8%,月均收入同比增速也缓慢回暖。两大群体就业“冷热不均”的表现再次印证了 2023 年经济复苏,特别是服务业行业复苏态势的分化以及就业结构的明显分化。大量农民工聚集在住宿餐饮、制造业和建筑业等修复态势明朗的行业,因此就业边际改善较为显著。

前文所提到的青年人就业意愿与产业发展不平衡、就业结构的分化、中年人再就业匹配难等问题都与劳动力市场匹配质量息息相关,是结构性失业的一种表现。在关注就业数量的同时,我们需警惕中长期结构性失业风险,关注劳动力市场匹配和就业质量。我们认为,在推进教育扩张的同时,应注重教育与劳动力市场之间的制度链接设计。在人才供给方面,加快建设现代化职业教育体系,满足高端技术人才需求,专业设置要紧跟产业升级进程,提升引领性。在市场需求方面,推动先进制造业与现代服务业深度融合,增加服务岗位。在劳动力市场人岗匹配方面,完善劳动力市场的就业制度环境,消除歧视,提高匹配效率;发展就业咨询、职业规划等服务,帮助就业者更好地匹配到适宜的岗位,以减少劳动力市场错配。

一、青年就业难

自 2022 年以来,我国青年失业率连创历史新高,年轻人就业问题引起了社会和决策部门的高度关注。青年失业率,即 16～24 岁人口的城镇调查失业率,在一定程度上反映了青年群体的就业情况。就纵向来看,青年失业率持续上升,截至 6 月,2023 年年均青年失业率为 19.6%,高于 2022 年的 17.6%和 2021 年的 14.25%,较疫情前 12%的常态水平增长明显(见图 99)。就横向来看,同期世界青年失业率达到 16.7%,北美地区的青年失业率为 9%,欧盟国家略高一些达到 14.3%,我国青年人就业情况对比发达国家甚至世界平均水平也不容乐观。同全国整体对比,青年失业率远高于疫情前的常态水平，并与整体失业率走势分化。2023 年 6 月，全国城镇调查失业率已连续 5 个月回落，降至 5.2%，与 2021 年同期相当；25～59 岁人口调查失业率同样连月下降至 4.1%，处于近年来的历史低位。相较之下，16～24 岁人口调查失业率由 1 月的 17.3%攀升至 6 月的 21.3%，创下青年失业率数据自公布以来的最高水平。2023 年我国把促进青年特别是高校毕业生就业工作摆在突出位置，从中央到地方帮扶政策频出，可见青年就业问题是重中之重、难中之难。

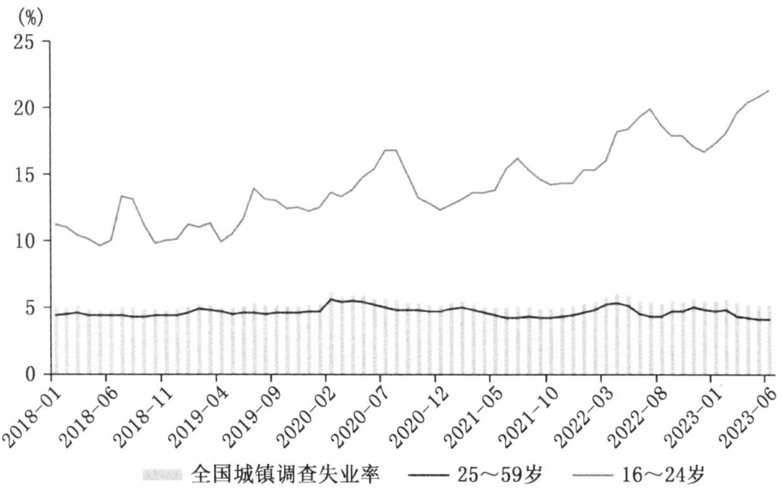

数据来源：国家统计局。

图 99　全国城镇调查失业率与分年龄失业率

在 2023 年经济复苏态势显现、总体就业边际改善的情况下，青年失业率依旧背离整体失业率逆势上升，这是行业修复分化这一短期冲击、叠加青年就业结构分化这一中长期结构因素冲击造成的结果。值得注意的是，除了被广泛重点关注的高校毕业生群体，青年就业构成中还有很重要的一部分为包括青年农民工群体在内的低学历就业人员。虽然在 2022 年高校毕业生数量突破 1 000 万之际，16～20 岁农民工数量已经降至 384 万，但稳定这两大群体的就业和收入对中国经济而言仍有重大意义（见图 100）。接下来，我们主要从青年劳动力供给、需求和意愿匹配三个方面分析青年失业率，其中，劳动力供给部分侧重于对高校毕业生群体的讨论，需求部分的分析则包括很少关注的低学历青年就业群体。

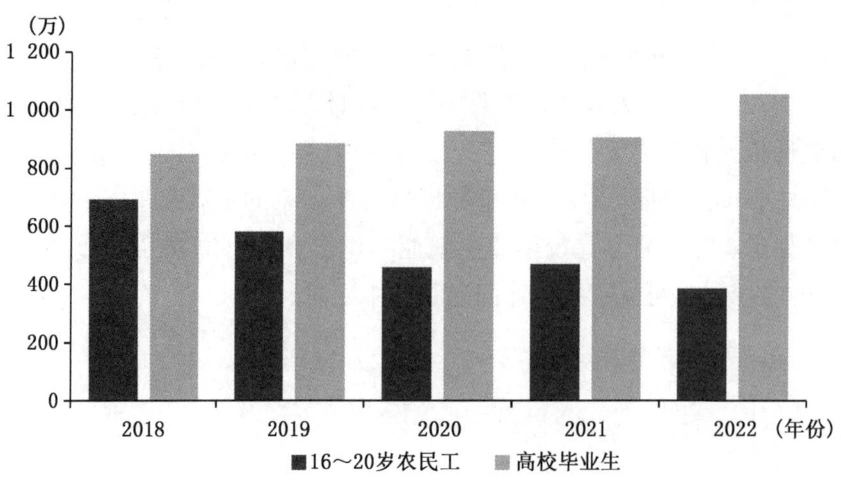

数据来源:国家统计局。

图 100　青年农民工和高校毕业生数量

(一)供给伴随高职扩招和海归回国两大趋势稳定增长

青年就业市场供给端的总体变化趋势是进入劳动力市场的 16～24 岁人口逐年增加,且整体受教育程度伴随高职扩招这一趋势上升,使得拥有同等学力的应届毕业生人数增加,加剧了青年劳动力供给压力。同时,留学生归国就业人数迎来高峰,为国内就业市场带来激烈竞争,让青年就业压力进一步凸显。

我们以青年失业率整体显著走高的 2020 年为基准。由于青年失业率考察的年龄段为 16～24 岁,因此 2020 年统计的青年人口在 1996—2004 年出生,最早于 2012 年开始接受普通高中教育或中等职业教育,2015 年左右进入毕业生市场或继续升学。由图 101 不难发现,2015 年以后 16～24 岁人口的在校生数逐年增加,毕业生数也在随后几年温和上升,并且都在 2020 年转入高速增长阶段。其中,在校生包括研究生,含普通本科、职业本科和高职(专科)的普通高等学校、普通高中、中职四类学生,由 2020 年的 7 762 万增长至 2023 年的 8 523 万;毕业生人数则由 1 838 万增长至 2 276 万,每年增速超过 10%,且在现有高企的在校人数支撑下仍有持续增长的空间。

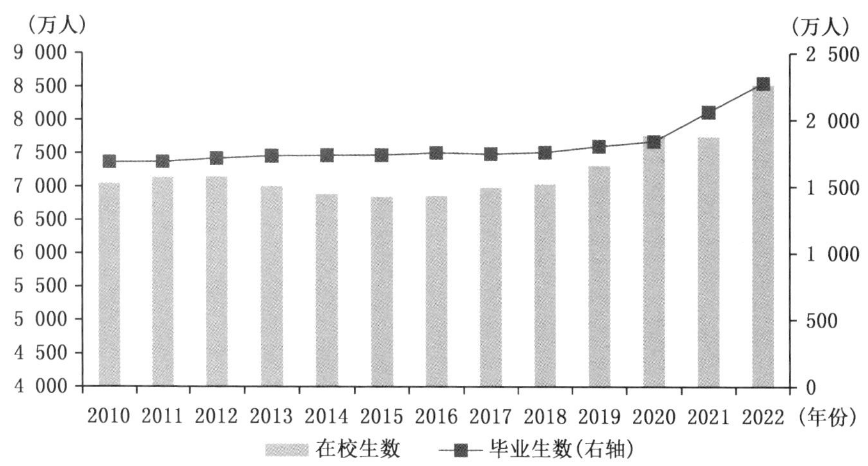

数据来源：教育部、《中国统计年鉴》。

图 101　16～24 岁人口在校生数和毕业生数

16～24 岁人口中接受中高等教育的人数增长，虽然在短时间内减少了流向劳动力市场的青年人口，但也使同等学力的毕业生更集中地面临就业压力，让匹配机制本就不够完善的就业市场面临挑战。我们认为，这一趋势是结构性因素而非数量因素所导致的结果，不能简单归因于青年人口基数的增长。图 102 中，我们通过《中国统计年鉴》和抽样比例估算了 2012—2021 年的 15～24 岁人口数量。对比图 103 新生儿历史数据可得，出生人数自 1996 年以后就步入下降通道，对应 15～24 岁人口数量也由 2012 年的 2 114 万下降到 2021 年的 1 481 万；国家统计局 2023 年 5 月初步测算的 16～24 岁人口则在 9 600 万左右。[①] 相反，青年人口中接受中高等教育的比例持续走高，造成在校人数连年增加，在青年人口总体数量下降的前提下带来更多的毕业生同时涌入就业市场，给青年人口就业带来压力。

1. 高职扩招使青年劳动力供给压力集中

2019 年 4 月 30 日，李克强总理主持召开国务院常务会议，通过了高职院校扩招 100 万人的具体实施方案。2020 年 5 月 22 日，李克强总理再次在政府工作报告中指出，2020 年、2021 年两年高职院校将在上年扩招

① 国家统计局新闻发言人、国民经济综合统计司司长付凌晖在 2023 年 6 月 15 日的新闻发布会上详解中国的就业统计情况。

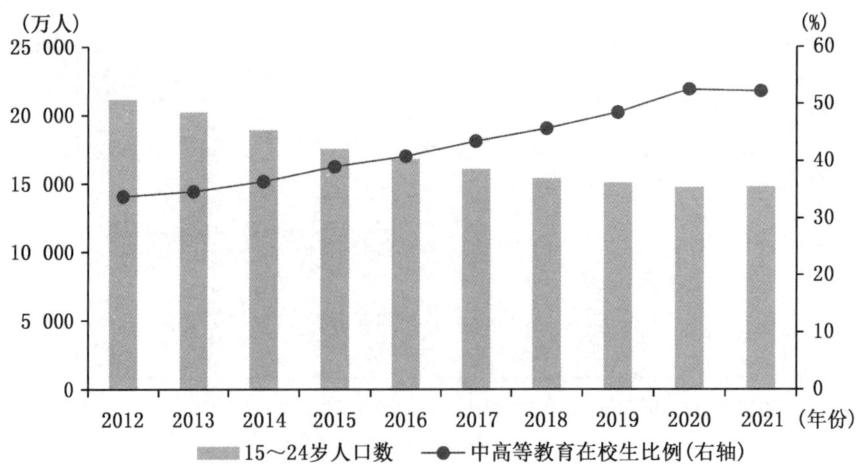

注:在校生数和毕业生数统计了研究生,包含普通本科、职业本科和高职(专科)的普通高等学校、普通高中、中职四类学生,基本覆盖了16~24岁的受教育经历。

数据来源:教育部、《中国统计年鉴》。

图102　15~24岁人口在校比例

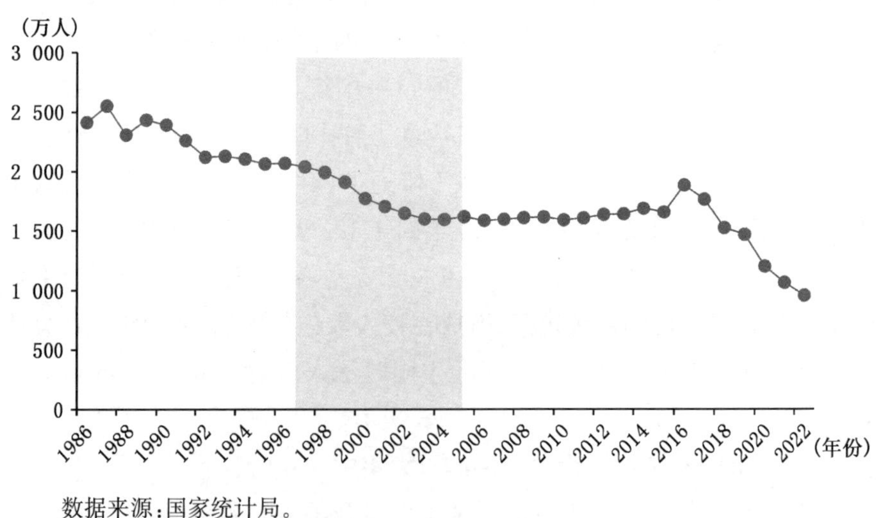

数据来源:国家统计局。

图103　历年出生人口数

100万的基础上进一步扩招200万人。

在政策的强力支持下,2019—2021年高职(专科)招生数同比增长显著。相比普通本科,长期维持在5%的招生增速,高职(专科)在2019年和 2021 年分别实现了接近 35％和 20％的扩招，2020 年同比增速由于上年基数过大而有所回落，但仍达到了 10％的水平，一转高职（专科）招生往年低迷的增长趋势（见图 104）。与此对应，高职（专科）与普通本科在校生的数量差距也在逐渐缩小。图 105 显示高职（专科）学校在 2019—2022 年扩招近 390 万，拥有约 1 671 万在校生，和同年 1 976 万普通本科在校生一起对青年劳动力供给形成压力。图 106 中，高职（专科）与普通本科的毕业生总量和增速在 2022 年创下近十年来新高，毕业生数量同比增长 13％，达到 966 万，使得涌入就业市场的青年人口远超往年水平。

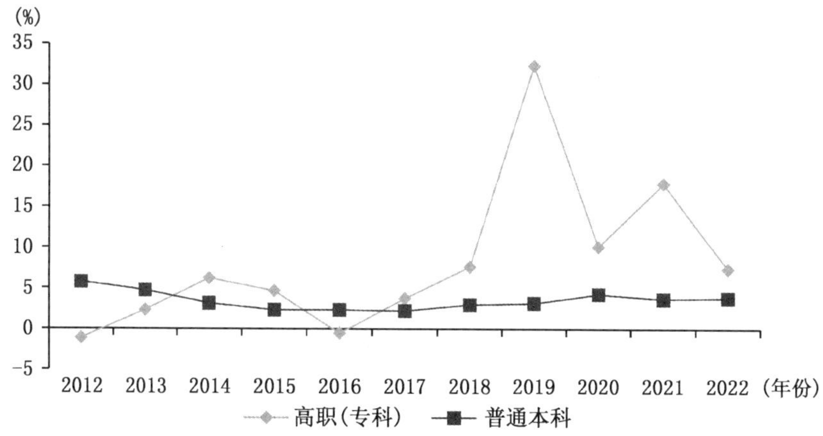

数据来源：教育部。

图 104　高职（专科）招生数同比增长率

2. 海归学生回国热潮加剧就业竞争

中国作为全球最大的留学生源国，在出国留学人数稳中有升的同时，留学回国热也持续升温。尤其是在新冠疫情席卷全球后，配合各城市出台一系列在落户、就业、购房等方面的留学生优惠政策，留学生回国发展的趋势更加显著，在部分行业和岗位与国内高校毕业生产生了激烈竞争，加大了青年劳动力供给端压力。

根据教育部和国家信息中心大数据对回国人数的统计，我国回国人数从 2011 年的不到 20 万增长到 2020 年的 78 万，并在 2021 年达到 105 万，首次超过百万（见图 107）。回流率（当年回国留学生与出国留学生之比）在 2013 年之后快速上升至 80％左右，其中 2020 年受疫情冲击严重，回流率更是达到 84％。回国求职发展正在成为留学生的普遍选择，回流

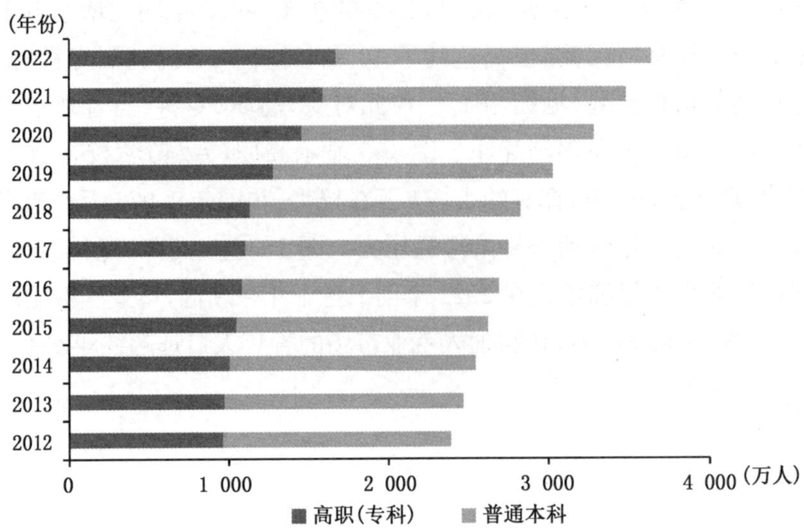

数据来源:教育部。

图 105　高职(专科)和普通本科在校生数

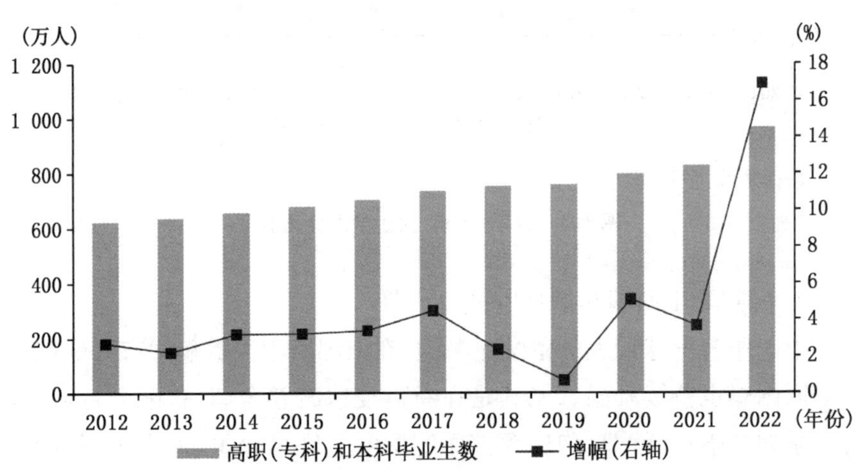

数据来源:教育部。

图 106　高职(专科)和本科毕业生数及其增幅

率可能将长期保持在 80%以上,这意味着每年至少有近 100 万的海归学生进入国内劳动力市场。

总体来看,回国留学生对国内同年高校毕业生的影响逐渐增加,2020

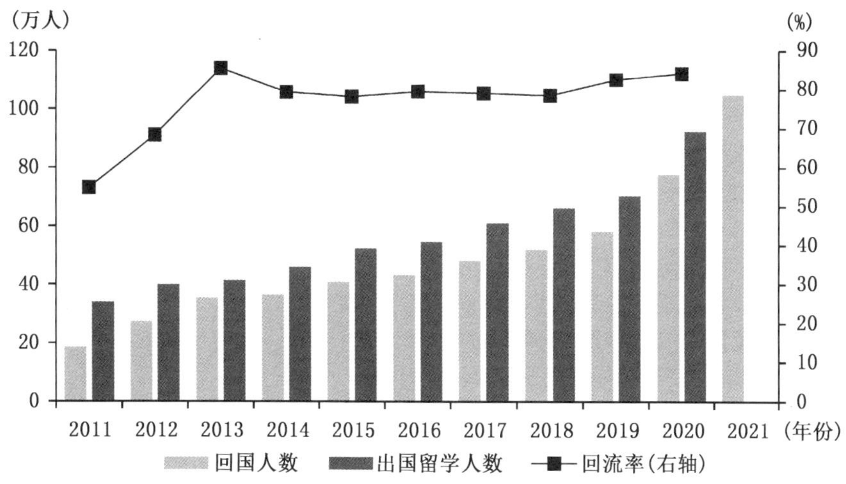

数据来源:国家信息中心大数据、美国国际教育协会(IIE)。

图 107　出国留学人数与回国人数

年和 2021 年的增幅尤为明显。2011 年,不到 20 万的回国留学生对于 680 万国内高校毕业生影响微弱。这一趋势一直延续到 2018 年以后,回国留学生数量达到同年国内高校毕业生的 6%以上,2021 年超百万的回国留学生更是超过了同年高校毕业生数量的 10%,回国热潮开始对应届生就业市场造成明显影响(见图 108)。具体到就业方向上,海归学生对部分行业、岗位的偏好使得回国留学生和国内高校应届毕业生高度集中于金融服务和保险、零售和快消、专业服务业等服务行业,使得他们面临的就业市场竞争压力不断加剧(见图 109)。

(二)需求端多方承压,行业修复和就业结构双重分化

我们将通过 GDP 增速和就业弹性系数对就业吸纳能力的影响来分析青年就业的需求端变化。客观上,我国经济增速下行的压力将长期存在,不同产业的就业弹性分化趋势显著,这两点互相作用使就业市场需求端承压明显。

1. 增速下阶梯,新增就业承压明显

宏观经济学研究普遍认为,要保持一定的就业增长就需要保持一定的经济增长速度。我国设定经济增长预期目标也往往是以实现预期就业为下限,因此,虽然经济增速下行不一定会减少劳动力需求,但客观上对

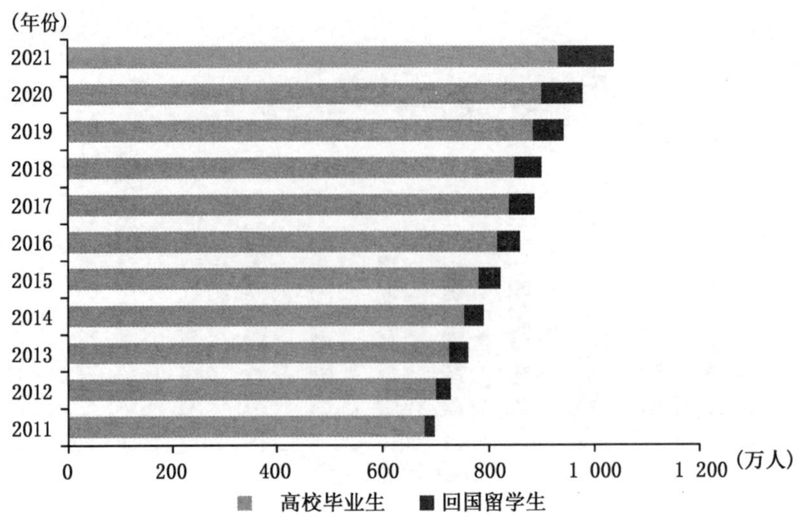

数据来源:教育部、国家信息中心大数据。

图 108 回国留学生人数和高校毕业生数

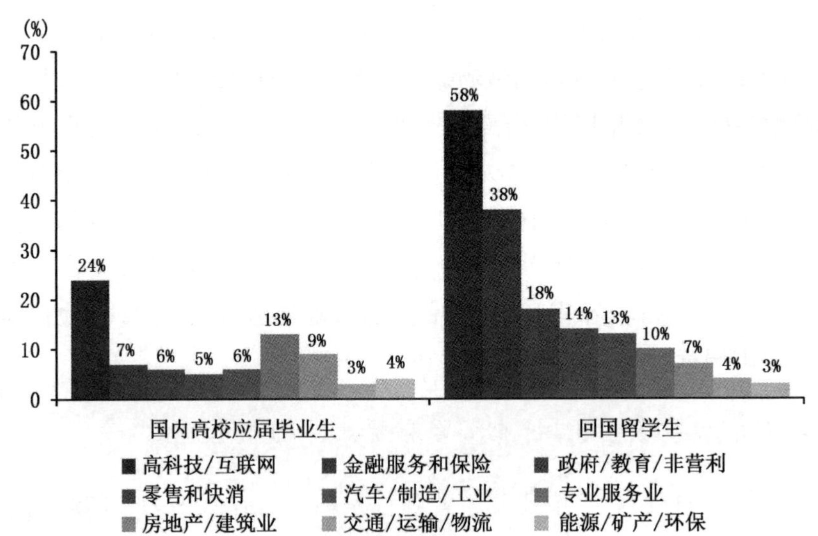

数据来源:智联招聘《2022 大学生就业力调研报告》、领英 2022 年《中国留学生归国求职洞察报告》。

图 109 2022 年高校应届毕业生和回国留学生求职意向

劳动力市场弹性提出了更高的要求,新增就业承压明显。

回顾历史数据,在经历年均 10%的超高速经济增长之后,GDP 增速于 2011 年开始逐季放缓。进一步观察第二、第三产业中各行业 GDP 增速，可以发现各行业增长演化态势不均衡（见图 110）。在整体经济增速放缓的前提下，信息技术、房地产业增速下行的压力比其他行业更大，在 2023 年第三季度分别录得 10.3%、−2.7%的不变价同比增长，相对该行业疫情前 24.2%、4.27%的同期均值下降明显。长期来看，我国经济增速下行的压力将一直存在，社会发展进入新“新常态”。不论是全国还是部分行业，都面临着结束野蛮生长、转型进入高质量发展的难题，劳动力需求波动偏弱将使青年失业率承压明显。

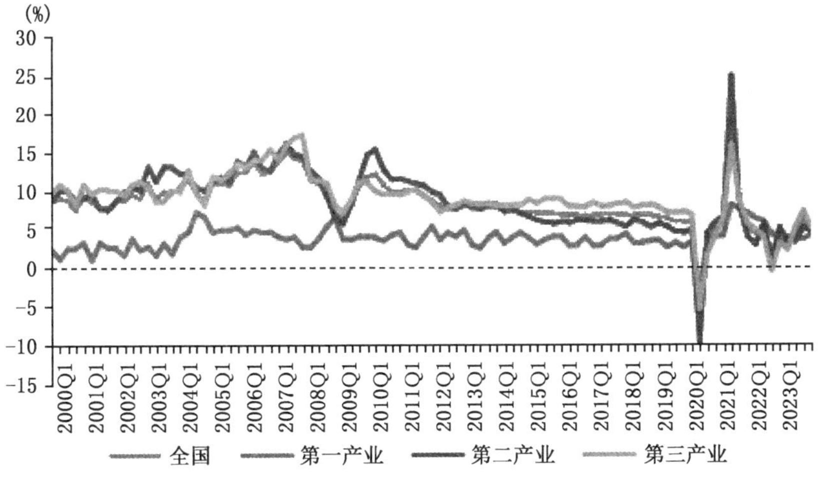

数据来源：国家统计局。

图 110　分产业 GDP 同比增速

2. 不同部门增长就业弹性分化

新增就业对 GDP 增速的弹性系数，即单位 GDP 增长所创造的就业岗位数，是我国政府决策部门制定宏观政策的重要参考之一。2022 年，国家信息中心经济预测部副研究员陈彬做出类似测算，认为“随着经济总量扩大，GDP 每增长一个百分点就能拉动 200 多万人就业。因此，5.5%左右的 GDP 增速完全能拉动超过 1 100 万人就业”[①]。中国宏观经济研究院社会发展研究所在对 2022 年《政府工作报告》的解读中也指出，“要‘提高经济增长的就业带动力’，也就是增加经济增长的就业弹性，让一个

① http://finance.people.com.cn/n1/2022/0323/c1004-32381845.html.

百分点的经济增长能够带来更多的就业增长”①。

从就业弹性来看,2011—2022 年全国城镇就业弹性比 2000—2010 年水平略有上升,这意味着理论上 GDP 每增长一个百分点能带来更多的新增城镇就业人员。但不同产业的就业弹性分化趋势明显,全国就业弹性在 2011—2022 年间的微小提高更依赖于第三产业,而第二产业吸纳就业式微;同时,疫情冲击下的就业弹性波动也异于往年,这意味着统计指标背后可能有更复杂的情况需要考虑。

对比第二产业和第三产业的城镇就业弹性变化,除 2020 年和 2022 年受疫情影响偏离较大外,可以发现第二产业就业弹性在 2000—2010 年和 2011—2022 年略有下降,而第三产业弹性上升明显。第二产业弹性系数数值也在 2011—2022 年滑落低位,往往需要高于 10%的 GDP 增速才能实现新增就业,一度在 6%的 GDP 增速附近陷入新增就业停滞甚至倒退。而第三产业在 2011 年以后表现出更强的就业人口吸纳能力,单位 GDP 增长平均带来新增就业超 100 万(见图 111)。

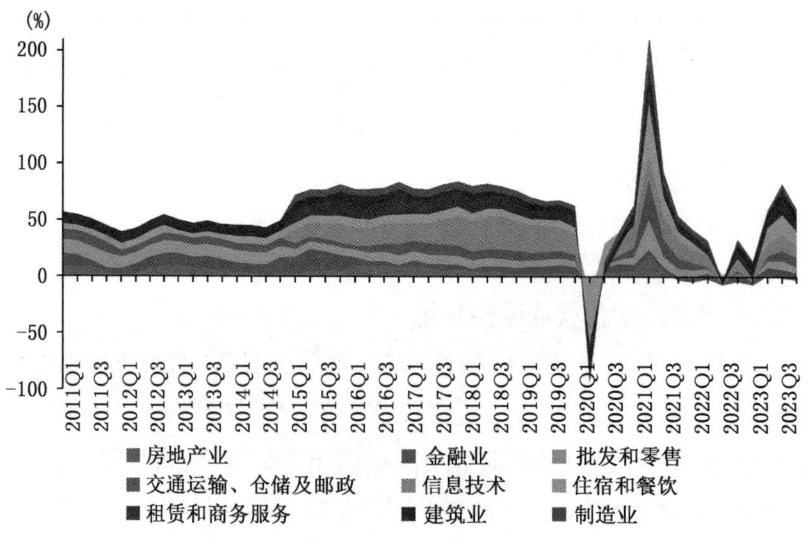

数据来源:国家统计局。

图 111 第二产业、第三产业各行业 GDP 增速

① http://finance.people.com.cn/n1/2022/0418/c1004-32401594.html.

具体到受疫情影响的2020—2022年，就业弹性在3年间波动剧烈（见图112）。在疫情冲击最严重的2020年，远低于往年的GDP增速下仍实现了1 000万左右的新增就业。而到了2022年，与2020年近似的经济增长却没有带来同样的新增就业水平，反而在第二产业和第三产业均出现了就业人员的大幅减少（见图113、图114）。我们不能由此简单下定论，认为2020年就业弹性远高于2022年，或是在2022年出现了根本性的变化。基于城镇新增就业的统计方式，2020年的新增就业可能部分来源于反复进入和退出就业市场的劳动力，造成新增就业的重复统计。同时，第三产业在2020—2022年就业弹性的波动远大于第二产业，服务业就业人员更容易临时失业和再次就业，对就业弹性的测算也可能造成扰动。

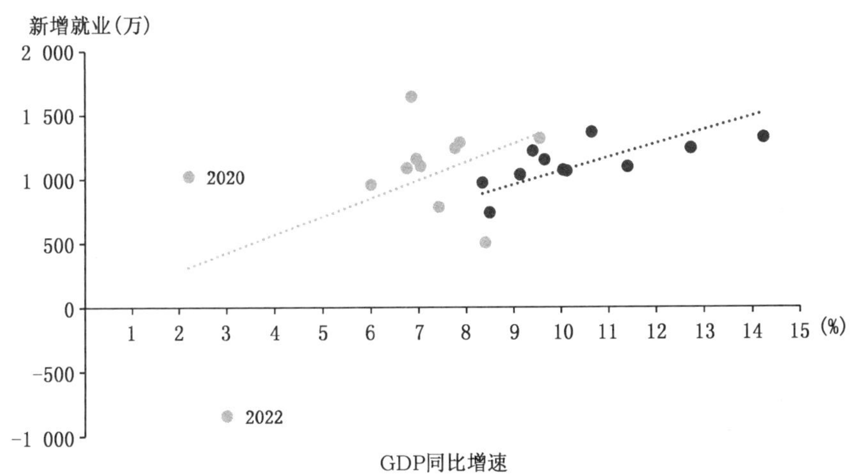

数据来源：国家统计局。

图112　全国城镇就业弹性

3. 行业修复态势分化和青年就业结构分化双重作用

服务业发展与青年就业水平长期高度相关。根据对历史数据的分析，服务业生产指数当月同比增速、每月青年失业率这两个变量之间长期存在显著的负相关关系（见图115）。选用2018年2月至2022年12月的数据作为样本进行回相关性分析，我们发现两个变量之间的相关系数为－0.492 0，P值为0.000 2，相关性显著。而2020—2022年我国的服务

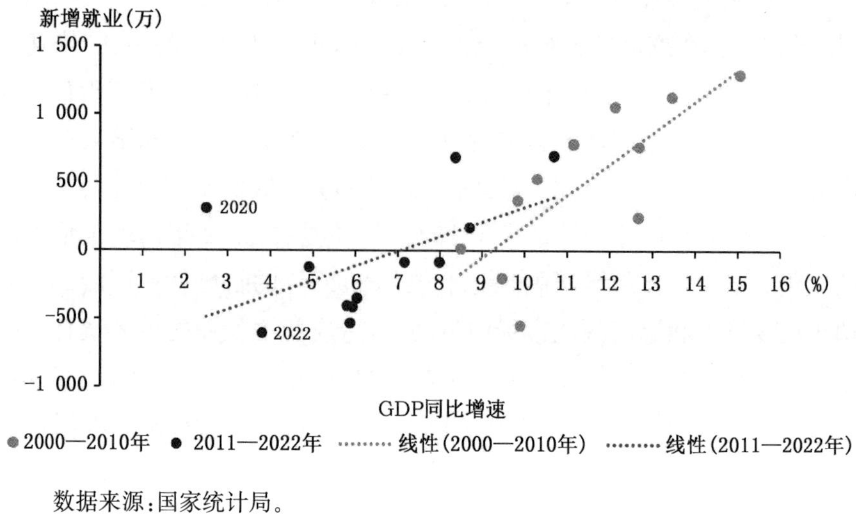

数据来源:国家统计局。

图 113 第二产业城镇就业弹性

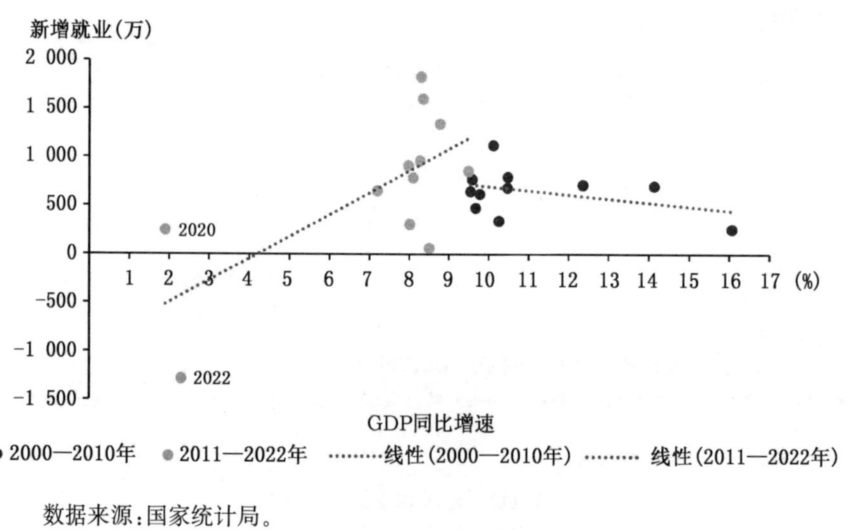

数据来源:国家统计局。

图 114 第三产业城镇就业弹性

业发展情况不容乐观,服务业生产指数在经历了 2020 年近一年的停滞和微弱回暖之后,2022 年再次陷入负增长,年均同比增速仅为－0.97％,服务业对青年就业人口的吸纳能力在此期间显著下降。

但在 2023 年之后,服务业生产指数同比增速逐渐进入上升阶梯,青

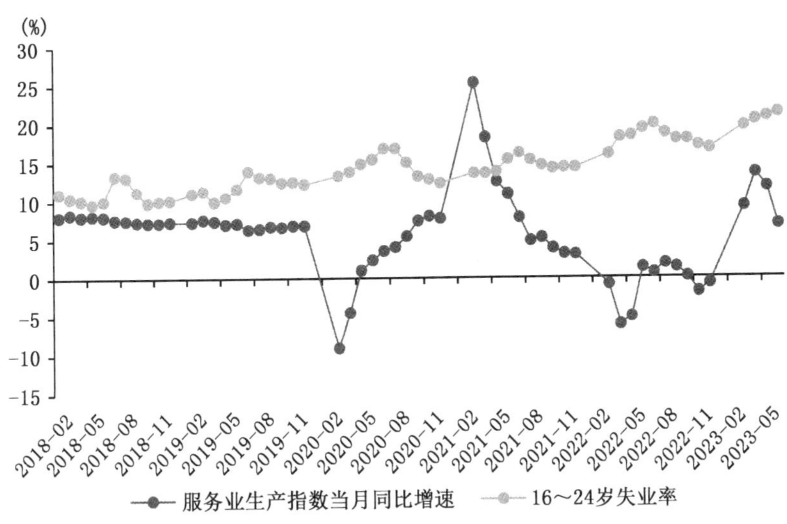

数据来源：国家统计局。

图 115　青年失业率和服务业景气度

年失业率为何在服务业修复阶段仍旧保持高位？我们认为这可能与服务业下细分行业吸纳青年就业人口比例和经济修复情况分化明显有关。一方面，部分服务业虽然生产总值同比有较大增长，但并没有增加青年就业群体参与该行业的比例。观察各行业经济增速和吸纳青年人口比例在2020—2021年、2021—2022年的数据，对于批发零售、租赁和商务服务、金融业，即使这些行业在2021年、2022年两年都保持了自身生产总值的可观增长，青年就业人员也在逐渐退出行业（见图116、图117）。另一方面，信息技术、房地产业以及拥有近7%青年就业人员的教育业，这些行业吸纳青年就业人口的能力对经济增长较为敏感，行业生产总值的增速下降往往带来更明显的青年就业人口流失，在修复不达预期时将拖累青年就业。

将服务业各行业2023年三个季度的GDP同比增速对照2017—2019年当季平均水平，可得到服务业各行业对比疫情前的恢复状况，以生活性服务业修复为主，生产性服务业恢复不及预期（见图118）。2023年住宿和餐饮行业明显修复，能够拉动一部分青年就业。复苏缓慢的批发和零售以及租赁和商务服务业，由于本行业经济增长对青年就业的增

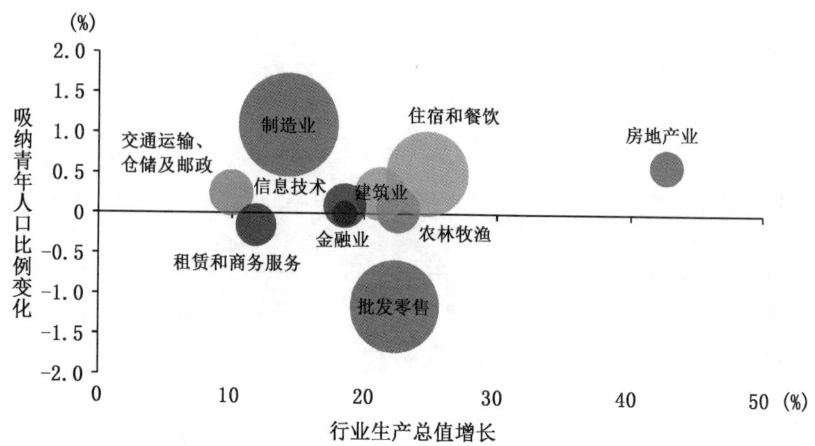

注:横轴=2020—2021年各行业不变价生产总值的增速;纵轴=2020—2021年各行业吸纳青年就业人口比例的变化;气泡大小=2021年该行业吸纳青年就业人口的比例。

数据来源:国家统计局、《中国人口和就业统计年鉴》。

图116　2020—2021年各行业经济增速和吸纳青年人口比例

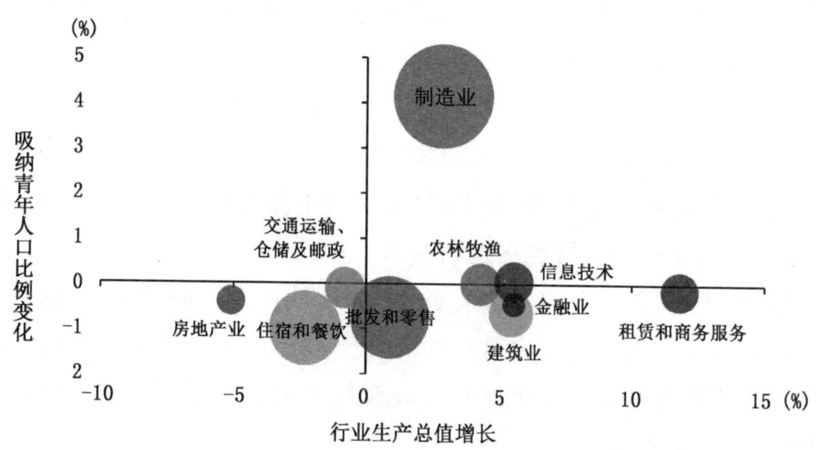

注:横轴=2021—2022年各行业不变价生产总值的增速;纵轴=2021—2022年各行业吸纳青年就业人口比例的变化;气泡大小=2022年该行业吸纳青年就业人口的比例。

数据来源:国家统计局、《中国人口和就业统计年鉴》。

图117　2021—2022年各行业经济增速和吸纳青年人口比例

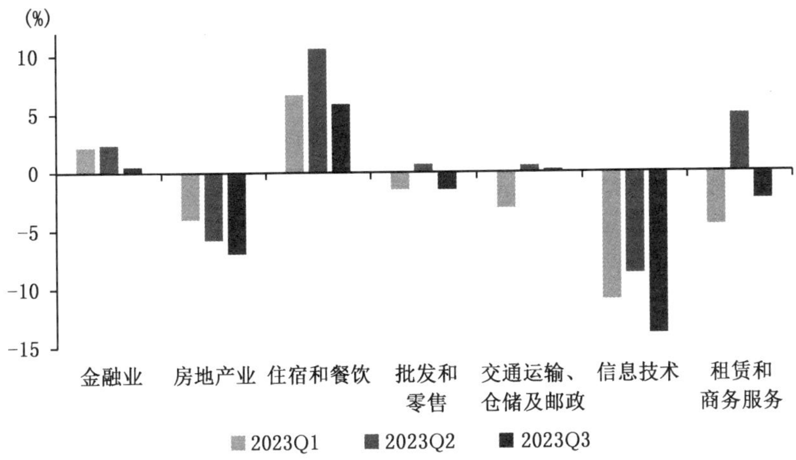

数据来源：国家统计局。

图 118　2023 年服务业各行业同比增速对比疫情前缺口

长弹性较小，因此不太可能改善青年人口就业情况。而对于青年增长就业弹性较大的信息技术、房地产业，在 2023 年三个季度修复都不及预期，可能对青年就业形成压力。

还值得一提的是，房地产业和与之高度相关的建筑业。虽然房地产业和建筑业只容纳了 7%的青年就业人员，略低于青年在所有行业中的平均比例(7.2%)，但房地产在宏观经济中的重要程度不容忽视，它的增长也往往带动家电、装修、建筑、建材、银行等一系列行业发展。因此，房地产业开发投资的持续低迷对自身和关联行业的就业都会造成重大影响。值得关注的是，房地产业及其关联行业相对吸纳了更多青年就业人员中的低学历群体，如 2022 年调查显示，有 18%的农民工分布在建筑业。房地产市场招工需求缩减对低学历群体的就业打击更加明显。

我国房地产固定投资同比从 2022 年年中开始逐步跌入 0 线以下，房地产投资在低基数下增长接近停滞(见图 119)。虽然 2023 年 7 月政治局会议上指出要适时“调整优化”房地产政策，各地房地产市场利好政策密集出台，但目前房地产市场仍表现低迷，2023 年固定投资同比月均下降 6%，开工维持低位。房地产业回暖缓慢无疑为经济和就业的修复增添了压力。

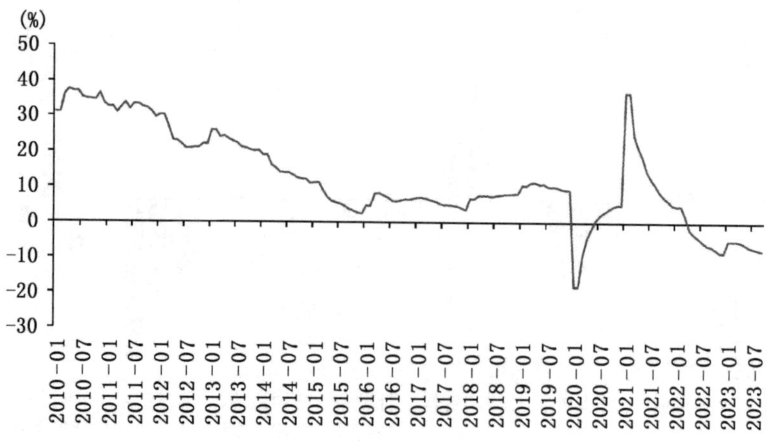

数据来源:国家统计局。

图 119　房地产固定投资同比变化

最后,服务业部门内的教育服务、居民服务业也贡献了相当一部分的青年就业,分别占 2022 年青年就业人员的 7.2%和 8%。正如我们之前提到的,服务业下各细分行业吸纳青年就业人口比例和经济修复分化明显,而教育业和居民服务业就属于修复不及预期而又对青年就业人口影响较大的行业。虽然在生产总值等指标上没有数据显示两个行业的经济恢复情况,但我们仍可以从景气指数和用电量推测用工需求的变化(见图 120、图 121)。教育业和居民服务业恢复不及预期,可能是青年就业被拖累的原因之一。

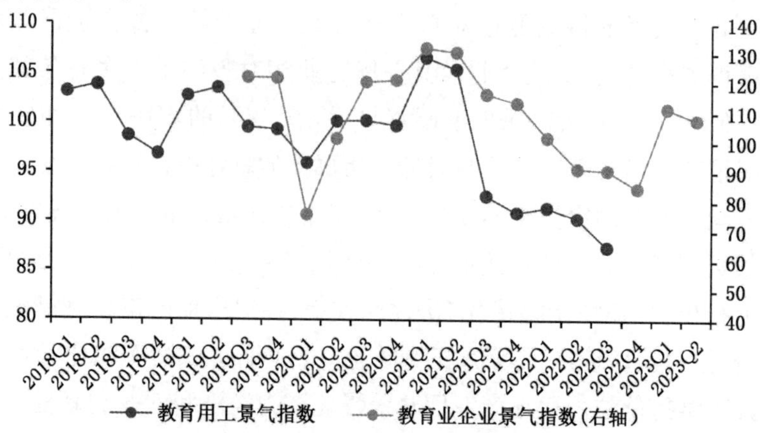

数据来源:国家统计局。

图 120　教育用工和企业景气指数

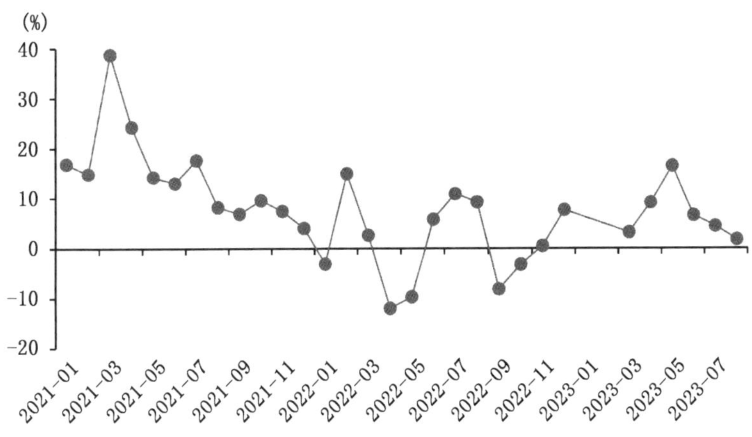

数据来源：国家统计局。

图 121　居民服务用电量当月同比

(三)就业意愿不匹配

除了劳动力供给端和需求端两大基本面因素之外，我国青年就业还存在显著的意愿不匹配问题。基于青年追求自由和人生意义的就业心态，拥有丰富多样的行业种类和灵活自由的工作方式的第三产业更受青年人的青睐。据智联招聘发布的《2023 大学生就业力调研报告》①，约有四分之一的 2023 届毕业生期望在信息技术行业工作，还有四分之一就业意愿集中在文化娱乐、生活服务和金融业，仅有 10%左右的毕业生愿意从事与工农业相关的职业(见图 122)。2012—2022 年《中国人口和就业统计年鉴》中关于 16～24 岁年龄段就业人员的行业分布也表明，过去 10 年间农林牧渔和制造业吸纳青年就业人口的比例共下降了 15%，而从事服务业的人数占比达七成以上，住宿和餐饮、教育等服务业行业则成为大部分青年集中的行业(见图 123)。

青年就业市场存在的结构性问题由多方面原因所导致。例如，制造业薪资福利低于服务业，吸引力不足；高端技术人才供不应求，招工门槛高，其他行业符合专业要求的青年难以就业；青年就业偏好和思维模式变化，难以从事服务业以外行业。因此，当部分服务业行业复苏受挫时，青

① 智联招聘，http://www.zhaopin.com。

年失业率便显著上升。

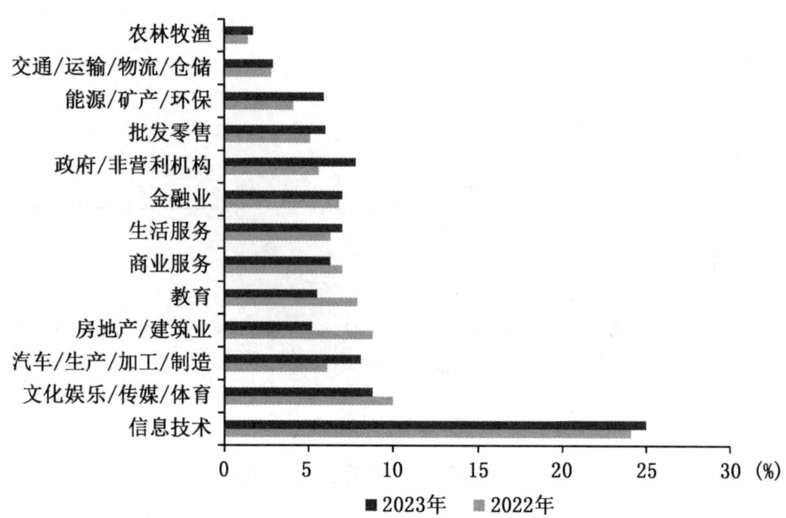

数据来源：智联招聘。

图 122　应届毕业生期望就业的行业分布

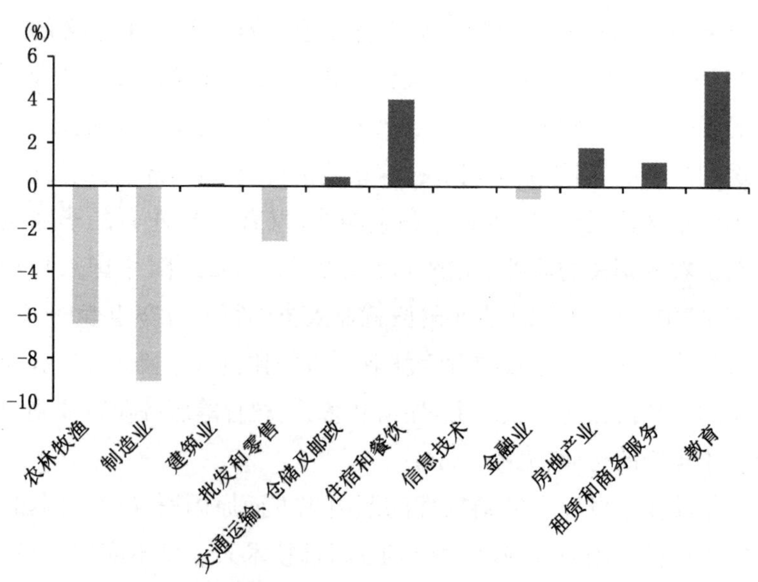

数据来源：《中国人口和就业统计年鉴》。

图 123　2012—2022 年各行业吸纳青年就业人员比例

(四)指标统计口径问题

根据国家统计局的统计标准,青年失业率为16～24岁年龄段里失业人口数量占劳动人口数量(就业人口与失业人口之和)的比重。我国劳动力调查按国际劳工组织的标准,将就业人口定义为“在调查参考期内(通常为一周)为了取得劳动报酬或经营收入而工作一小时及以上,和因休假、临时停工等暂时离岗的人”,没有寻找工作,也没有工作意愿的在校学生则不属于劳动人口的统计范畴。我们认为,在解读青年失业率时,可能由于对失业人口和劳动人口的统计口径问题而在以下两方面出现不同程度的偏差。

首先,一周“工作一小时及以上”的就业统计口径可能造成对青年失业人口数量的低估,从而低估了青年失业率。以一小时工作时间认定为就业,虽然充分考虑了当前青年群体参与兼职工作、灵活就业的就业情况,但仍可能在一定程度上低估了青年特别是青年农民工群体的失业情况。

其次,高校毕业生群体继续接受教育的比例大幅上升,青年群体初职年龄延后。延迟就业使部分本该进入劳动力市场的青年人口由此变为非劳动人口,青年劳动参与率降低,青年失业率可能在失业人口数量增长温和的情况下大幅上升。因此,解读青年失业率的同时还需要注意青年劳动参与率的变化。据2023年3月国家统计局测算,3月我国城镇青年9 637万人,没有参与劳动力市场的青年6 418万人。① 因此,计算出2023年青年劳动参与率约为33.4%,相比2020年七普数据的40.5%下降迅速。随着高等教育的普及化及职业教育的推广,16～24岁人口群体的劳动参与率将持续走低,自然导致青年失业率上升。如果把研究生招录人数错误地统计为失业人口而不是非劳动人口,将造成青年失业率的高估。

(五)政策建议

在出台多种就业保障措施后,2023年青年失业率背离整体下降的失业水平逆势攀升。我们对如何在短期和长期中降低青年失业率提出以下

---

① 国家统计局政府信息公开,http://www.stats.gov.cn/xxgk/jd/sjjd2020/202304/t20230419_1938831.html。

建议:

1. 短期政策建议

(1)通过高效统筹经济社会发展,让社会投资和国民消费水平保持良好的恢复势头,促进服务业,特别是对青年群体增长就业弹性大的服务行业快速复苏。因地制宜,针对青年群体增长就业弹性大的行业出台具体政策,促进行业持续发展、创造更多岗位需求,更有效地改善青年就业情况。

(2)继续出台房地产市场利好政策,推动房地产及其关联行业健康恢复。房地产业不仅影响了宏观经济增长和投资的预期,加上建筑业和所带动的行业也吸纳了更多比例的低学历青年就业群体。稳步复苏房地产业将减少劳动力市场需求端的多方面压力,提振就业信心。

(3)加大对年轻人就业帮扶的政策措施力度,积极发展新业态新模式,坚定青年求职人的信心。进一步推动职业技能培训,同时,通过补贴、贷款等政策支持灵活就业,有助于让青年群体顺利走向社会,找到工作。

2. 长期政策建议

归根结底,青年失业率屡创新高是一个结构性问题。一方面,青年就业群体对第三产业抱有更好的期望和态度,就业意愿高度集中;另一方面,青年劳动力接受的教育培养内容很少与企业用人需求接轨,难以适应第二产业的快速发展。而党的二十大提出,建设现代化产业体系,坚持把发展经济的着力点放在实体经济上,推进新型工业化。国家的发展重心开始转向第二产业,大力发展服务型制造和制造业服务化,现代服务业和制造业正走向相互促进的发展阶段。

如何让年轻人的就业意愿和能力倾向也适应现代产业体系的发展,是解决青年失业的根本所在。长期来看,应做好以下几个方面:

(1)制造业的高质量发展需要充分发达的生产性服务业。升级产业结构,发展与制造业匹配的服务业岗位,改善第二产业及其配套服务业的薪资收入,能够促进青年就业意向的转变,增加青年群体的就业选择。

(2)完善高等教育的人才培养和企业用人需求的相互接轨,使青年不仅愿意,而且能够转向生产型服务业和新兴制造业岗位。教育教学和学科设置要突出就业导向,与经济社会发展紧密结合,甚至适度超前,才能从根本上改变青年就业意愿和劳动力市场不匹配的现状。

二、关注中年人群再就业问题

青年人就业难已得到了大众的广泛关注，而中年群体作为政策较少关注的人群，也承受着巨大的压力。一方面，中年群体背负着偿还房贷、养儿育老等经济压力。另一方面，据报道，受疫情影响近年来互联网行业等出现较大幅度的裁员，中年群体首当其冲；并且，由于劳动力市场供需之间存在摩擦，该群体通常难以迅速再就业，且再就业之后的工资降级和岗位稳定度也是困扰该群体的一大问题。

中年人群再就业艰难。首先，年龄歧视普遍存在。尽管法律禁止年龄歧视，但事实上，许多雇主在招聘时会将年龄纳入考虑范围，很多岗位会更加偏向年轻人。于是，在再就业过程中，调低期望，接受稍低薪金的岗位或者选择灵活就业岗位是许多中年就业群体碰到的普遍现象。但作为“上有老、下有小”的中年群体，他们是家庭的“中流砥柱”，收入的减少和岗位的不确定性增加会给家庭带来负面冲击，甚至进一步影响整个家庭的消费和投资决策，影响社会的稳定。

其次，缺乏相关技能和教育。许多中年人技能和知识逐渐陈旧，难以符合不断变化的岗位需求，且客观上体力和记忆力开启下行通道，所以许多公司更加倾向于招聘年轻的员工。这使得中年人在就业市场中，不仅需要重新评估自己的能力和市场的需求、学习适应新的行业和新的技术、展现自己的价值和能力，而且要面对与年轻人竞争的压力。

我们需重视中年群体就业及再就业的问题，政府和企业也需采取行动。确保年龄歧视被禁止，减少对中年群体的歧视。同时，建立培训机构和再就业帮扶计划，帮助中年群体适应新的市场，促进劳动力与市场需求更有效率的匹配。

三、农民工就业继续向好

庞大的农民工群体作为我国劳动力市场另一个重要组成部分，其就业和收入预期的稳定是促进经济向好回升的关键。2023 年开年以来，中央和地方各层面在重点关注高校毕业生群体的同时，也出台了一系列政策积极推进农民工有序返岗复工。在政策加持下,配合制造业和生活性服务业的快速恢复,农村劳动力外出务工势头回暖,农民工就业边际改善较青年群体更为明显。

2023 年前三季度,农村外出务工人数保持稳定上涨,月均收入同比增速缓慢回暖。截至第三季度,农村外出务工劳动力人数分别同比增长 2.3%、3.2%和 2.8%,最终录得 18 774 万,已超过疫情前同期水平(见图 124);月均收入 4 735 元,分别同比增长 1.5%、6.5%和 3.2%,相比 2017—2019 年平均增速 6%~8%的水平,收入增速有小幅下滑,但好于 2022 年同期平均 3.53%(见图 125)。

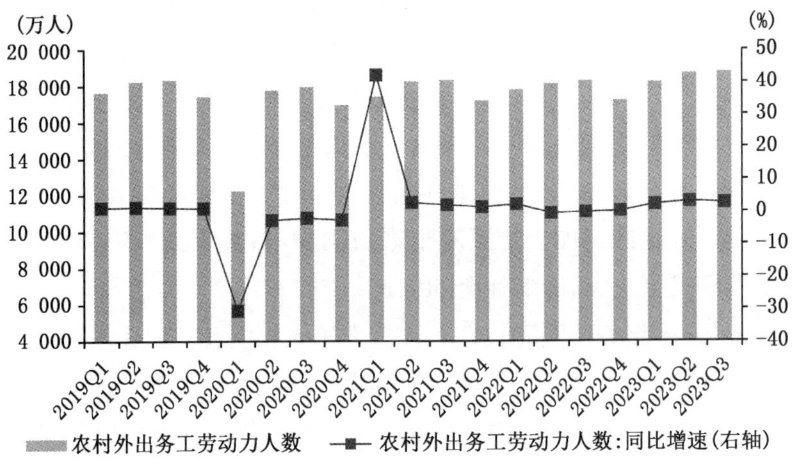

数据来源:国家统计局。

图 124 农村外出务工劳动力人数及同比增速

农民工群体就业的强势复苏为何与低迷的青年就业形成鲜明对比?我们认为,这正是 2023 年经济复苏,特别是服务业行业复苏态势的分化,结合两大群体就业结构的分化所导致的。2023 年以来,除了前文提到明显修复的住宿餐饮,制造业和建筑业的增长改善也逐步明朗。2023 年前三季度,制造业 GDP 同比增速分别为 2.8%、2.9%和 4.5%,与疫情前(2017—2019 年同期均值)增速差距由-3.3%收窄至-0.9%;建筑业 GDP 同比增速则已恢复到高于疫情前的水平,前三季度分别录得 6.7%、8.2%和 6.6%。从两者在 2022 年的行业分布上也可以看出,建筑业、制造业和住宿餐饮业吸纳了近 51%的农民工就业,而只有 39%的青年就业

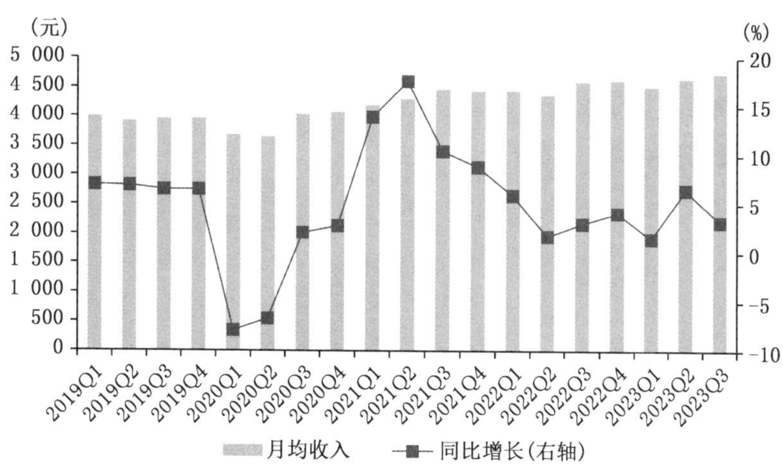

数据来源:国家统计局。

图 125　农村外出务工劳动力月均收入

人员聚集在这些行业(见图 126、图 127)。青年群体增长就业弹性大的行业,如信息技术、教育服务业,恢复程度不及住宿餐饮、制造业和建筑业,而后者聚集了更多的农民工群体(见图 128),因此,青年与农民工就业恢复表现出“冷热不均”。

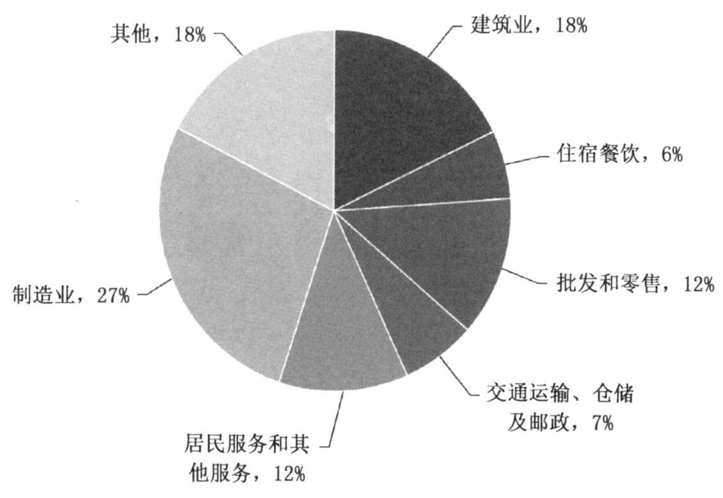

数据来源:国家统计局。

图 126　2022 年农民工群体行业分布

在保障农民工群体“稳就业”的同时,也要注意到他们还是灵活就业从业人员中的主体。① 灵活就业带来的临时性、非全日制、季节性的工作在一定程度上补充了农民工就业,但就业人群的权益保障和收入提升空间则明显欠缺,影响了农民工的就业质量。

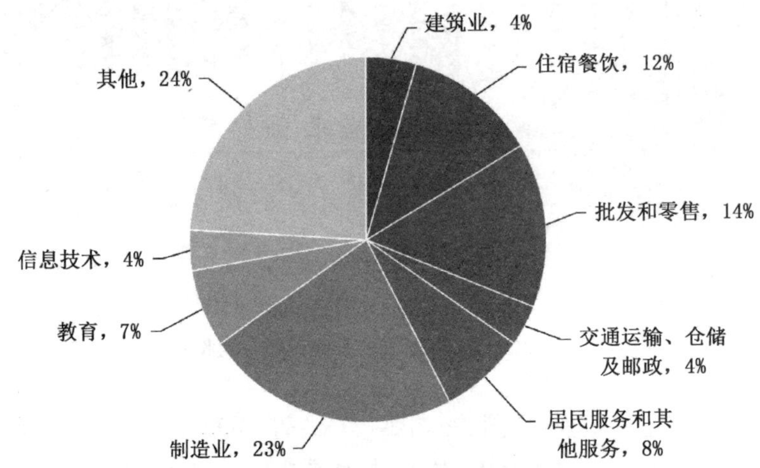

数据来源:《中国人口和就业统计年鉴》。

图 127 2022 年青年就业人员行业分布

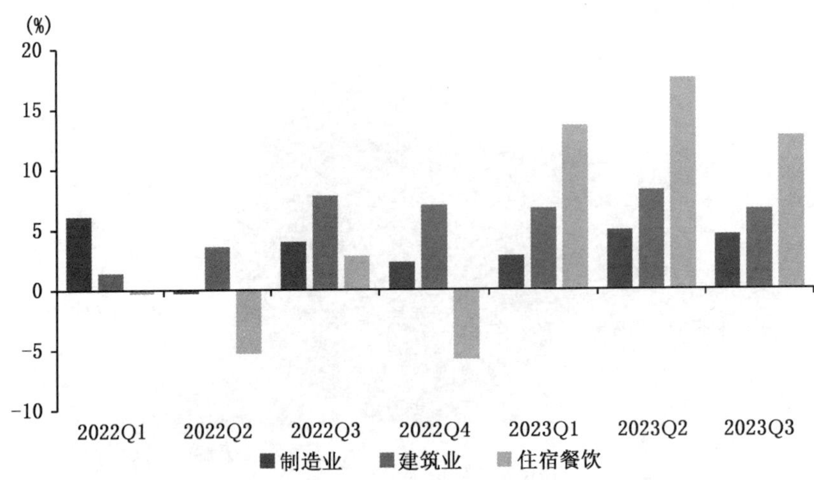

数据来源:国家统计局。

图 128 制造业、建筑业和住宿餐饮 GDP 当季同比

① 就业司:提高灵活就业人员的就业质量;https://www.ndrc.gov.cn/fggz/jyysr/jysrsbxf/202209/t20220930_1338242_ext.html。

四、促进高质量就业

党的二十大报告提出，“强化就业优秀政策，健全就业促进机制，促进高质量充分就业”。提高就业质量能帮助劳动者的人力资本价值得到更好的发挥，为推动高质量发展提供更加有力的人力资源支持。而前文所提到的青年人就业意愿与产业发展不平衡、中年人再就业匹配难等问题都与劳动力市场匹配息息相关，是结构性失业矛盾的一种表现。我们认为，随着人口数量和结构的变化，新形态新技术新业态的发展也给劳动力市场带来了新挑战。在关注就业数量的同时，我们需警惕中长期结构性失业风险，关注劳动力市场匹配和就业质量。

（一）整体求人倍率呈上升趋势，结构性失业问题明显

图 129 显示了我国的整体求人倍率和失业率。从图中可以看出，自 2015 年以来，我国求人倍率一直大于 1。2020 年以来受新冠疫情的影响，市场用人需求和求职人员均有所下降。从供求总量看，需求人数和求职人数同比分别减少了 39 万和 97.3 万人，各下降了 7.3%和 24%（见图 130）。由于求职人数下降幅度大于需求人数，因此求人倍率显著上升。2021 年数据显示，求人倍率一直维持在较高水平，求职人数和需求人数均呈现收缩态势。

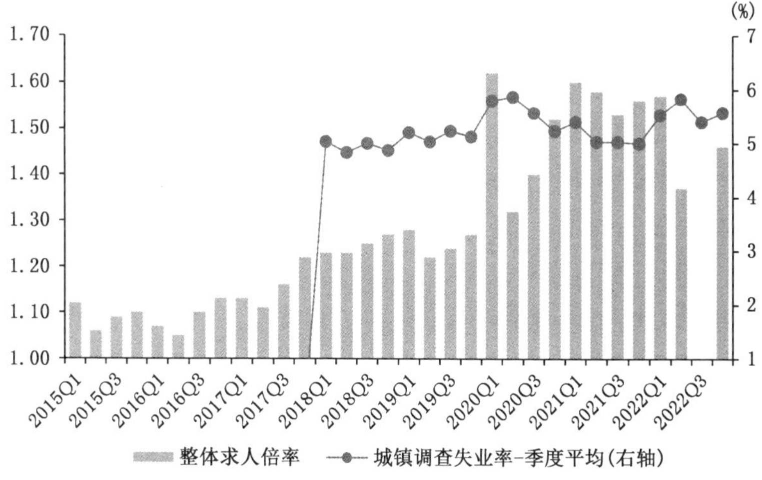

数据来源：国家统计局。

图 129　整体求人倍率和失业率

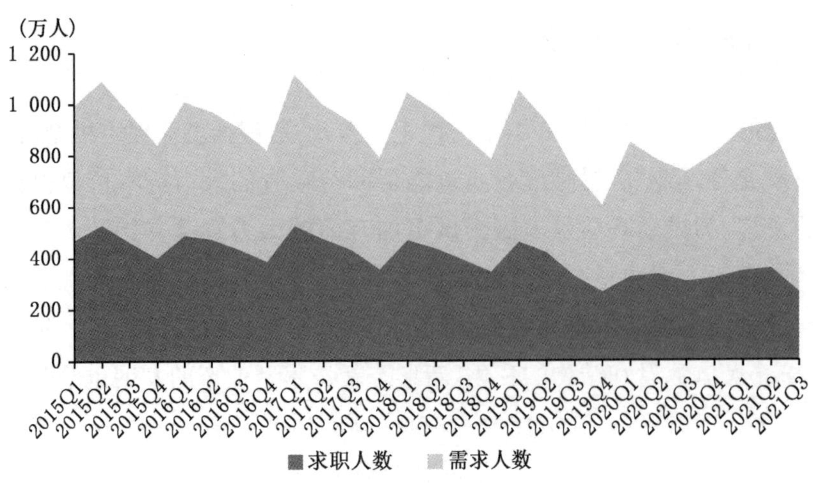

数据来源:国家统计局。

图 130　需求人数和求职人数变化

自 2015 年第一季度以来,西部地区求人倍率始终明显高于整体水平;与之相反,东部地区求人倍率则在大部分时期内低于整体水平,这反映了我国人才呈现区域异质性(见图 131)。东部地区作为全国各类人才的主要聚集地,人才短缺程度相对较弱,而西部地区人才短缺状况则比较明显。这一方面反映了求职者的地域偏好,另一方面也反映了不同地区对劳动力的不同需求。地区之间的求人倍率差异体现了市场需求和劳动供给存在地域性的不匹配。

劳动力市场的错配也体现在教育错配和技能错配方面。根据上海财经大学高等研究院发布的《中国宏观经济形势分析和预测报告(2021—2022)》,我国目前具有大学文化程度人口约为两千多万,15 岁及以上人口的平均受教育年限已经从 2000 年的 7.11 年提高至 2020 年的 9.91 年,人口素质提升显著。但是,伴随着高等教育扩招和劳动力就业难问题,教育错配,尤其是过度教育,日渐成为中国劳动力市场的重要就业现象。该报告综合使用中国家庭追踪调查(CFPS 2014—2018)数据和中国综合社会调查(CGSS 2005—2017),数据采用众数法对我国劳动力市场的匹配现状进行测量。

图 132 展示了我国近年来劳动力市场的教育匹配状况。测算结果显示,我国近年来劳动力市场的过度教育发生率长期处于 30%附近,部分时

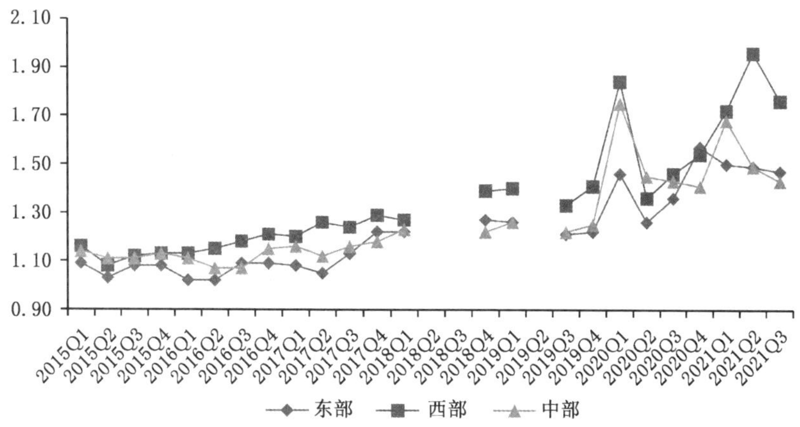

数据来源:国家统计局。

图 131　分地区求人倍率

间处于35%以上的水平;恰好匹配发生率长期低于50%,意味着整个劳动力市场有超过半数的个体处于一种技能—岗位错配的状态。相对于OECD国家平均10%以下的教育错配率,以及美国长期处于25%以下的平均过度教育发生率,我国劳动力市场教育错配发生率较高,错配程度突出。

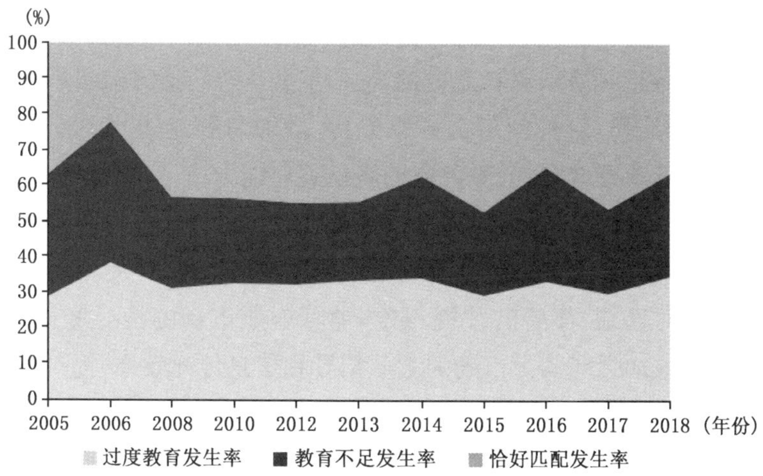

数据来源:上海财经大学经济学院、中国家庭追踪调查(CFPS)、中国综合社会调查(CGSS)。

图 132　2005—2018 年我国劳动力市场教育匹配状况

(二)关注就业质量

青年人就业意愿与行业需求不匹配,中年人技能与市场需求不匹配,呈上升趋势的人口倍率以及通过众数方法测量的教育错配现象均反映了市场中存在结构性失业矛盾。我们认为,在关注劳动力市场数量(如失业率、新增就业人数)的同时,也要高度关注就业质量,包括岗位的收入、职工的工作时常与劳动力市场的匹配状况。

我们认为,在稳步推进教育扩张的同时,要兼顾教育和劳动力市场之间的制度链接设计。在人才供给方面,应当加快建设现代化职业教育体系,满足劳动力市场对高端技术人才的需求。习近平总书记在对职业教育工作做出的重要指示中,强调发展高质量的职业教育尤为重要,包括着力发展中职、高职、本科职业教育培养一体化。同时,高校的专业设置要紧跟产业升级的进程,做到人才培育与高端服务业、高端制造业相对接,在高校教育发展上进一步提升引领性。

在市场需求方面,推动先进制造业与现代服务业深度融合。我国制造业增加值从 2012 年的 16.98 万亿元增加到 2021 年的 31.4 万亿元,占全球比重从 2012 年的 22.5%提高到 2021 年的近 30%,持续保持世界第一制造大国地位。虽然从经济发展规律来看,国家在经济发展过程中,制造业占比会逐步下降,但制造业的高质量发展仍是我国构建现代化产业体系的关键一环,应推动制造业服务化,增加与制造业相匹配的服务岗位,扩大服务业开放,提升服务业的吸纳就业能力。

在劳动力市场人才与职业岗位匹配方面,要进一步完善劳动力市场的就业制度环境。一方面,改善目前仍然存在于我国劳动力市场的歧视现象,例如对性别、年龄的歧视现象,消除就业市场的搜寻摩擦;另一方面,政府应该加强劳动力市场的就业指导和信息传递效率,提高劳动力市场匹配效率。有研究表明,劳动力市场的相关就业咨询、职业搜寻顾问服务对劳动力市场的资源有效配置具有一定的改善效果。政府应鼓励发展劳动力市场的相关就业咨询、职业规划等服务,考虑针对不同学历人群开办公益性就业指导项目等,帮助拥有不同学历、不同技能、不同偏好的就业者能够更好且更快地匹配到相适宜的岗位,减少劳动力市场错配。

(执笔人:蒋荷露,陈致远)

专题五

应对地缘政治风险，推动高水平对外开放

一、序言

近年来，世界经济格局进入深度调整阶段。以英国脱欧、特朗普新政、中美贸易摩擦等为标志的"逆全球化"事件不断涌现；贸易保护主义和内顾倾向抬头，多边贸易体制发展遇到瓶颈和挑战；政策不确定性加剧，国际贸易和跨国投资持续低迷；全球新冠疫情的暴发则是一支"催化剂"，加速了全球贸易格局重构和全球治理体系变革的步伐，全球价值链重构对国际贸易格局产生了深远影响。而中国崛起带来的两级或多级化世界，叠加中美、中西意识形态和文化的冲突，不可避免地导致国际关系出现重大不确定性因素。可以预见，中国发展将面临更为复杂的国际环境。

中国应如何应对近期"逆全球化"趋势所带来的负面影响？如何参与和推进多边贸易协作？如何在动荡的市场中寻求稳健和增长？如何调整产业链价值链结构，实现高质量发展和高水平开放？针对这些问题，我们需要深入分析国际贸易格局长短期形势以及未来发展的总体趋势，特别是"逆全球化"以及新冠疫情影响下全球价值链重构以及全球治理体系变革的基本方向，借此提炼总结中国应对这些变化的战略原则。进一步地，根据主要经济体在全球体系中的政策走向，判断中国与国际市场体系的

博弈关系,以期提供有助于应对全球经贸格局变化的政策思路和应对当前国际经济贸易体系中的短期冲击与长期持续性摩擦的策略。国际贸易格局的变化既是挑战,也是机遇。中国要在这些变化当中谋求发展,主动参与产业链重构与国际经贸秩序重构。

二、主要研究内容

本专题除序言和结语之外,主要分为三个部分:

第一部分,考察我国短期外贸形势与预测。首先,聚焦 2022—2023 年前三季度我国对外贸易形势的新变化,并且从进出口伙伴国、进出口企业主体、进出口产品分类和贸易方式等不同视角分析近两年我国出口面临的危与机。然后,结合经济复苏的国际环境和向好向问的国内经济政策,探讨短期内中国外贸可能的增长动力。

第二部分,考察我国近五年来外贸形势与预测。首先,2018 年至今,我国面临的外部环境发生了一系列深刻复杂的变化。这些变化对于我国贸易总量冲击不大,但深刻影响了我国的贸易结构,本部分从进出口市场、贸易方式、产品调整和服务贸易等多个角度进行解读。其次,从全球生产贸易网络和跨境电商两个视角刻画我国外贸韧性。最后,从贸易规模、价值链结构调整、贸易伙伴国以及跨境电商等角度,对未来五年我国外贸总体趋势做出判断。

第三部分,总结冷战时期以来世界经贸格局的形成与演化。首先,总结全球化的变动趋势以及我国在其中的重要贡献,聚焦近年来"逆全球化"的根本原因、表现形式以及政策导向。其次,结合世界经贸大变局的背景,适时提出我国应对全球化变局的战略思路。包括提出借助"二维四象限"法则重构我国产业链的方法,以及打造以中国为核心的互惠共赢的自贸区网络。

三、我国短期外贸形势分析与预测

(一)外贸总体表现:震荡周期中寻求复苏

图 133 显示了 2022 年初到 2023 年 9 月我国外贸总量的变化趋势,

从图中可以看出,我国外贸在这一时间段经历了先持续下跌再缓慢复苏的震荡。

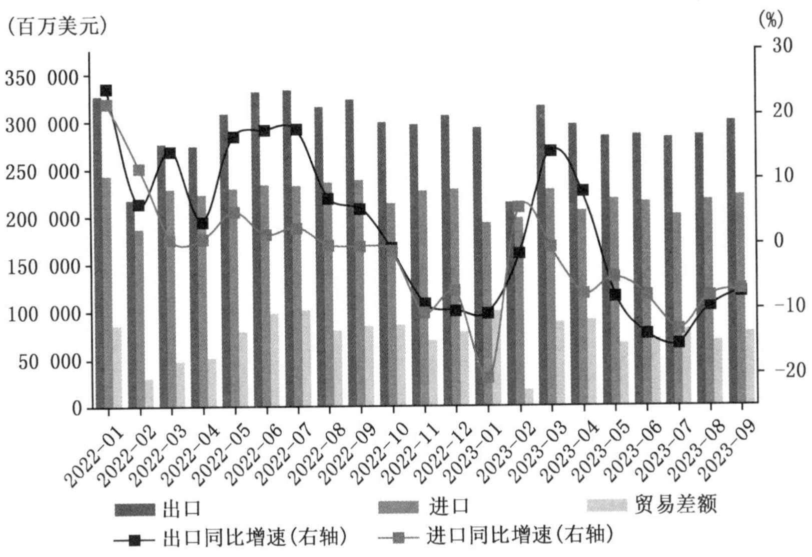

数据来源:CEIC、中国经济数据库。

图 133 2022 年 1 月—2023 年 9 月中国进出口总量及同比增速月度统计

2022 年,“地缘政治风险”与“国际政经格局”对我国进出口贸易的冲击较为明显。具体来看,2022 年初俄乌冲突引发了欧洲的地缘政治危机,导致全球市场不确定性增加,尤其是在能源和原材料市场,这种不确定性导致全球供应链受到影响,物流成本上升,影响国际贸易。我国进出口总量受到明显的负面影响。同时,英国的政治危机和经济衰退也给我国的外贸带来压力。英国作为中国在欧洲的重要贸易伙伴,其内部的政治动荡和脱欧后的经济下滑,加上通胀高企,严重影响了中英之间的贸易往来。尽管我国政府采取了一系列措施来稳定外贸,包括提供出口退税、优化融资渠道、加强与主要贸易伙伴的货币互换协议等,但 2022 年全年我国的进出口表现仍不及预期。

2023 年初,随着经济复苏的进程,我国进出口总量和同比增速都有了明显改善。这表明,随着国内市场需求的回暖、企业生产活动的恢复,以及全球市场对中国产品的持续需求,我国外贸正在逐渐摆脱低迷。

(二)进出口伙伴国(地区)视角:国别(地区)流向多元化

图 134 至图 137 显示了 2022 年初到 2023 年 9 月我国外贸国别(地区)流向的变化趋势。其间,我国进出口市场覆盖了全球主要的经济体和地区,同时展现出一些结构性变化。

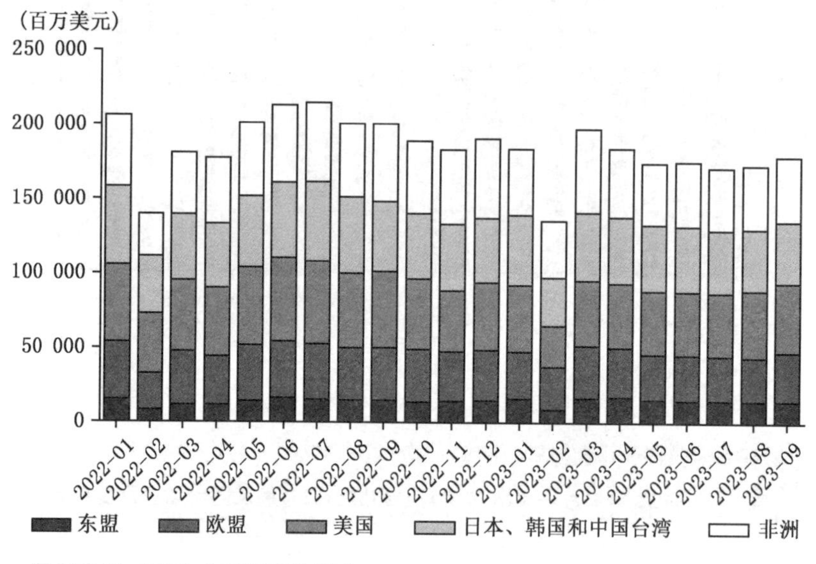

数据来源:CEIC、中国经济数据库。

图 134 2022 年 1 月—2023 年 9 月中国外贸国别(地区)流向出口额月度统计

在出口层面,东盟、欧盟和美国是中国主要的出口市场。其中,与东盟国家的贸易总量在这一时间段增长显著,反映出区域全面经济伙伴关系协定(RCEP)的正式实施带来的关税减让和市场准入的积极效果。此外,我国对非洲国家的出口也呈现显著增长。近年来,我国加强了与非洲国家的经贸合作,也开拓了新的出口市场。

在进口层面,日本、韩国和中国台湾以及东盟国家在我国进口贸易中占据重要地位。日本、韩国和中国台湾在部分关键技术及高端制造领域具有领先优势,如半导体、精密机械、先进材料等。随着中国经济的快速发展,对这些高质量产品和组件的需求不断增加,尤其是在电子产品、汽车、高端制造等产业。这些国家和地区在供应链中的角色对中国的高科技产业和制造业至关重要,通过保持稳定的贸易,也将进一步加强贸易双

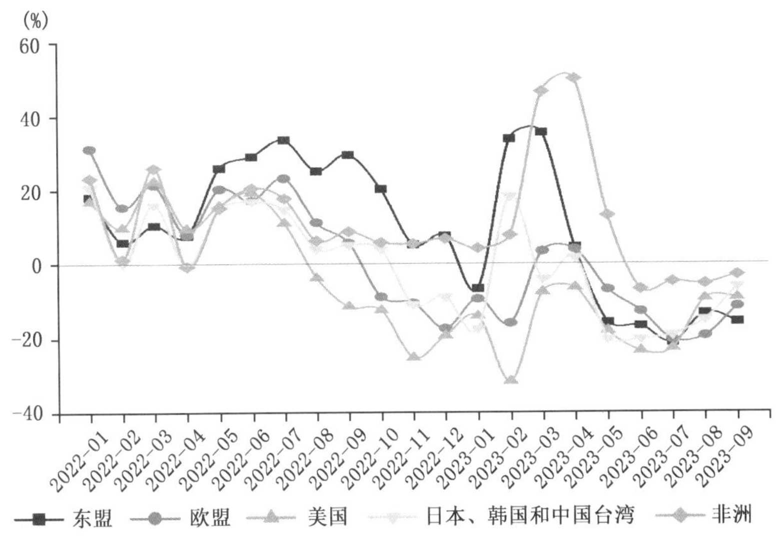

数据来源：CEIC、中国经济数据库。

图 135　2022 年 1 月—2023 年 9 月中国外贸国别(地区)流向出口同比增速月度统计

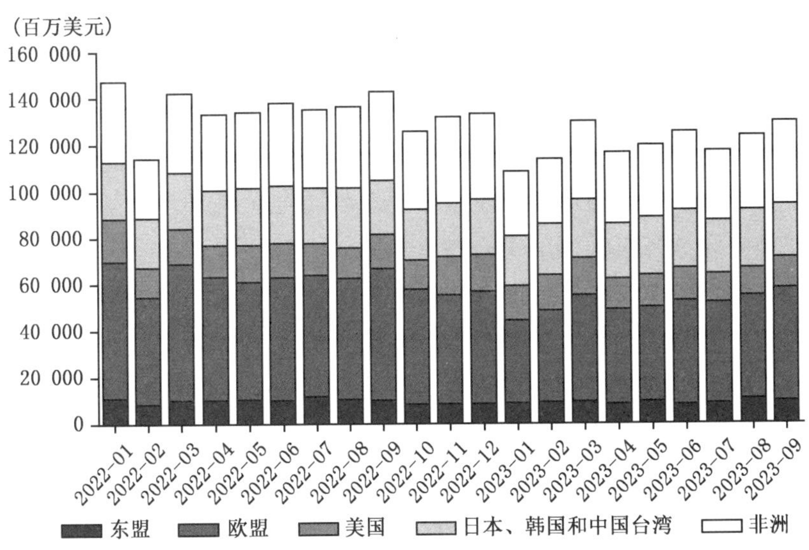

数据来源：CEIC、中国经济数据库。

图 136　2022 年 1 月—2023 年 9 月中国外贸国别(地区)流向进口额月度统计

方在科研和技术引进方面的合作。在该时间段，我国对非洲的进口有显著增长。

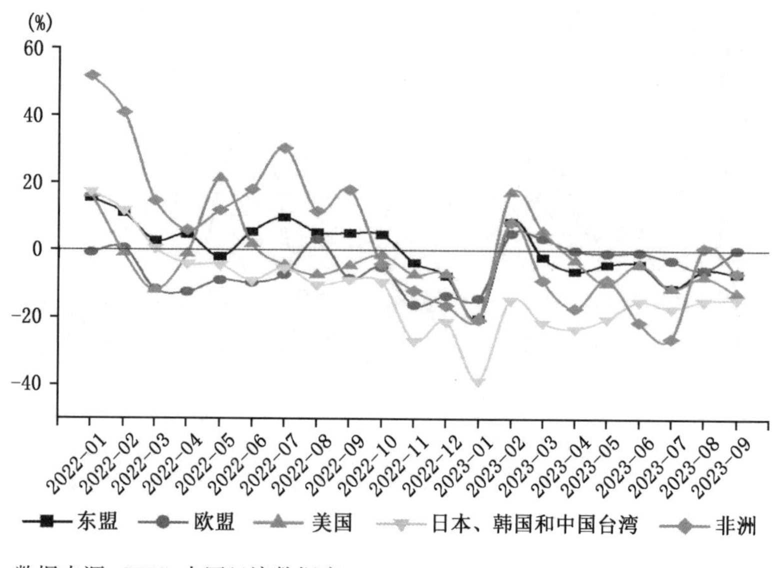

数据来源:CEIC、中国经济数据库。

图 137　2022 年 1 月—2023 年 9 月中国外贸国别(地区)流向进口同比增速月度统计

(三)进出口企业类型视角:外贸主体差异化

从 2022 年初到 2023 年 9 月我国进出口主体的变化趋势来看,我国的外贸主体呈现显著的差异化格局(见图 138、图 139)。国企、民企和外资企业在我国外贸中的角色反映了全球经济与贸易环境的变化,揭示了我国经济转型升级的深层次趋势。

一是民营企业在报告期内的外贸表现最为强劲。这一趋势反映了中国民营经济的活力和创新能力。随着国内市场经济体制改革的推进,民营企业获得了更多的机会和政策支持。特别是在新兴产业和跨境电商等领域,民营企业凭借灵活的运营模式、快速的响应机制和个性化的产品服务,成功抓住了全球市场的需求变化。面对国际贸易环境的不确定性,民营企业通过多元化的市场策略和风险管理,展现出较强的韧性。

二是外资企业也是推动我国进出口增长的重要力量。尽管全球经济环境复杂多变,但这些企业依然能够有效利用其全球化的供应链和市场渠道,调整贸易结构,实现稳定的业务拓展。在政府推进更广泛的市场准入和营商环境改善的背景下,外资企业得以进一步扩大在我国的经营范

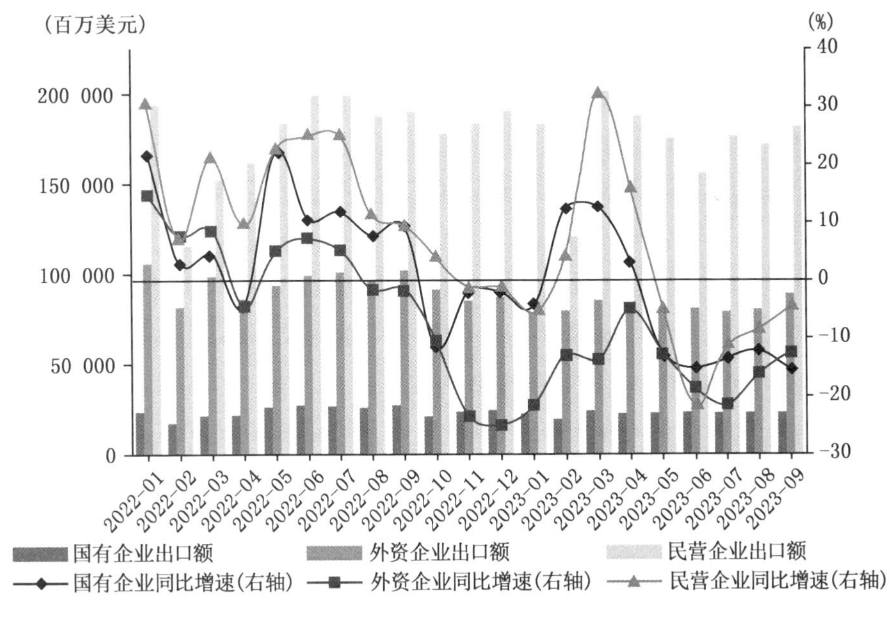

数据来源：CEIC、中国经济数据库。

图 138　2022 年 1 月—2023 年 9 月中国外贸主体出口及同比增速月度统计

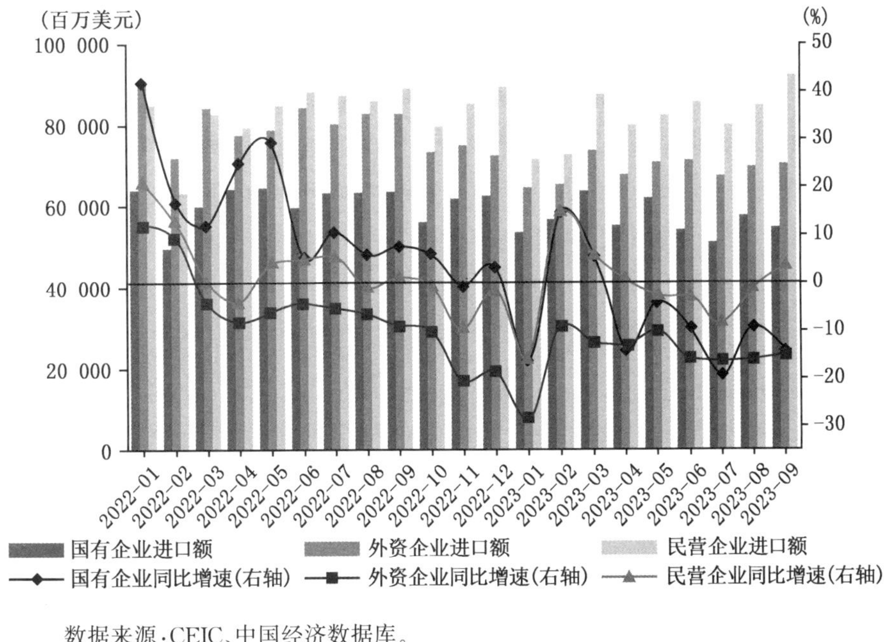

数据来源：CEIC、中国经济数据库。

图 139　2022 年 1 月—2023 年 9 月中国外贸主体进口及同比增速月度统计

围,加强与本土企业的合作,共同开拓国际市场。外资企业在某些关键行业和高附加值领域的投资加大,带动了相关产品的出口。然而,在全球经济格局和贸易关系发生深刻调整的大背景下,我国外资企业进出口也面临着一定的挑战和不确定性。国际贸易摩擦的加剧、跨国公司的供应链调整以及不同国家贸易和投资政策的变化,都可能影响外资企业的进出口表现。

三是国有企业在这段时期内的进出口总量相对稳定,但增长不及预期。一方面,随着国内经济结构的调整和供给侧改革的深入,国有企业正在经历优化和重组,对外贸易的结构也在发生转变,这意味着一些传统的、依赖原材料和低端制造的贸易模式正在被创新驱动和高附加值产品所取代;另一方面,国有企业作为政策性贸易的主要承担者,其运营策略和决策更多地受到宏观经济环境和国际贸易政策的影响。在全球贸易保护主义抬头和国际市场竞争加剧的背景下,国有企业的外贸活动面临着不小的压力和挑战。

(四)进出口主要产品视角:产业转型持续深化

从 2022 年初到 2023 年 9 月我国进出口产品层面的变化趋势来看,我国产业结构转型升级,实现全球价值链攀升的进程。

出口方面,机电产品和高新技术产品在我国出口贸易中占据核心地位(见图 140、图 141)。其中,新能源汽车的同比增速在这一时期表现亮眼,展现出强劲的出口竞争力。这一趋势的背后,是政府持续推动科技创新和产业升级的战略部署,通过增加研发投入、优化产业链结构和加强国际合作来提升本土企业在全球市场的份额。

进口方面,我国对高新技术产品持续保持旺盛的需求(见图 142、图 143)。新冠疫情暴发以来,包括能源、金属在内的多种大宗商品价格经历了前所未有的震荡。俄乌冲突的爆发也对全球能源市场产生了深远影响。我国作为世界上最大的能源进口国,对国际能源供应链的稳定性高度敏感。2022 年,国际原油价格从历史性低点急剧反弹,而钢铁和煤炭等关键工业原材料价格也达到了新高。这种价格波动直接反映在我国的进口成本上。

进一步关注中国服务贸易进出口情况,可以发现,从 2022 年 3 月至

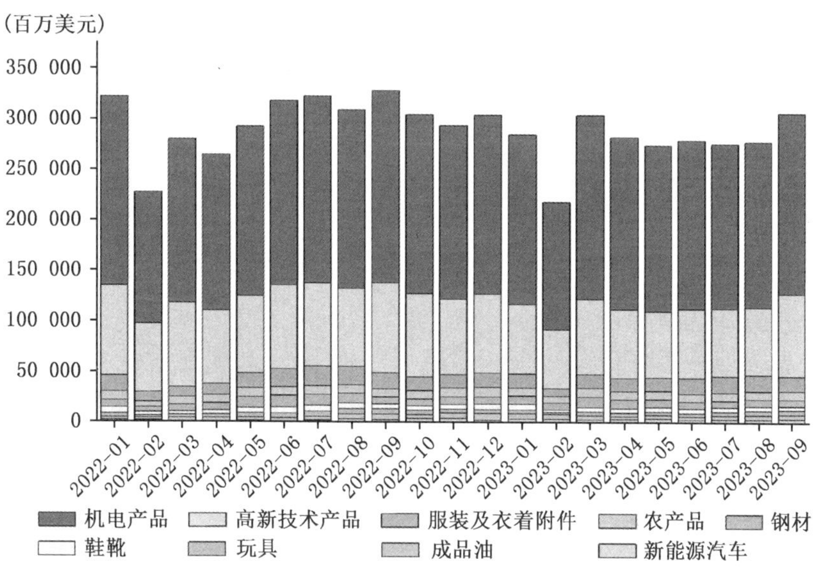

数据来源：CEIC、中国经济数据库。

图 140　2022 年 1 月—2023 年 9 月中国外贸产品出口额月度统计

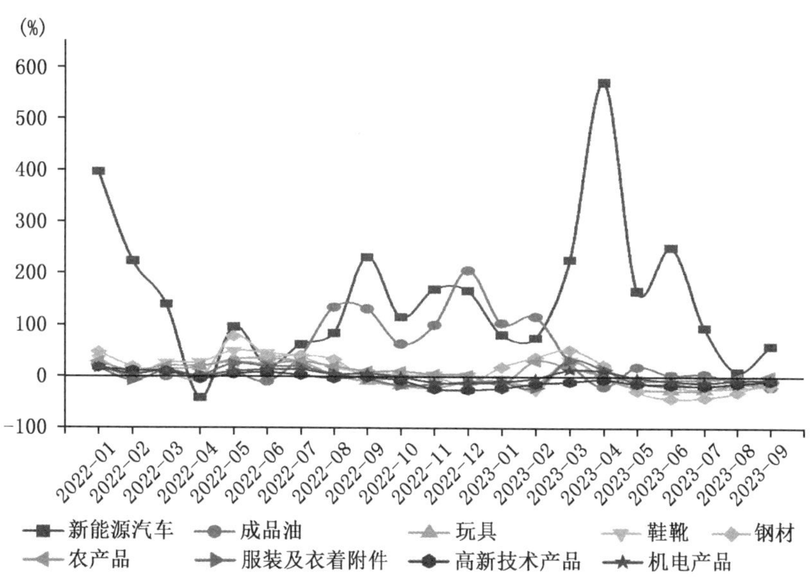

数据来源：CEIC、中国经济数据库。

图 141　2022 年 1 月—2023 年 9 月中国外贸产品出口同比增速月度统计

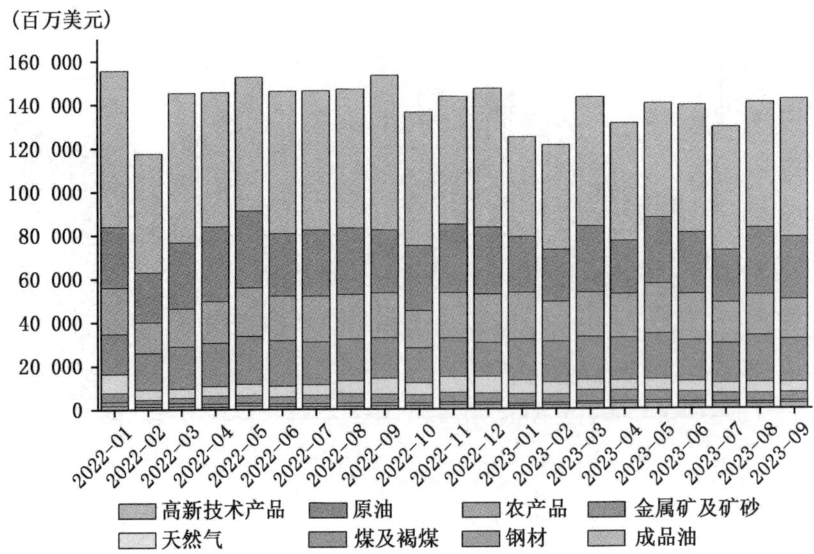

数据来源:CEIC、中国经济数据库。

图 142　2022 年 1 月—2023 年 9 月中国外贸产品进口额月度统计

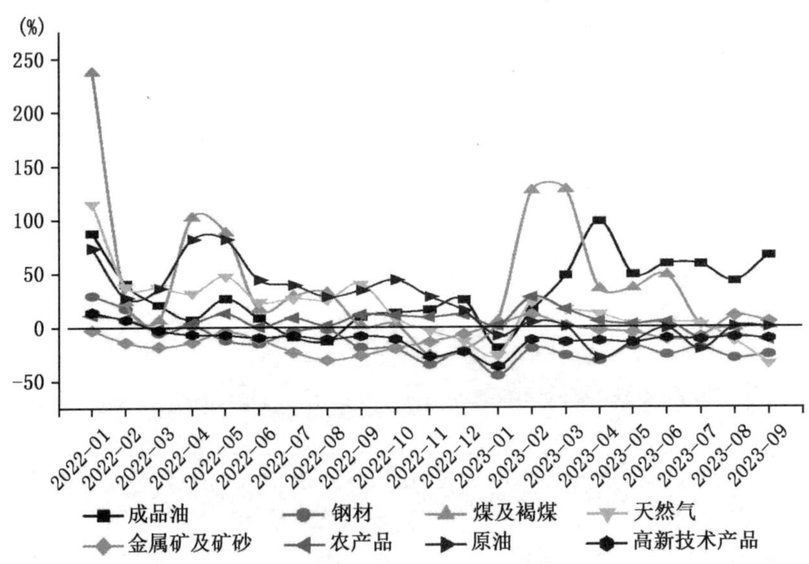

数据来源:CEIC、中国经济数据库。

图 143　2022 年 1 月—2023 年 9 月中国外贸产品进口同比增速月度统计

2023 年 8 月，服务贸易的进口量始终高于出口量，反映了我国市场对全球服务持续的强劲需求（见图 144）。相比上年同期，2023 年疫情防控政策调整后，我国服务贸易进口大幅增长，也体现了国内市场经济活动复苏的态势。

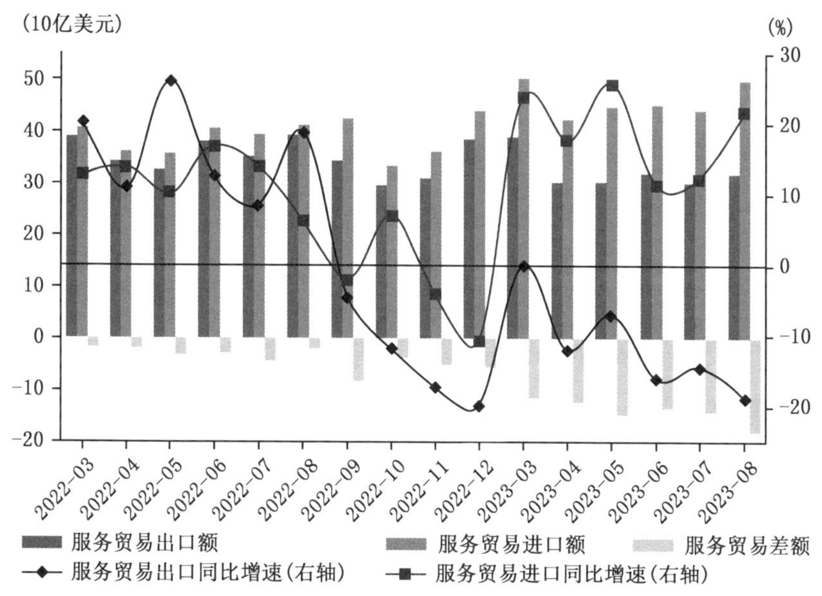

数据来源：CEIC、中国经济数据库。

图 144　2022—2023 年中国服务贸易及同比增速月度统计

（五）进出口贸易方式视角：供应链位置保持稳定

2022 年初到 2023 年 9 月，一般贸易仍然是我国进出口贸易的主要方式，说明在这一时间段，我国在全球供应链的位置保持稳定（见图 145）。

从总量来看，一般贸易始终随着国内外贸易形势变动在高位区间震荡，这说明即使受新冠疫情和地缘政治冲突影响，全球经济形势复杂，但我国整体贸易方式并没有发生大的调整。相比之下，加工贸易作为一种依赖全球供应链的贸易方式，对全球政治经济形势变化的敏感度更高，2022 年由于全球供应链受到冲击，我国加工贸易进出口受到了显著的负面影响。而全球供应链的恢复周期较长，我国加工贸易的复苏也更为乏力。

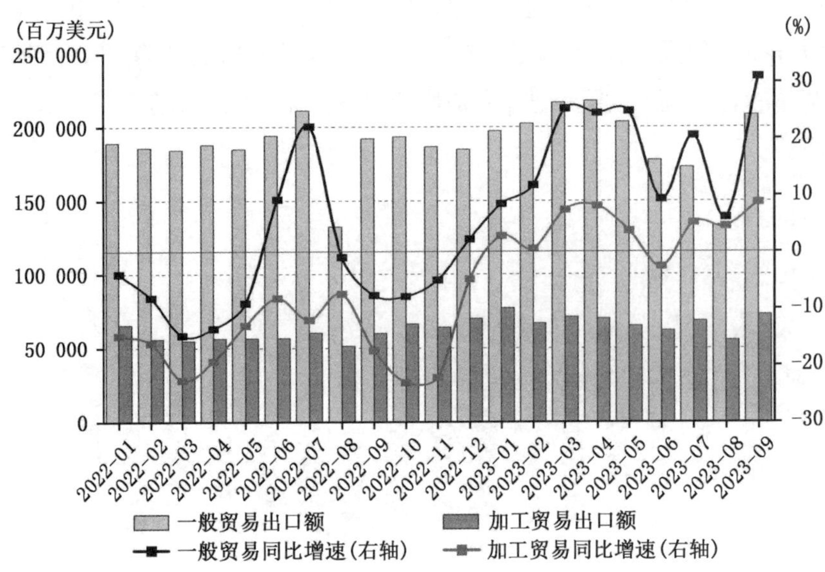

数据来源:CEIC、中国经济数据库。

图 145　2022 年 1 月—2023 年 9 月中国不同贸易方式出口及同比增速月度统计

四、我国中期外贸形势分析与预测

(一)中期外贸形势回顾

过去五年,我国面临的外部环境发生了一系列深刻复杂的变化。2018 年,中美贸易摩擦给我国的外贸造成了负面冲击,使全球产业链供应链呈现区域化、近岸化和本地化趋势。2020 年,新冠疫情加速了全球产业结构的深度调整。在此期间,尽管我国外贸承受了巨大的压力,但展现出强大的韧性,并呈现一些新的特点。

1. 进出口增速回落,但仍维持高位

图 146 显示了 2017—2023 年进出口贸易总额与增速。总体来看,近年来外贸总量始终在高位区间运行,受中美贸易摩擦和新冠疫情影响,从 2019 年开始贸易增速下降,但在 2021 年出现明显反弹,而后逐渐回落。2021 年,我国产业链率先从疫情中恢复,进出口逆势上扬,增长率接近 30%。值得注意的是,这一增长速度是非常态的,随着其他经济体陆续从

疫情中恢复，2022 年外贸增速回落到正常区间。然而，主要贸易伙伴国家（地区）的通货膨胀率居高不下，海外需求持续疲软，加之上年外贸出口基数较高，这些因素共同导致了 2023 年 1—9 月我国进出口总额与上年同期相比均出现了下滑。

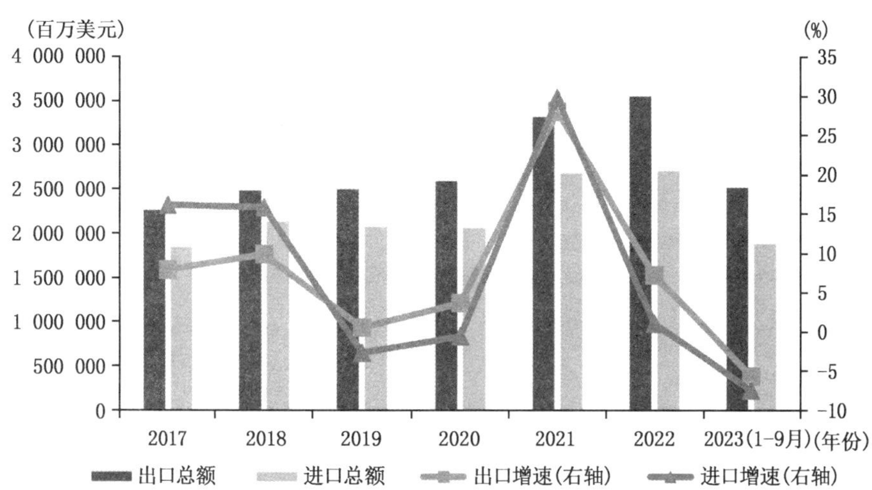

数据来源：海关总署。

图 146　2017—2023 年进出口贸易总额与增速

2. 进出口市场加速调整，新兴市场持续发力

（1）对主要经济体出口情况。

近年来，我国的出口国别（地区）结构发生了显著变化，与主要贸易伙伴的出口增速持续分化（见图 147、图 148）。

总体而言，我国在传统的出口市场，如美国、日本、韩国和中国台湾，出口比重呈现下降趋势，尤其是对美国市场的出口比重跌幅尤为显著，降幅超过 4 个百分点。与此相反，对于新兴市场，如东盟，我国的出口比重大幅提高。2017—2022 年期间，我国对东盟国家的出口增长最快，平均每年增长 14%，东盟占我国出口总值的比重提升 3.4 个百分点。从 2022 年开始，我国对非洲出口保持高速增长。

（2）自主要经济体进口情况。

我国进口市场的结构调整方向与出口市场结构调整方向基本一致（见图 149、图 150）。中美贸易摩擦爆发后，我国对来自美国的部分商品

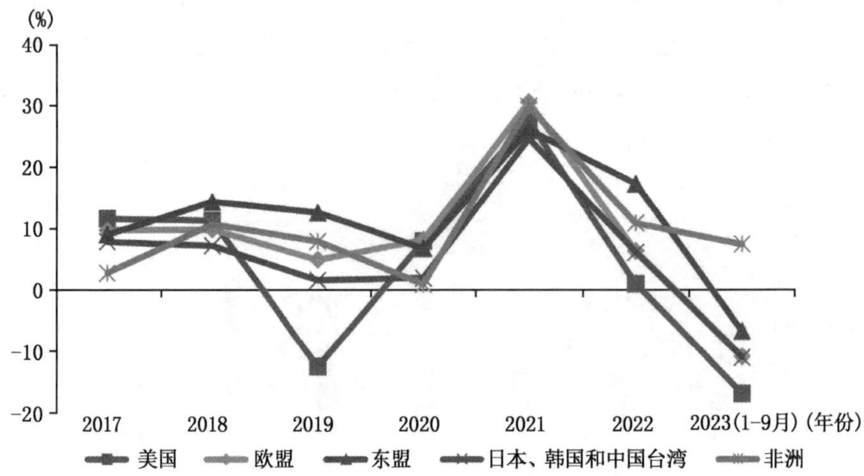

数据来源:海关总署(为保持统计口径的一致性,2020 年及以后的欧盟数据中仍包括英国,下同)。

图 147 2017—2023 年对主要经济体出口增速

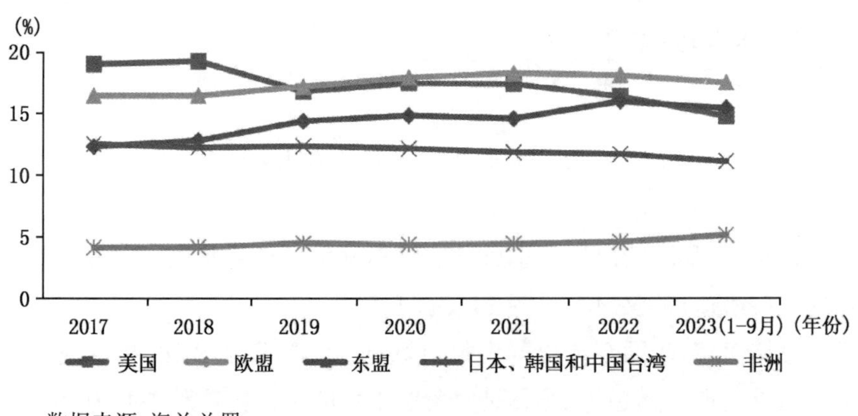

数据来源:海关总署。

图 148 2017—2023 年对主要经济体出口占总出口比重

加征了反制关税,造成了 2019 年从美国进口下降 20%。值得注意的是,我国从日本、韩国和中国台湾的进口也发生了相应下降。

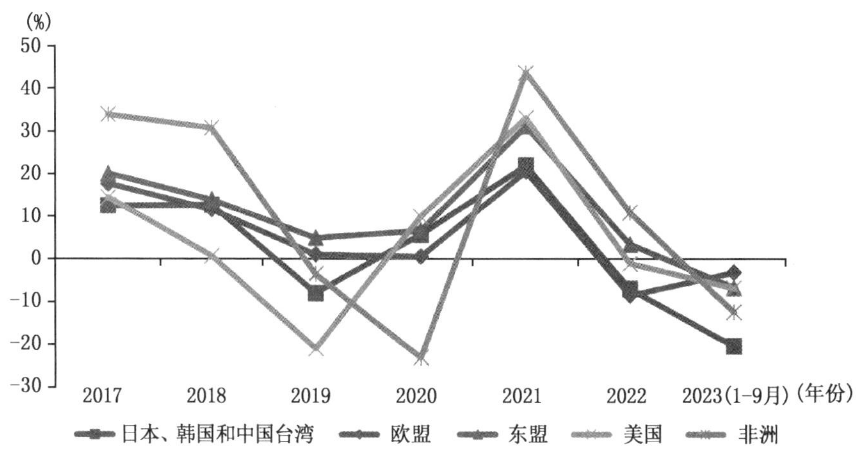

数据来源：海关总署。

图 149　2017—2023 年对主要经济体进口增速

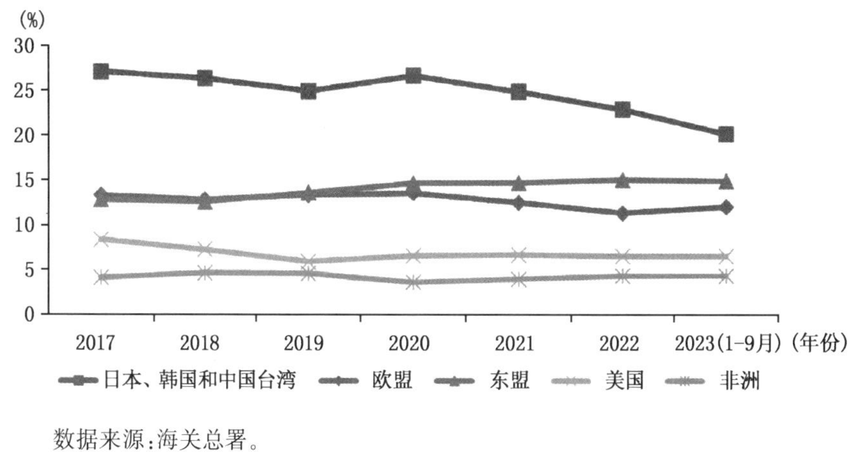

数据来源：海关总署。

图 150　2017—2023 年对主要经济体进口占总进口比重

3. 贸易方式持续优化，一般贸易占据主导

图 151、图 152 分别显示了贸易方式的增速与比重变化。分贸易方式来看，加工贸易出口增速和一般贸易出口增速持续分化，加工贸易出口增速持续低于一般贸易出口增速。总体而言，2017—2023 年，一般贸易占总出口比重增加至 64%，增长了 10 个百分点，而进料加工贸易下降了 11 个百分点，从占比 30%下降至占比 19%，来料加工装配贸易占比并未

发生明显变化。

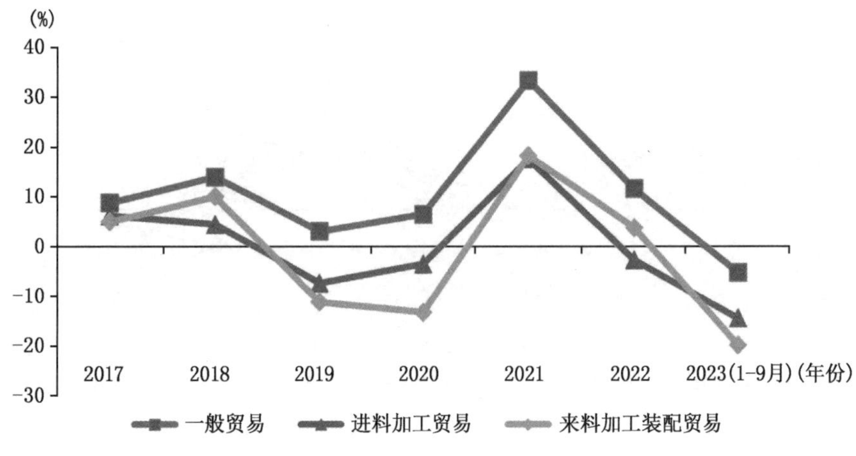

数据来源:海关总署。

图 151　2017—2023 年不同贸易方式出口增速

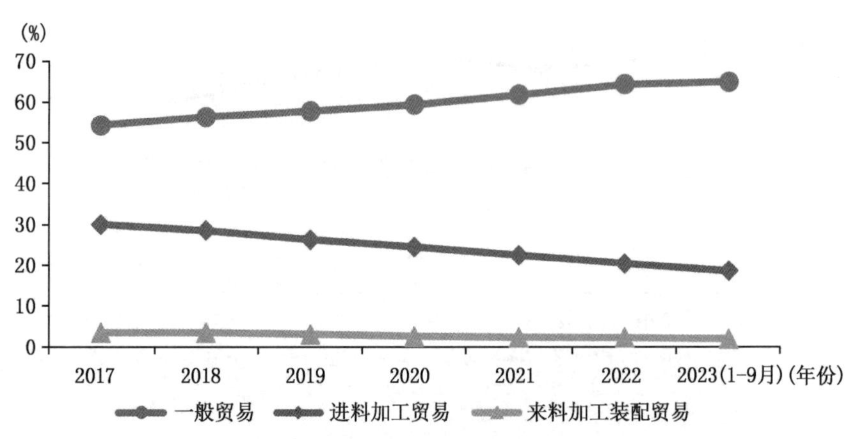

数据来源:海关总署。

图 152　2017—2023 年不同贸易方式出口占总出口比重

4. 出口产品结构优化,中间品贸易回升

图 153 显示了 2016—2021 年制造业中间品出口情况,图 154 显示了 2017—2021 年对不同经济体出口占制造业中间品总出口比重。2018 年中美贸易摩擦爆发后,我国对美国的中间品出口急剧下降。由于日本、韩国和中国台湾与美国有密切的生产联系,因此导致同年中国对上述地区

的中间品出口也经历了同等程度的下滑，最终造成 2018 年和 2019 年制造业中间品出口在总出口中所占比重下滑。2017—2021 年，我国对美国和日本、韩国及中国台湾出口中间品占比下降分别超过 5 个和 4 个百分点，这也从侧面反映出中国与美国和日本、韩国的生产存在“脱钩”的风险。

然而，随着我国企业开始将部分生产环节重新配置到东南亚和拉美地区，我国对这些地区的中间品出口开始急剧增加。具体来看，对东盟国家的中间品出口份额大幅上升，从 2017 年的 10%上升至 2021 年的 15%。我国与东盟国家的产业优势具有互补性，伴随着部分产业链转移到东盟国家，促进了我国机械设备和中间品的出口。随着生产环节的重新配置，自 2019 年起，中间品出口在总出口中的比重开始稳步回升。

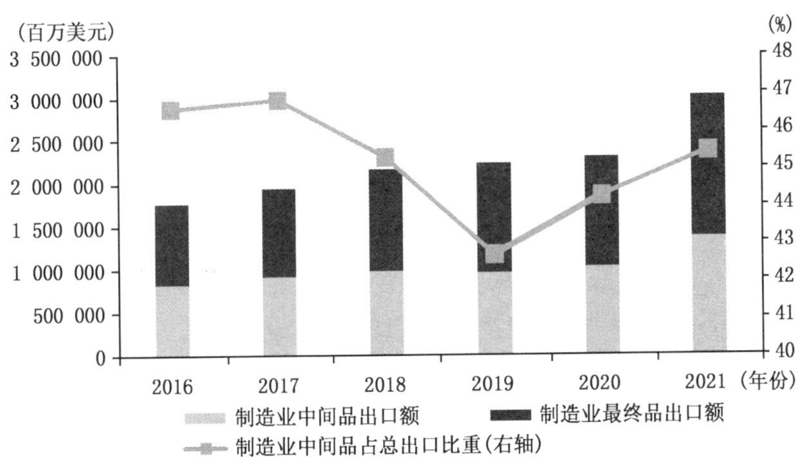

数据来源：UIBE GVC 数据库。

图 153　2016—2021 年制造业中间品出口情况

5. 服务贸易继续复苏，服务贸易逆差减小

图 155 显示了 2017—2022 年中国服务进出口总量及增速。近年来，服务贸易经历了先降后升的过程。新冠疫情大流行阻碍了人员和服务的跨境流动，对服务贸易进口产生了严重的负面影响，2020 年服务贸易进口下降 24%；但对服务贸易出口的影响较小，服务贸易出口与上年同期基本持平。在复苏过程中，服务出口的回升速度较快，服务出口与服务进口的差距从 2017 年的 2 395 亿美元缩小到 409 亿美元。

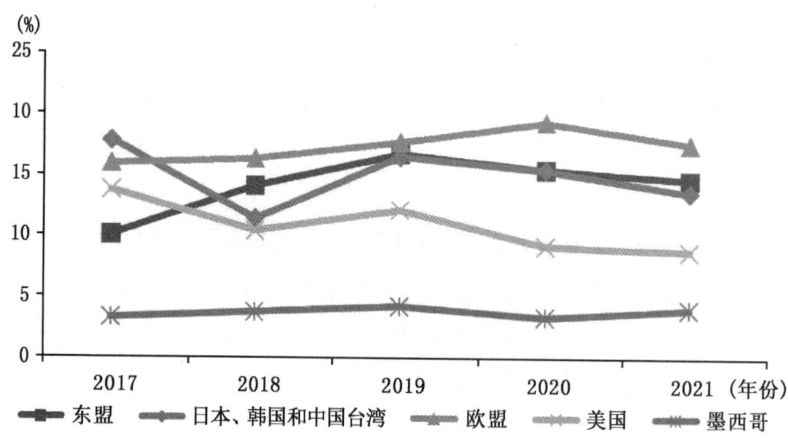

数据来源:UIBE GVC 数据库。

图 154　2017—2021 年对不同经济体出口占制造业中间品总出口比重

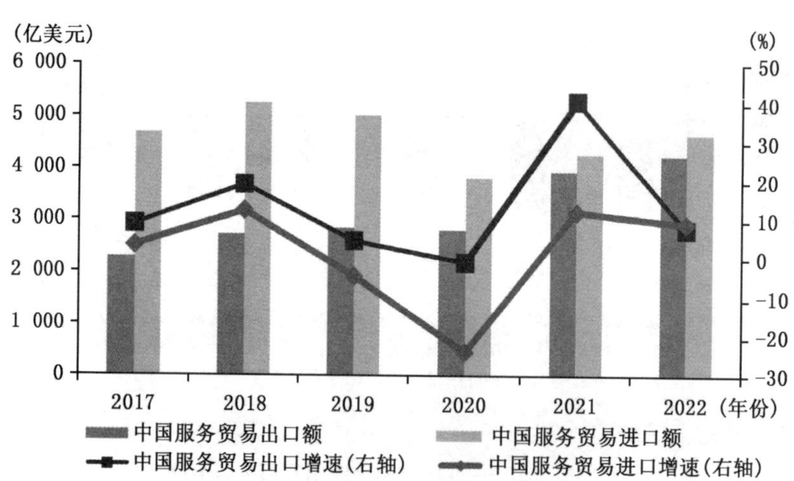

数据来源:商务部。

图 155　2017—2022 年中国服务进出口总量及增速

(二)中期外贸形势解读

受新冠疫情和俄乌冲突的影响,全球货物贸易陷入衰退。2020 年,在外部形势复杂严峻的情况下,我国成为全球唯一实现货物贸易正增长的主要经济体。再叠加中美贸易摩擦的负面冲击,中国外贸承压前行,彰显较强的发展韧性。中国外贸的强韧性主要来源于以下几个方面：

1. 全球生产贸易网络对负面冲击的缓解作用

中美贸易摩擦爆发后，面对美国对中国产品加征的高额进口关税，企业可以通过将生产环节转移到东盟或墨西哥等国家来降低贸易摩擦带来的冲击。这些第三国作为中国与美国之间的中间缓冲国家，从中国进口中间产品或半成品，经过加工组装满足原产地要求后，再将产品出口到美国。得益于中国在全球生产网络中的核心地位，中国企业可以相对灵活地调整生产布局来抵抗关税增加的负面冲击。

生产环节的跨国转移可以直接体现在对外直接投资数据中。图 156 显示了 2017—2022 年中国对墨西哥和越南的直接投资情况，图 157 显示了 2017—2022 年中国对主要经济体对外直接投资流量占比。受中美贸易摩擦影响，2018 年中国对墨西哥的投资增长 123%。此外，中国对越南的直接投资也保持高速增长，2018 年和 2019 年的增长率均在 40%以上。由于中国与越南等东南亚国家地理位置接近，产业链配套较为完善，因此以越南为代表的东南亚国家也是中国进行产业转移的重要目的国。整体来看，2017—2022 年东盟国家占当年对外投资流量的比重从 9%上升到 11.4%，增加了 2.4 个百分点。

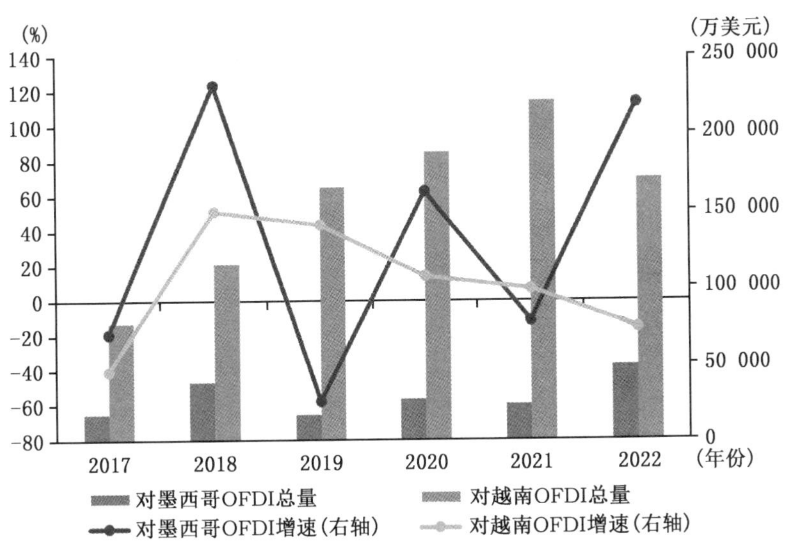

数据来源：《对外直接投资统计公报》。

图 156　2017—2022 年中国对墨西哥和越南的直接投资情况

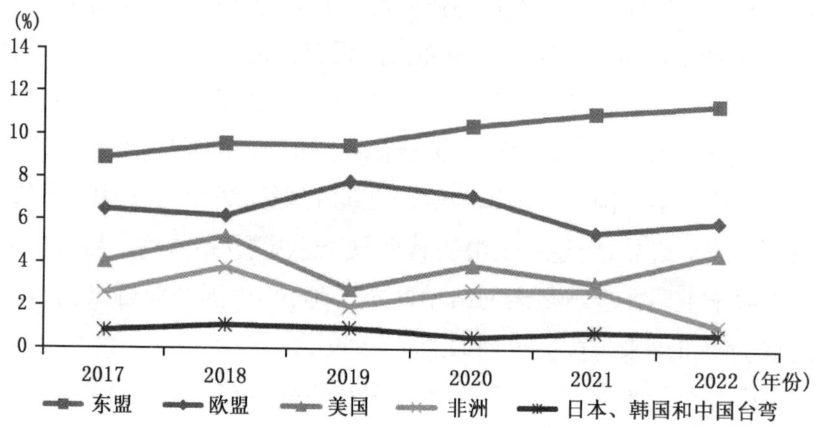

数据来源:《对外直接投资统计公报》。

图 157　2017—2022 年中国对主要经济体对外直接投资流量占比

伴随着中国对越南和墨西哥的投资增长,这两个国家占美国的进口比重也相应增加。图 158 展示了 2017—2022 年越南、墨西哥占美国进口的比重。2018 年中国对墨西哥进行了大量投资,当年墨西哥占美国进口比重开始增加,由于投资转化为贸易存在一定的时间滞后性,所以 2019 年墨西哥占美国进口的比重上升了 0.7 个百分点。越南方面也存在类似的趋势,2018—2020 年中国对越南的投资保持较高的增长速度,对应着越南占美国进口比重的快速上升,当中国对越南的投资增速回落时,越南占美国进口比重的上升速度也相应变缓。这说明在一定程度上,中国企业通过对东南亚和墨西哥等国家的投资来替代部分直接对美国的出口。Xue(2023)的最新研究也指出,面对特朗普的关税政策,有更大潜力替代中国对美出口的国家会经历更高的外国直接投资增长。①

虽然中国企业通过对外直接投资替代了部分出口,但是,伴随着部分生产环节转移到东盟和墨西哥,中国也逐渐成为这些国家的重要上游中间品供给国。图 159 显示了其他国家使用来自中国的增加值占外国增加值的比重。尽管很多企业在海外增资设厂,但仍需从中国进口关键的生产原材料和中间品,因此,中国与上述国家的生产联系日益密切。这也意味着,上述国家对美国的出口中含有越来越多来自中国的增加值。2018

① Sifan Xue. Trade Wars with FDI Diversion. 2023.

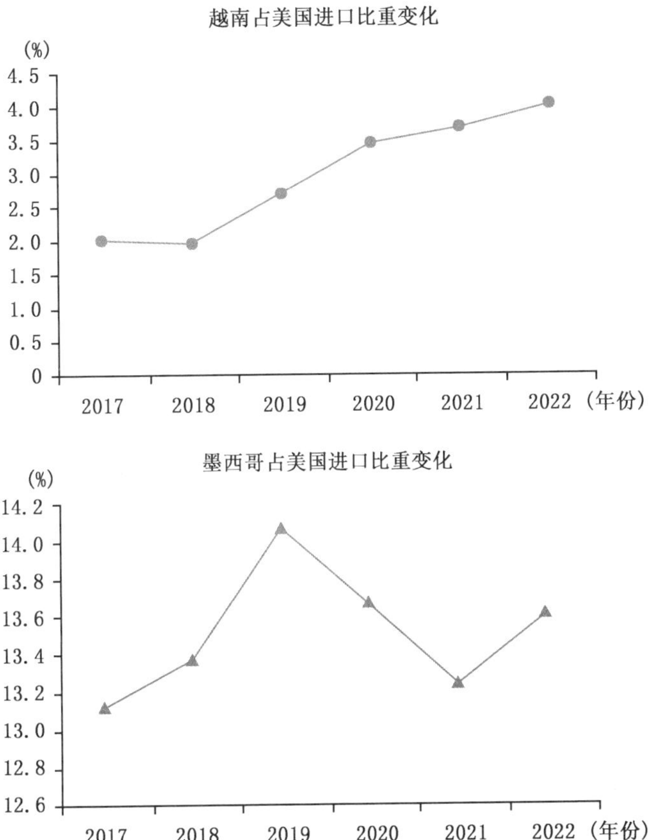

数据来源：UN Comtrade。

图 158　2017—2022 年越南、墨西哥占美国进口比重

年中美贸易摩擦爆发后，中国在东盟国家使用的国外增加值中的占比迅速上升，东盟对美国的出口中来自中国的增加值比重从 2016 年的 16% 上升至 2021 年的 27%。中国在墨西哥使用的国外增加值中的占比也大幅增加，增幅为 7 个百分点。尽管中国与美国之间的直接贸易联系有所减少，但通过越南、墨西哥等中间国家的间接贸易联系不断加强，这表明中国从上述国家对美国出口中的获益迅速增加，进一步表明现有的生产贸易联系提高了中国的出口韧性。

图 160 显示了受美国加征关税影响的产品贸易情况。对于受到美国加征关税影响的产品，2020 年相对于 2018 年中国对美出口减少约 400 亿美元，同期，中国对东盟出口增加约 531 亿美元，而东盟对美国出口增

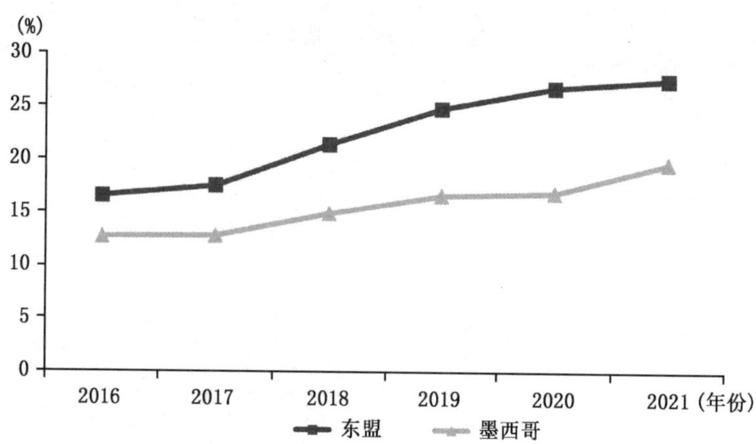

数据来源:UIBE GVC 数据库。

图 159　其他国家使用来自中国的增加值占外国增加值的比重

加约 454 亿美元。中国对东盟出口与东盟对美国出口之间的强相关性也表明,虽然中国与美国之间的直接贸易联系减少,但是通过东盟等中间国家的间接贸易联系在不断加强。

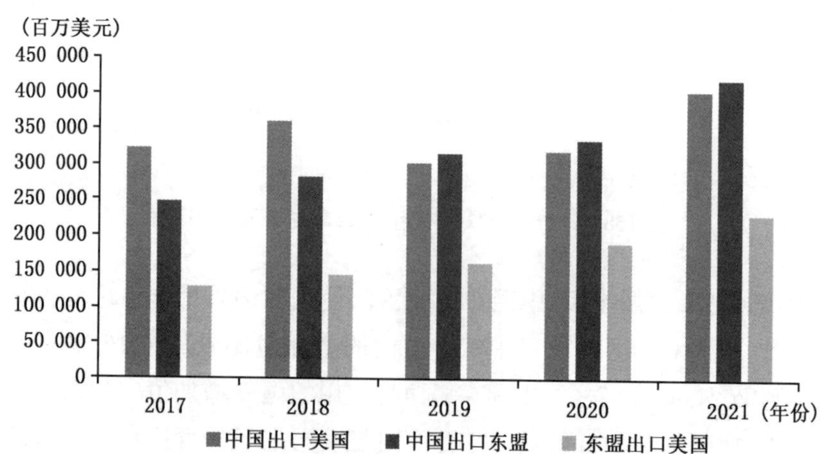

数据来源:UN Comtrade。

图 160　受美国加征关税影响的产品贸易情况

2. 跨境电商对负面冲击的缓解作用

近年来,中国在积极推动跨境电商等外贸新业态,跨境电商逐渐成为中国出口的新引擎。截至 2022 年底,中国跨境电子商务综合试验区数量达 165 个，覆盖 31 个省区市，有效助力我国外贸稳规模优结构。图 161 显示了跨境电商进出口总量与占比。新冠疫情暴发使得线下消费受阻，从而推动了线上购物的需求，跨境电商出口也随之迅猛增长，2020 年增长 36%，2022 年跨境电商出口额接近 2019 年的两倍，在总出口中的比重也不断上升。但跨境电商进口规模保持平稳，占总进口比重略微下降。

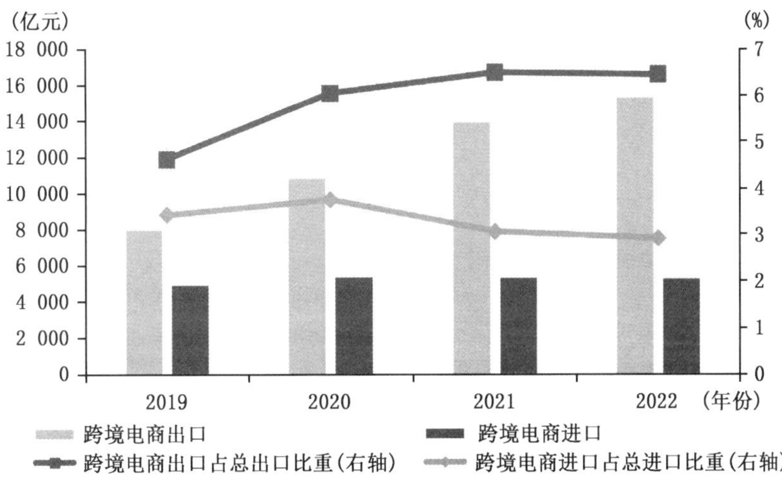

数据来源：海关总署。

图 161　跨境电商进出口总量与占比

在中美贸易摩擦爆发后，越来越多的中国出口商通过跨境电商平台进行零售出口来降低贸易战关税的负面冲击。美国对于低值小额商品入境专门设置了微量贸易规则，该规则指出，价值不超过 800 美元的商品可以免关税入境，这一金额基本涵盖了大部分生活消费品。对于那些以小包裹的形式从中国直接寄往美国消费者的商品可以免受贸易战关税影响，这在一定程度上缓解了中美贸易摩擦带来的负面效应。

图 162 显示了通过微量贸易规则出口美国的情况。基于美国海关与边境保护局提供的微量贸易价值数据，估算得到了中国通过微量贸易规则出口美国的规模变化。2019 年通过微量规则进入美国的价值接近 2018 年的两倍，这是因为 2019 年美国再次对约 1 120 亿美元的商品加征关税，这些产品大部分是最终消费品，如玩具、衣服和鞋靴等，这激励了更多中国出口商通过微量贸易规则向美国出口。2020 年微量贸易价值仍继续增加。

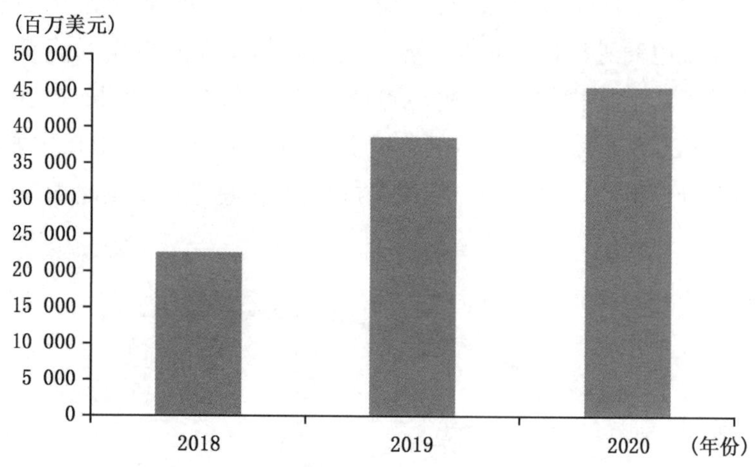

数据来源:美国海关与边境保护局。

图 162　通过微量贸易规则出口美国的情况

图 163 显示了中国与美国报告的双边贸易数据。通过微量贸易规则对美国出口增加可以部分解释近几年中美贸易数据不一致现象。考虑到进口价值相较于出口价值还包含运费保险费以及中国香港的转口贸易，多年来美国报告的自中国进口高于中国报告的对美国出口，且两者之间的差额保持稳定。然而，由于通过微量规则进入美国的商品价值没有纳入美国的官方进口统计，但包含在中国的出口统计中，因此随着中美贸易摩擦后，这一方式变得越来越重要，美国报告的自中国进口与中国报告的对美出口之间的差额逐渐缩小。

五、世界经贸中长期格局与中国应对

(一)世界经贸新格局的形成与演化

冷战结束后，世界经济进入一个快速全球化的时代。其特点是国际贸易和跨国投资自由化，产品生产全球化，交通、信息和通信技术便利化。在这个过程中，国际贸易在经济增长中发挥决定性作用；全球支柱性产业经历了从制造品贸易到全球化生产布局；全球价值链体系形成和不断完善，国家间分工越来越细化，跨国公司在全球经济中的比重不断提高，主

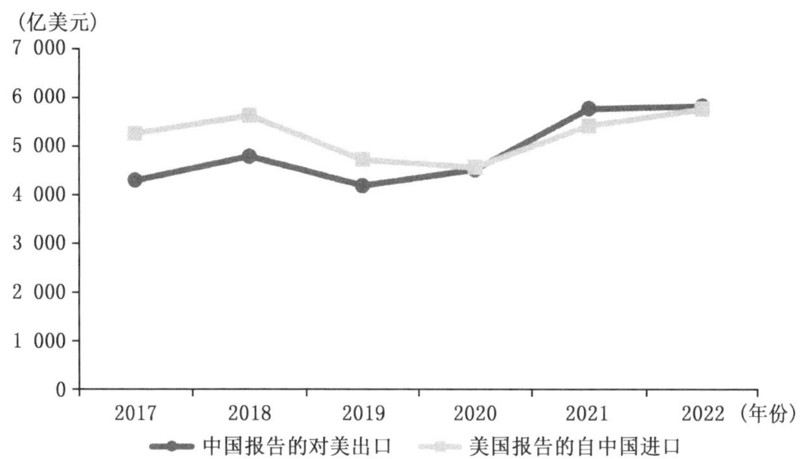

数据来源:UN Comtrade。

图 163　中国与美国报告的双边贸易情况

导了全球价值链和国际生产体系的构建。

1. 全球化与中国崛起

第一,国际贸易占全球经济的比重不断上升,全球化不断深化。1990年以前,全球化的主要推动力量为全球关税下降,产业间贸易得到长足发展。此后,交通、信息和通信技术迅猛发展,加速了资源和生产要素参与全球化生产;大量区域贸易协定签订,关税和非关税壁垒进一步下降,产业内贸易逐渐成为主流。图 164 显示了近三十年间贸易占全球生产的比重,可以看出,尽管金融危机、疫情冲击、贸易保护主义抬头等不确定性因素给全球化造成负面冲击,时至今日全球经济依然处于前所未有的全球化巅峰。

第二,价值链分工不断深化,中间品贸易成为国际贸易的主导,跨国公司成为价值链塑造的中坚力量。从国际生产体系的表现来看,伴随着信息和通信技术的飞速发展以及冰山成本的不断下降,各国贸易自由化程度逐渐加深,全球价值链、供应链体系逐步建立和加强;产业内贸易不断细化,各国的比较优势从产品间的技术和要素优势,转变为碎片化生产下特定工序的细分比较优势;中间品贸易占贸易总产值不断提升,碎片化生产逐渐成为世界经济合作的重要模式,越来越多的国家通过价值链生产融入世界生产与贸易一体化之中。从国际生产体系的主导力量来看,

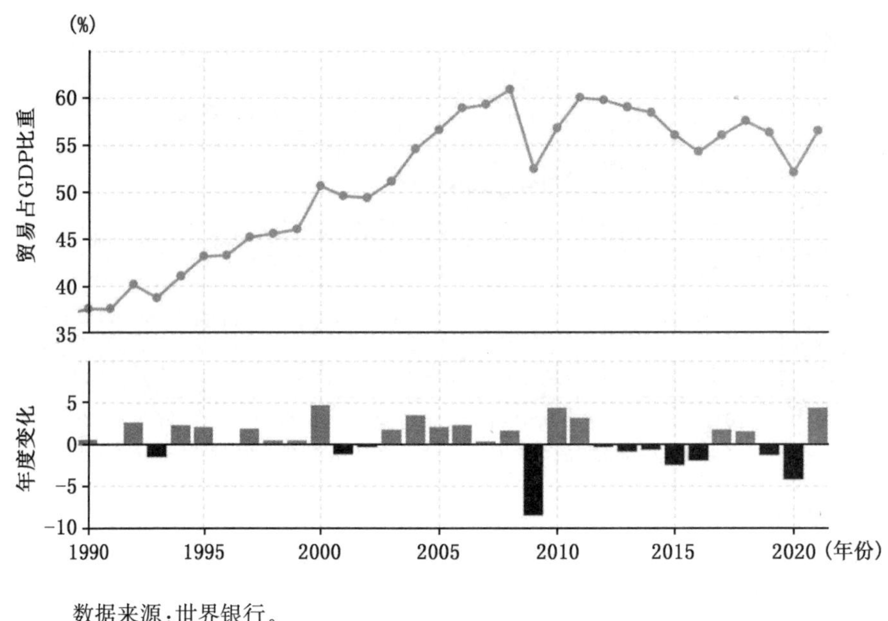

数据来源:世界银行。

图 164　1990—2020 年世界贸易占 GDP 比重

跨国公司成为主导全球价值链生产配置的中坚力量,引领全球生产的革新。图 165 显示了近年来全球价值链生产的变革,中间品贸易对于总贸易的贡献率不断提升,全球价值链生产在世界经济生产格局中占据越来越重要的地位。

第三,在全球化的时代背景下,中国经济迅速崛起,正在成为全球制造业的中心和全球贸易的中心。从总量上看,自 2001 年入世以来,中国对外贸易的增幅超过了全球贸易规模的增幅,贸易市场份额显著扩大。2001 年,全球的货物贸易出口总额为 6.16 万亿美元。2020 年,全球货物贸易出口达到 17.07 万亿美元,年均增速为 5.5%。同期,中国的货物贸易出口从 2 661.6 亿美元增加至 2.6 万亿美元,年均增幅为 12.7%。中国出口的全球占比也从 4.3%大幅提升至 15.2%。从产业发展来看,中国广泛地参与世界生产中,已经成为世界上最大的中间品进口国。2019 年中国进口中间品占世界总量的 14%,2020 年中国制造业增加值为 3.85 万亿美元,占全球比重近 30%。中国凭借国内统一大市场和完善的全产业链配置,逐步成为全球价值链发展的重要引擎,成为全球价值链稳定的"压舱石",为稳定全球产业链供应链做出重要贡献。图 166 为全球

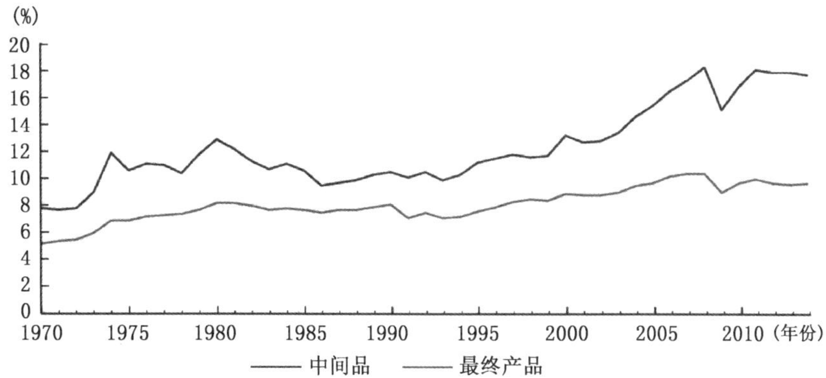

数据来源：Carstens（2019），Overview Panel：Global Market Structures and the High Price of Protectionism。

图 165　1970—2014 年全球中间品贸易占比变动

贸易网络的变迁，从图中可以看到，世界经济主要由三个区域性贸易网络集合构成：以美加墨自贸区为代表的北美经济贸易区、以德国为中心的欧盟贸易区以及亚洲贸易区。而中国在加入 WTO 后逐渐占据亚洲贸易区的中心位置，并不断加强各贸易区之间的贸易和经济往来，成为各贸易网络集团链接的重要纽带。

2. 世界经贸新格局

世界百年未有之大变局与世纪疫情交织，单边主义、保护主义抬头，经济全球化遭遇逆流。各种新旧问题与复杂矛盾叠加碰撞、交织发酵；局部动荡不断，国际政治、经济、科技、文化、安全等领域风险积聚，“黑天鹅”事件频发；全球经济与贸易处于动荡变革期，经济不确定性加剧。国际贸易在摩擦中发展将会成为未来世界经济渐进式发展的主旋律，其根本原因在于，国际贸易对于各国经济发展中的地位越来越重要，国家间福利分配不断变动，贸易政策逐渐成为大国间政策博弈的手段以及影响国内产业政策的主要抓手。其表现形式为，各国的产业政策和贸易政策可能向着本地化的趋势演进，全球价值链的分工收缩，多边贸易磋商面临瓶颈。政策导向为各国将更多地采取区域贸易协定的形式加强贸易与产业联系。

第一，国际政治博弈影响深化，全球贸易摩擦愈演愈烈。中国的崛起给以美国为首的西方世界带来了巨大冲击，包括中国贸易竞争加剧了各

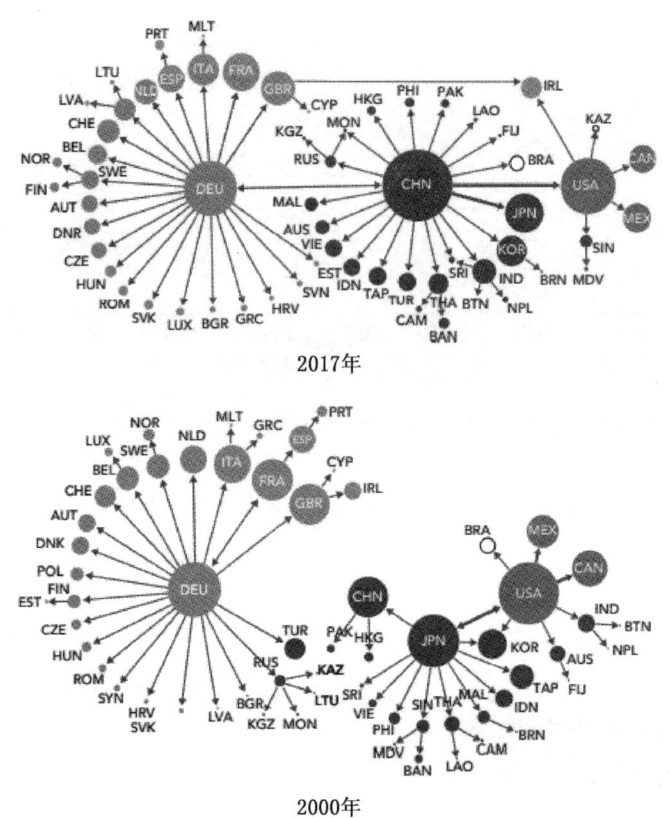

数据来源:《全球价值链发展报告 2019》。

图 166　全球贸易网络变迁

国收入分配的不平等;对中国制造业的依赖程度加深,引发各国对于产业安全的考量;甚至在中国日益重视的科技、金融、半导体国际规则制定等领域的垄断地位也受到了前所未有的冲击。因此,触发美国等采取逆全球化和遏制中国的策略来阻挠甚至打断中国的发展进程,导致中美关系的恶化。贸易摩擦是其重要抓手,特朗普为巩固农业州和“铁锈带”的关键选票,对农业和制造业实施贸易保护,拜登上台后,即使对华策略有所调整,但依旧延续战略遏制意图。持续的中美贸易摩擦又造成了国际贸易的失衡和动荡,大国之间的竞争进入中长期冲突和对抗格局。

第二,全球产业链布局由“效率至上”向“安全至上”转变,“多中心化”格局初步显现。中美冲突持续给国际贸易带来了不确定性,这是自冷战结束以来国际贸易格局的最根本性变化。全球价值链分工将收缩，产业链和供应链将趋向本地化、近邻化和多元化，尤其是在安全要求比较高的领域。新冠疫情和俄乌冲突也在加剧国际关系的不确定性。疫情从短期来看，阻碍全球供应链运行；从长期来看，或将提升各国对供应链安全的需求，同时推进数字贸易的发展。

第三，以 WTO 为代表的多边贸易协定日益弱化，区域性贸易协定蓬勃发展。多哈会议停摆后，以 WTO 为代表的多边合作协议发展缓慢，全球一体化进程的推动主要依赖于区域贸易协议。近几十年来全球区域贸易协定的广度和深度均在不断加强，双边与区域合作意愿更强，新型贸易秩序加速建立。区域贸易协定数量的激增成为全球价值链生产的重要驱动，较低的协定关税保证了中间品能够以较低的贸易成本反复跨越关境进行生产，加强了各国的贸易往来，增进了产业链协作关联，增强了贸易与政治互信。贸易和生产上的关联性增强进一步促进了主要经济体贸易磋商、签订区域贸易协定，从而实现了区域贸易协定与经济全球化的良性循环发展。

3. 中国应对的优势

在面对世界经贸新格局下，中国有理由保持一定的信心。中国超大规模市场优势是加快形成国内国际市场深度融合的支撑，也是国内国际双循环相互促进的基础。中国超大规模单一市场奠定了中国作为制造业核心地位的基础，不仅人口多、面积广、经济总量大，而且产业体系完整、需求层次丰富、高速增长、不断升级，成全球唯一拥有全部工业门类的国家。中国的优势主要体现在以下几个方面：

第一，中国制造已然形成规模经济，成本优势强劲。中国在短期内无法被取代全球制造中的世界工厂地位，最根本的原因在于中国的规模优势。规模本身会带来成本的优势，成本优势又能够维持大规模的优势。2021 年，中国制造业增加值占全球比重近 1/3，连续 12 年全球位居榜首。制造业依赖于规模经济，生产规模越大，平均成本越低。规模本身会带来成本的优势，成本优势又能够维持大规模生产的优势。所以，中国是遥遥领先的世界制造业第一大国，从规模上来说，短期内难以被替代。

第二，中国处于世界制造业的核心地位，全球价值链韧性高。中国的制造业占全球制造业的比重，2018 年是 28%，占全球贸易的比重为

15%,占全球制造业的比重则更高;美国占全球的16%。所以,中国是遥遥领先的世界制造业第一大国,从规模上来说难以被替代。

第三,劳动年龄人口比重大,社会工程师红利显现。中国的人口结构随着经济社会发展,确实出现了很多深刻变化,但人口总量依旧保持较大规模,尤其是劳动年龄人口近9亿人。最新数据显示,劳动年龄人口的平均受教育年限已经达到10.93年。我国接受高等教育的人口有2.4亿人。所以,虽然人口数量有所下降,但是人口质量改善速度更快,这就为中国经济高质量发展提供了很好的人力资源保障。

第四,其他国家对于中国的替代性不强。美国再工业化未达到预期效果。美国"再工业化"战略难以从根本上打破商品消费增长的瓶颈,并且受国际竞争加剧、产业政策不连贯以及过度发展服务等因素的影响,美国"产业空心化"问题依然严峻,其国内生产制造不能完全替代中国。其他如越南、墨西哥、印度等国家,近年来有承接部分中国制造的趋势,然而这些国家的体量较小,如越南制造业规模仅占中国的1%、墨西哥制造业规模约占中国的5%、印度制造业规模约占中国的10%。在市场规模上,这些国家也无法取代中国的地位。所以,在中短期内暂未有国家能够替代中国制造业。

(二)世界经贸新格局中的中国应对

1. 在高质量发展中统筹开放与安全,重构自主可控产业链

构建新发展格局是中国在新的国际形势下,重新求解开放与安全之间的平衡点的结果。一方面,新发展格局强调以内循环为主体,强调科技自立自强和产业链供应链自主可控。这是因为在百年未有之大变局的影响下,国与国之间的关系发生了深刻的变化,尤其是主要大国之间的关系。中国在芯片等高科技领域,面对其他国家"卡脖子"的风险不断上升,而这些领域对国民经济的安全与发展来说又是至关重要的。因此,有必要重新调整这些领域的对外依存度,提高中国的自给自足或自主可控程度。另一方面,减少对外依存,在中短期内是要付出经济代价的,有可能损害中国的发展利益。因此,只有在那些安全需求相对比较高的领域,才有必要付出这样的代价。在那些不涉及国民经济命脉的领域,或者中国本来就具有优势的领域,中国仍然应该继续扩大开放来保障经济效益和

发展空间。最后，发展、开放与安全三位一体，相互促进，密不可分。安全是开放和发展的前提，发展为安全提供保障，开放为发展创造有力条件，发展为开放提供动力。有管制、有保护、有偏向的全球化依然具有全球化的特征。

图 167 按照自主安全的迫切程度以及目前对外依赖度，将各主要行业划分为四个象限，用以清晰地展现当前国际经贸形势下，中国各重要行业的基本态势。维度一为安全要求，即各行业在生产网络中的上游度、技术网络中的上游度以及作为涉及国家安全的战略行业被强调的程度。维度二为进口依赖度，用于反映目前中国在多大程度上依靠对外开放以及嵌入全球价值链来发展各个行业。将两个维度结合起来，可以将中国主要行业按照其在当前国际经贸格局下的形势分为六个类别：

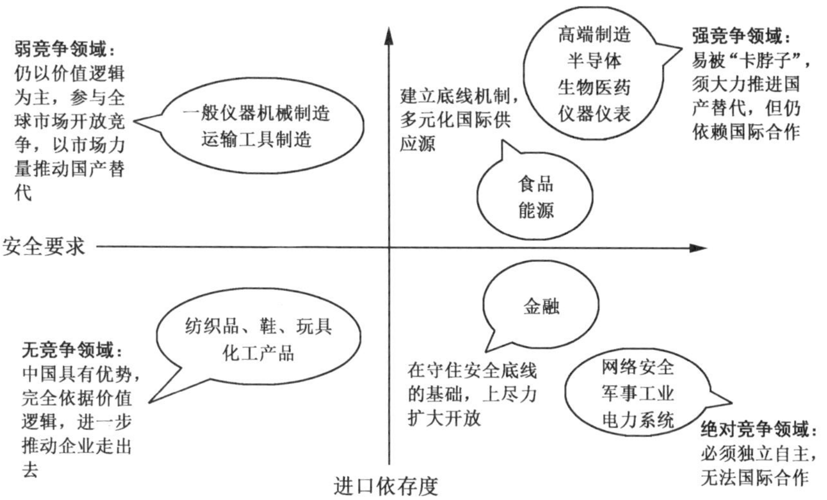

图 167　主要行业自主安全要求和进口依存度格局

第一，军事工业、网络安全和电力系统为安全要求等级最高的领域，需要独立发展，基本没有国际合作的可能。在这些领域中，加大研发投入、巩固自主成果、完善自主体系是基本思路。

第二，高端制造、半导体、生物医药以及仪器仪表制造为强竞争行业，中国在这些关键领域有较强的自主安全要求，需要发展国产替代以防范被“卡脖子”，但目前仍需依赖国际市场，短期内无法完全实现自主安全。在这些领域，大力推动国产替代作为安全备份，是重要的策略方向。以国产替代作为安全备份应对极端情形,而在正常环境中继续依靠全球合作实现发展,是高端制造、半导体、生物医药以及仪器仪表制造这类行业在当前国际经贸格局下继续发展的可行思路。

第三,食品和能源行业我们由于资源禀赋限制,对外依赖度较高。这些行业是大量行业的上游,是国计民生的关键。但与高端制造等行业不同,这些行业产品进口来源比较多元化。在当前国际经贸格局下,我们需要继续巩固和推进这些行业的多元化国际供应源体系,分散风险,并通过海外投资尽力强化对上游资源的控制。这些综合的措施强化构建我们食品和能源的底线保障体系,保证我国的安全稳定。

第四,金融行业涉及系统性风险,也是很多行业的上游行业,对自主安全有较高要求。而目前受到制度约束,我国金融体系对外依赖度较低。但金融行业本质上是流通行业,其发展离不开全球金融体系下的融通和竞争;而我国的发展阶段以及在世界经济体系当中地位的持续提升也决定了我国金融体系必将日益开放。在这种行业特点和发展趋势之上,发展金融行业和人民币国际化面临的是守住安全底线、防范系统性风险以及持续开放,增强国际竞争力之间的协调与平衡发展。

第五,一般制造业以及交通运输工具制造业在自由主义全球化阶段形成了相当发达、各国深度融合的全球价值链体系。这些行业在自主安全的要求上相对较低,而对外依赖度较高,是典型的中美之间弱竞争行业。这些行业在当前国际经贸形势下,仍然应该以商业价值逻辑为基础,深度参与国际合作与竞争,依靠市场力量提升我国企业的国际竞争力。

第六,我国具有比较优势,对外依赖度低,且自主安全要求的产业,如劳动密集型的纺织、鞋、玩具,以及环境消耗型的化工。对这些产业更要充分遵循商业价值逻辑,大力推动对外开放和全球价值链深度融合,对于遵循价值规律的正常企业外迁也无须过度干预,依靠市场的力量准确定位和充分发挥我国的比较优势。

2. 打造以中国为核心的自贸区网络,构建合作共赢的命运共同体

实施区域贸易协定战略不仅是世界各重要经济体加强贸易合作、推动贸易开放的主要途径,而且已然成为我国参与世界经济、推动多边合作的重要内容。我国要在自贸区建设中体现"互利共赢"的理念,推动我国与世界各国、各地区共同发展,合理优化自贸区布局将成为构建自贸区网

络的战略性前提。未来推进自贸区网络构建的可能方向有：

第一，进一步提升中国在贸易网络结构中的轮轴国地位，加快建立围绕中国的“轮轴—辐条”网络。轮轴国地位的提升意味着我国开放市场给贸易伙伴带来的特惠权利以及贸易利得越大。当前，中国已经是“一带一路”沿线国家贸易网络中最大的轮轴国。中国应结合“一带一路”沿线国家贸易网络的动态发展变化趋势，利用自身庞大的内需市场，加快建立围绕自身的“轮轴—辐条”个体网体系，强化在“轮轴—辐条”体系中的轮轴国地位。扩大中国的总进口，同时增加进口来源多样性，从而稀释某一特定进口来源国的牵制；在扩大出口的同时，避免出口目的地过于集中，均有助于提升中国相对其他国家的轮轴度。

第二，用好用足现有协定深化区域合作，探索新建自贸区的可能性。借助中国—东盟自贸区、RCEP 等区域贸易协定的制度化安排，密切协定伙伴国之间的上下游关系，促进区域价值链融合发展，保障区域内产业链供应链安全。此外，重点与中东欧、非洲国家和中南美国家探索新建自贸区的可能性。根据贸易相关文献的研究，“轮轴—辐条”结构中的轮轴国地位具有自强化效应，其他贸易伙伴担心其贸易利益在网络中因边缘化而受损，会有意愿与之签署贸易协定，这进一步促进了贸易协定的扩张。

第三，主动对接高标准国际经贸规则，为制度型开放提供政策保障。高质量和高标准是当前国际经贸规则发展的重要趋势。以往的开放主要是“边境开放”，旨在通过降低双边关税和非关税壁垒促进货物贸易、降低投资壁垒。高标准的制度型开放涉及一国的国内经济政策、产业政策、竞争政策、政府采购和知识产权保护等。因此，需要破除深层次体制机制障碍，推进国家治理体系和治理能力现代化。不仅如此，我国还需要发挥负责任大国作用，参与和推进国际经贸规则的完善，支持开放、透明、包容、非歧视性的多边贸易体制，推动经济全球化朝着更加开放、包容、普惠、平衡、共赢的方向发展。

第四，推进和完善对外工作布局，积极打造对外开放的交流平台。要坚持推动构建人类命运共同体，秉持互利共赢的合作观，构建新型国际关系，推动国际秩序向更加公正合理的方向发展。充分利用国际化交流平台，不断扩大对外开放，深化与“一带一路”合作伙伴交流合作，以共建“一带一路”推动形成陆海内外联动、东西双向互济的全面开放新格局；实施自由贸易试验区提升战略,加快建设海南自由贸易港,推动共建“一带一路”和自贸港建设战略联动,发挥好改革开放综合试验平台作用;发挥进博会国际采购、投资促进、人文交流、开放合作等平台作用,打造进博会高质量、高水平的品牌优势,持续放大进博会溢出带动效应。

六、结语

本专题旨在考察中国面临的国际经贸格局重大变化以及应对措施,主要特征事实和应对建议如下:

我国对外贸易稳中向好。从短期来看,我国外贸呈现震荡中复苏的态势。外贸结构不断调整,主要表现为国别流向多元化、外贸主体差异化、产业转型持续深化以及供应链位置稳定化。从中长期来看,在贸易总量方面,我国外贸保持高位运行,逐步占据亚洲贸易区的中心位置,在全球价值链分工中占据主要地位。在产业结构方面,我国全球产业链的调整趋势逐步加强,我国对东盟、欧盟和非洲的出口保持增长态势,部分贸易和中间品加工转移至拉美和东盟国家。在增长动力方面,服务贸易复苏较快,持续增长。跨境电商在总出口中的占比不断上升,已经成为我国出口的新引擎。

我国面对的外部环境发生重大变革。从世界经贸新格局的演化来看,自由化依然是世界经济的主旋律,但是呈现了从自由主义全球化转向有管制、有保护、有偏向的全球化时代。全球产业链重构倾向于本土化、近邻化和分散化,区域性的价值链将得到强化,这会推动区域经济一体化的发展。各国产业政策的基本倾向是从市场价值逻辑的效率至上转变为同时强调分配平等与保护就业,对商品、资本以及技术的跨国境流动实施策略性的管制。中国受短期地缘政策波动和较为长期的贸易摩擦的影响,贸易在波动中增长,在结构转型中强化了以自身为支点的区域价值网络,在全球贸易网络中的地位显著上升。

在此背景下,我国提出了形成国内国际双循环相互促进的新发展格局的战略要求。这既是对当前国际局势变化的一种应对措施,也是根据中国自身发展阶段做出的自然调整。在当前经贸新格局之下,我国重构产业链的基本思路是平衡发展、开放与安全三者之间的关系,利用“二维度四象限法”，根据“自主可控”“对外开放”平衡的原则进行产业链重构。调整经济全球化布局的主旨是，把过去在客场进行的、以出口为主要特征的经济全球化升级为以利用我国庞大内需为主要特征的“主场全球化”战略模式。稳固提升中国在亚洲贸易圈的地位，深化和拓展区域合作，对接高标准经贸规则实现制度型开放，参与和推进多边协作的贸易开放体系。

（执笔人：朱林可，鲍晓华，王子）

专题六

积极应对国际金融市场的风险与挑战，服务经济复苏与高质量发展

2023 年人民币汇率面临多维挑战与机遇：(1)外汇市场近期的波动，需要充足的逆周期调节措施；(2)面对资本流动压力，需要更加积极的资本市场改革与外资吸引策略；(3)数字支付的新蓝海前景下，继续推动数字人民币的国际化与金融风险管理；(4)对未来的风险与不确定性，政府需要坚定不移地保持开放、维护市场信心。这四个方面的政策响应将展现中国在全球经济不确定性中推动稳定与高质量发展的决心。

一、人民币汇率

2023 年，我国外汇市场在极为复杂的外部环境下展现了坚实的稳定性。尽管全球经济面临诸多风险和挑战，我国外汇储备规模在一定程度上有所下降，但总体上保持稳定。根据国家外汇管理局最新公布的数据，截至 2023 年 9 月末，我国外汇储备规模为 3.12 万亿美元，虽然较年初的 3.18 万亿美元有所下滑，但大体保持稳定。

2023 年人民币兑美元汇率经历了明显的贬值，后趋于稳定(见图 168)。2023 年第一季度，人民币兑美元汇率经历了一些波动。1 月，人民币汇率延续了 2022 年第四季度的回升趋势，其中，1 月 9 日人民币兑美元在岸汇率较前一交易日升值了约 1.28%。整个第一季度，人民币兑美

元的平均汇率为6.85。第二季度，特别是5月和6月，人民币兑美元汇率出现明显的贬值，在这两个月里，汇率从7.002 2升至7.173 4。第三季度，人民币兑美元汇率在7月中旬出现了一定的回调，但整个7月和8月的汇率波动则相对较小。进入9月以后，直至10月13日，人民币兑美元汇率表现出一定的稳定性；9月的平均汇率为7.303 8，而10月（截至13日）的平均汇率为7.307 7。

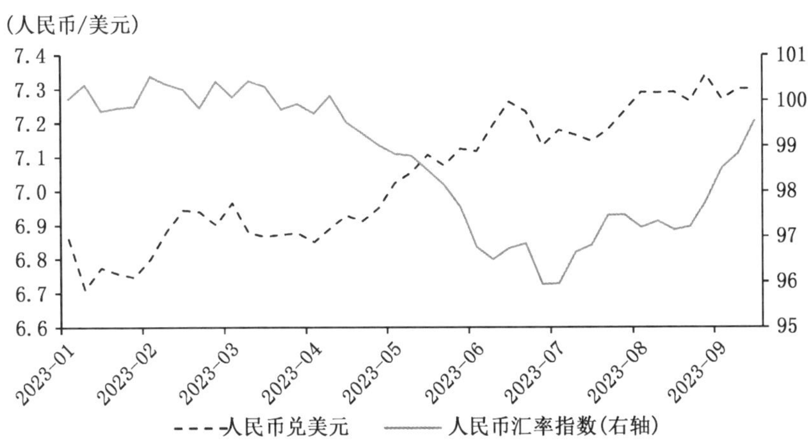

数据来源：Wind。

图168　2023年人民币兑美元和CFETS人民币汇率指数

自2023年7月中旬以来，CFETS人民币汇率指数短短两个多月上涨了3.8%，回到年初水平。然而，与美元汇率相比，人民币在同期贬值2.4%。这种反向变动表明，在强势美元的背景下，人民币与其他非美元货币相比并不弱。

尽管在2023年中，全球经济复苏步伐不一，加之国际大宗商品价格大幅波动，外部环境的不确定性和不稳定性明显增加，我国外汇市场经历了一些波动，我国经济的强大韧性和潜力支撑了外汇储备的总体稳定。相信央行将继续密切关注外汇市场的动态，并依据国内外经济发展的实际情况，采取适时的策略和措施，确保我国外汇市场的稳健运行。

人民币汇率的走势若使用人民币无本金交割远期外汇交易衡量可知，由于一年远期汇率低于即期汇率，这反映了中美利差的分化（见图169）。在2023年，联邦基金利率呈现加息的态势，远期外汇交易价格表

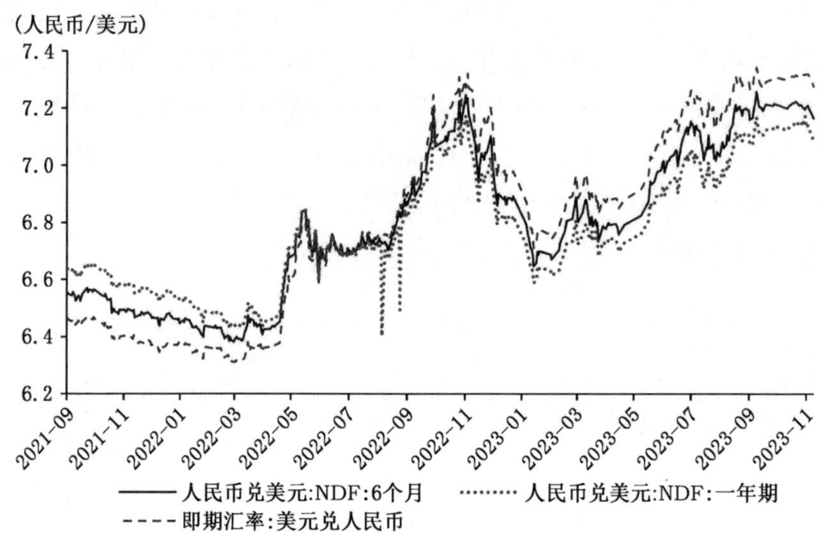

数据来源:Wind。

图 169 人民币无本金交割一年期远期汇率

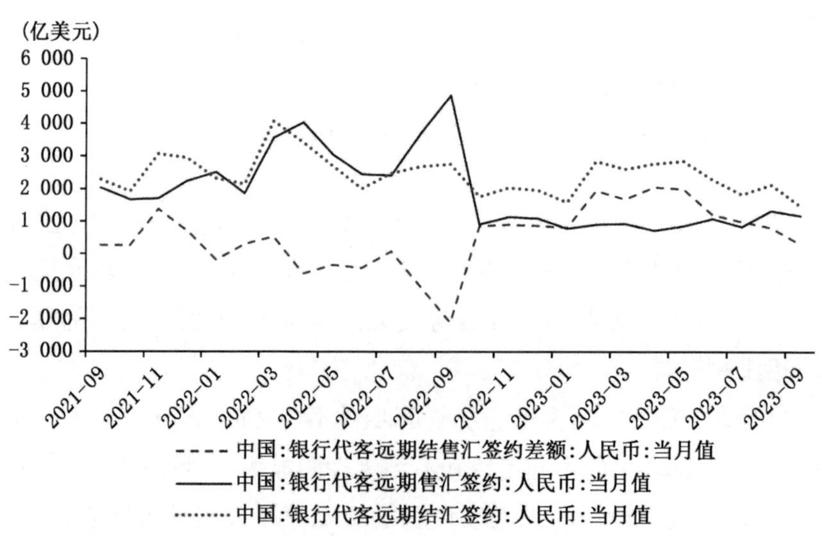

数据来源:Wind。

图 170 远期结售汇

达出人民币相对于美元的明显贬值。2023 年 8—10 月,远期外汇交易价格趋向稳定。同一时期,远期结售汇业务需求明显下降,显示升/贬值预期均不强，从侧面反映了人民币汇率预期趋于稳定（见图 170）。总的来说，在这段时间里，美元加息标志着美元整体上变得更有吸引力，但是远期外汇交易价格的波动仍然受到其他多种因素的影响，包括中国和全球的经济前景、贸易状况、政策变动和预期等。当前，外部环境复杂性、不确定性加剧，世界经济增长预期放缓，国际金融市场波动性较大，仍要注意人民币未来可能出现的挑战。

从人民币汇率的短期波动看，中国经济形势、中美货币政策、美元走势、地缘政治影响以及全球经济发展会对汇率走势产生直接影响。

（一）国内经济复苏、汇率调控工具充足

进入 2023 年，中国经济继续保持复苏和增长的势头，第三季度 GDP 同比增长 4.9%，体现了国家宏观政策的有效调控和国内外经济环境的积极变化。在这一背景下，中国人民银行继续坚定实施稳健的货币政策，保持货币供应量和社会融资规模增速与名义经济增速基本匹配，为实体经济的恢复和发展提供了有力的金融支持。结构性货币政策工具的运用得到了进一步强化，尤其是对小微企业、科技创新和绿色发展等重点领域的金融支持，体现了货币政策在促进经济结构优化和高质量发展方面的积极作用。在维护国内价格稳定和防范系统性金融风险方面，中国人民银行也取得了明显成效。2023 年 9 月，居民消费价格同比持平，环比上涨 0.2%，在全球高通胀的大背景下，中国的物价形势保持了基本稳定，为企业和居民的生产生活提供了有利的条件。

2023 年内，中国政府两次采取降低中期借贷便利（MLF）利率的措施，最近一次是在 2023 年 8 月 15 日，一年期 MLF 较上一期下降了 15 个基点。这一政策调整表明，中国正在积极采取逆周期调节措施，以应对当前的经济挑战。市场普遍认为，3 个月内 MLF 两次下降，表明政府的力度加大，释放出积极的政策信号，有助于推动经济回升。8 月，中国制造业采购经理指数（PMI）的新订单指数升至 50.2%，这是自 4 月以来首次回到景气区间。这一数据表明制造业活动有所改善，为经济增长提供了支持。此外，中国人民银行行长潘功胜在国际货币基金组织（IMF）年会上发表讲话，宣布经济增长取得改善，青年就业明显改善，总体就业状况保持稳定。这些积极的沟通和数据有望增强投资者对中国市场的信心，

鼓励他们加大对中国的投资。

面对国际政治经济的复杂变化和国内经济运行中的多重挑战,中国人民银行表示将进一步完善以市场供求为基础、参考一篮子货币进行调节的有管理的浮动汇率制度,保持人民币汇率在合理均衡水平上的基本稳定,为国内外经济交易提供了良好的外汇条件,也为国际投资者提供了有利的市场预期。中国人民银行特别强调"稳定预期,坚决防范汇率超调风险"。

外汇储备规模总体稳定。自 2023 年以来,我国外汇市场运行总体平稳,境内外汇供求保持基本平衡。国际金融市场上,受主要国家货币政策预期、地缘政治局势等因素影响,美元指数大幅上涨,全球金融资产价格显著下跌。我国外汇储备规模整体呈下降态势,从 2023 年初的 3.18 万亿美元降至 2023 年 9 月的 3.12 万亿美元。外汇储备/M2 这一比例呈现下降趋势。2022 年 10 月,该比例下降至 8.32%左右。在 2023 年 1—8 月的时间范围内,这个比例在 7.77%～8.04%之间波动(见图 171)。

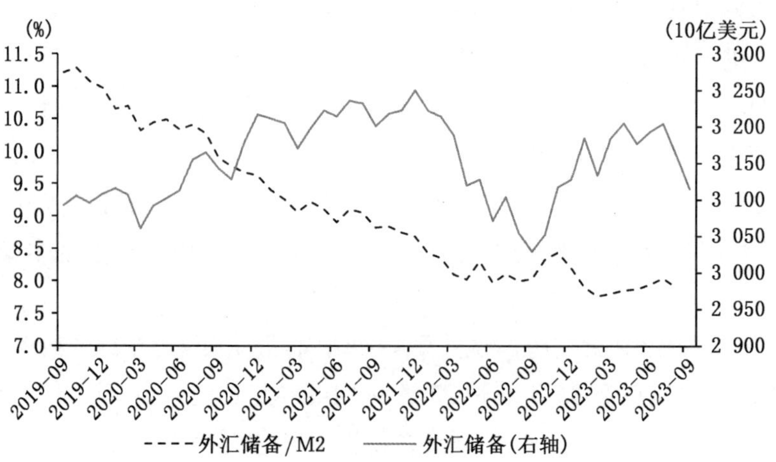

数据来源:Wind。

图 171 外汇储备

在 2023 年,面对外汇市场的波动和维护市场稳定的需要,中国人民银行实施了一系列具体政策措施。央行从 9 月 15 日起下调了金融机构的外汇存款准备金率,由原来的 6%降至 4%,以此释放流动性,支持市场稳定。接着,为了调节离岸人民币流动性,央行在香港市场成功发行了

150 亿元 6 个月期人民币央行票据，并在 8 月 22 日增发了 350 亿元央行票据。此外，为进一步完善跨境融资的宏观审慎管理，自 2023 年 7 月 20 日开始，中国人民银行和国家外汇管理局将企业和金融机构的跨境融资宏观审慎调节参数从 1.25 提高到 1.5。这项政策旨在引导企业优化资产负债结构并增加跨境资金来源。同时，通过调整中间价逆周期调节因子，央行能有效影响市场对汇率的预期，进而稳定市场情绪（见图 172）。2022 年 9 月 28 日，为了稳定外汇市场预期并加强宏观审慎管理，中国人民银行决定将远期售汇业务的外汇风险准备金率从 0%上调至 20%。这一措施旨在减少即期购汇需求、抑制市场的投机性购汇行为，并促进外汇市场的供需平衡。

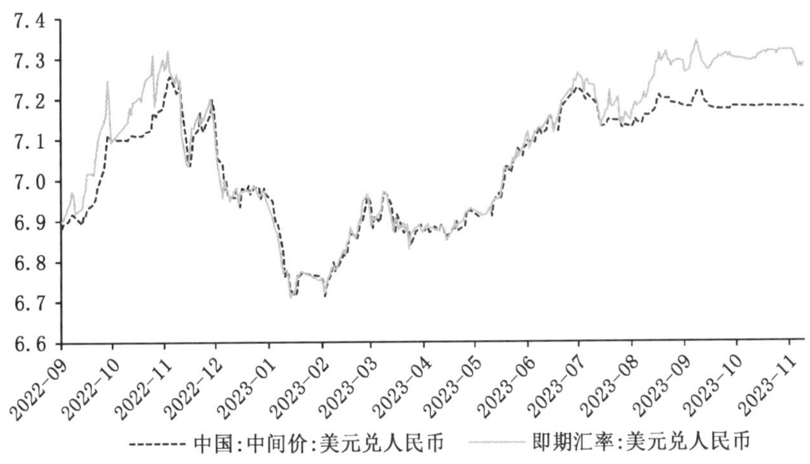

数据来源：Wind。

图 172　人民币汇率中间价

这些政策的实施，体现了中国人民银行对外汇市场动态的密切关注，以及其稳定汇率和市场预期的决心。通过这些综合性手段，我国致力于确保外汇市场的稳定运行，促进整体经济平稳发展。

（二）美国 2023 年第三季度经济强劲、利率维持高位

美国方面，美联储为实现价格稳定和最大化就业的双重使命，采取了一系列货币政策措施。自 2020 年新冠疫情暴发以来，美联储通过扩大资产规模和实施刺激政策，以促进经济增长。全球范围内的贸易政策不稳

定、全球供应链受到阻碍以及俄乌危机等因素导致商品价格不断上涨,通货膨胀率在 2022 年一度飙升至 8.5%。因此,美联储从 2022 年开始从零利率经过 11 次加息,达到 5.25%~5.50%,是近四十年来幅度最大、步伐最快的一次加息(见图 173)。尽管面临市场的不确定性,但此举旨在管理公众预期、稳定价格、确保经济的稳定和可持续增长。受强劲的消费支出推动,美国 2023 年第三季度实际 GDP 环比年化增长 4.9%,创 2021 年第四季度以来新高,高于预期的 4.5%。9 月季调后,非农就业人口增加 33.6 万人,为 2023 年 1 月以来最大增幅。美国 9 月失业率降至历史低位,仅为 3.8%,表明就业市场相当充分,为实体经济提供了积极的前景。美国实体经济继续呈现良好发展势头。而在通胀率方面,9 月的 CPI 同比上升 3.7%,仍未降到美联储的通胀目标。因此,美联储会继续维持高利率政策,这一形势预计会持续到 2024 年上半年。

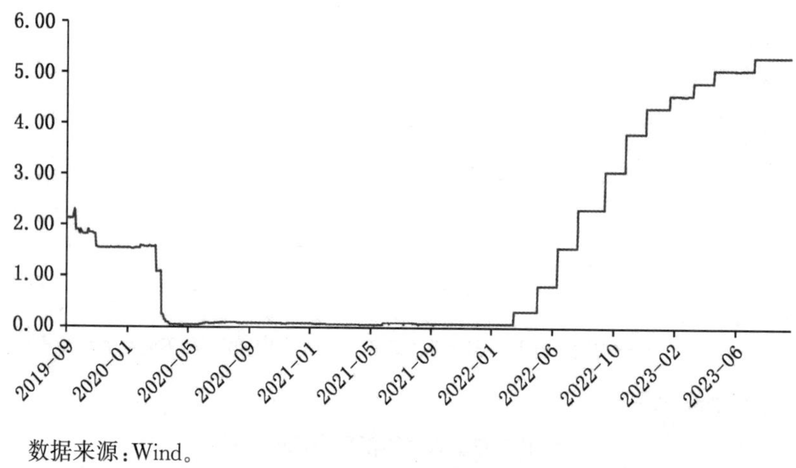

数据来源:Wind。

图 173　美元加息历程

人民币汇率未来的走势在很大程度上取决于美元指数的走势,以及美联储货币政策相应的路径选择。2022 年以来,随着美国通胀居高不下导致美联储激进加息,美元走强成为国际金融市场的焦点话题。2023 年,美联储继续采取紧缩政策,将联邦基金利率目标提高至 5.25%~5.50%。预计 2023 年联邦基金利率将进一步提高 0.25 个百分点,达到 5.5%~5.75%的范围。美元指数在一段时期显示下降趋势,但由于美国 CPI 数据高于预期,因此美联储可能保持较高的利率,从而在一定程度上支撑美元指数(见图 174)。

数据来源：Wind。

图 174　美元指数

美联储官方预计，根据他们最新的经济预测(2023 年 9 月 20 日)，到 2023 年底，利率的中位数将达到 5.6%，这与他们在 6 月的预测保持一致。此外，他们预计在 2024 年底，利率将达到 5.1%，相较于 6 月 4.6% 的预测略有上升(见图 175)。而到 2025 年底，预计利率将为 3.9%，这一数字也比 6 月的 3.1%预测要高出不少。尽管面临短期内的利率上涨，但联储官员们仍然保持了他们 2.5%的长期利率预估不变。具体来看，2023 年 11 月的会议大概率(99.3%的概率)会维持当前利率不变，12 月至 2024 年 5 月有概率会加息一次至 5.5%～5.75%，但是普遍预期在 6 月之后美联储会适当降息，6 月美联储降息一次至 5.0%～5.25%的概率增加到 37.6%，而到 2024 年 12 月的联储会议上，有机会降到 4.5%～4.75%(概率为 27.8%)，甚至 4.25%～4.50%(概率为 20%)。这些预测反映出美联储在应对当前经济形势——包括通货膨胀率的上升和劳动力市场的变化——方面的策略和预期。

2023 年，为了缓解经济增长放缓的压力和支持实体经济，我国央行采取了减息措施，近 3 个月内连续两次降息，通过降低中期借贷便利(MLF)利率以及通过降低七天逆回购协议的利率和注入短期流动性来促进增长。这种宽松的货币政策立场与美联储的紧缩政策形成了鲜明对

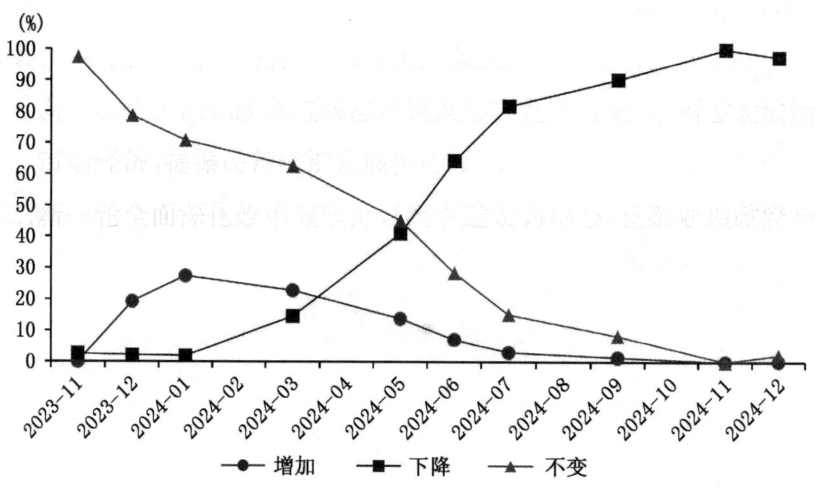

数据来源:Wind。

图 175　预期未来加息变化

比。由于中美两国货币政策不同,中美之间的利差进一步扩大。通常情况下,利率较高的国家的货币可能相对较强,因为它为投资者提供了更高的回报。在美联储保持紧缩政策的同时,我国央行可能采取更为宽松的货币政策来应对经济增长放缓的压力,从而导致中美之间的货币政策和利率差异进一步扩大。这可能吸引更多的资本流向美国,从而对人民币汇率产生影响。在评估了先前的放松措施的影响后,我国央行在 9 月保持了政策利率不变。

另一方面,尽管欧洲的通胀率可能仍然较高,但 2023 年 10 月的 IMF《世界经济展望报告》预计,2023 年的全球经济增长可能放缓,特别是在发达经济体中,包括欧洲多个国家。如果欧洲经济超预期衰退,也会推高美元指数。

综上所述,美元指数的未来走势可能受到美国内外多方面因素的影响,而美联储的货币政策决策、全球经济状况以及中美两国货币政策和利率差异的变化等因素综合起来可能对人民币兑美元汇率产生影响。

(三)地缘政治风险加剧,放大汇率波动风险

自 2022 年美国开始加息以来,人民币汇率基本上与美国和中国的国债利差保持一致,利差越大,人民币更有可能贬值(见图 176)。2023 年以

来，尤其是从 4 月开始，人民币经历了快速的贬值阶段，远远超过了长期利差的增加速度，尽管 5 年/10 年期国债利差相对较为稳定。这表明人民币的即期汇率偏低于长期经济因素所决定的汇率水平，也低于市场的长期预期。

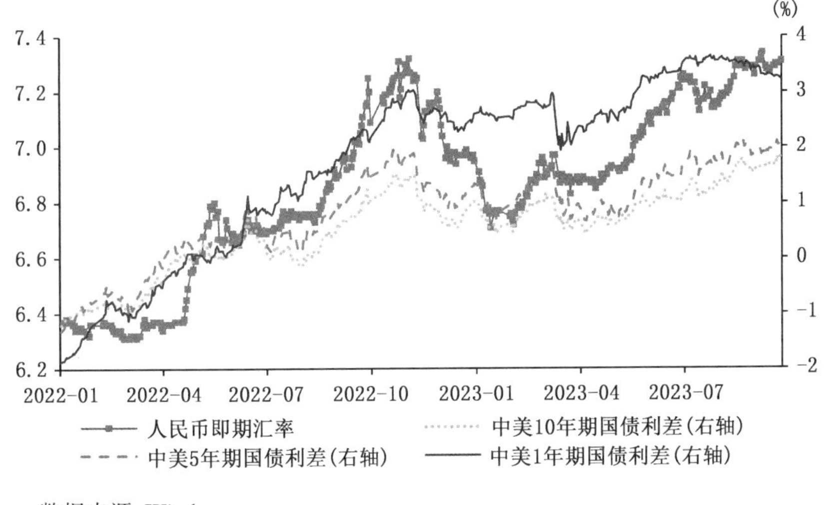

数据来源：Wind。

图 176　汇率与中美国债利差

非传统因素，如地缘政治因素和市场情绪，可能部分原因造成了这种超调现象，并更多地影响了短期内的汇率波动。根据基于美国主流媒体报道的地缘政治风险指数可以看出，当前的风险水平处于历史高位。超调的汇率往往伴随着中国的地缘政治风险急剧上升，如图 177 所示，2023 年 3 月风险指数达到波峰后汇率开始急速贬值，再加上 4 月的围台军演以及 4 月财新中国制造业 PMI 录得 49.5，再次显示收缩，这些事件引发了市场的担忧。而在 8 月经济数据已经出现回暖的情况下，市场的担忧情绪使得汇率仍呈现贬值态势。

二、国际资本流动

2023 年上半年，中国的经常账户出现了 1 463 亿美元的顺差，主要由货物贸易 2 932 亿美元的顺差驱动，显示了中国在全球贸易格局中的重

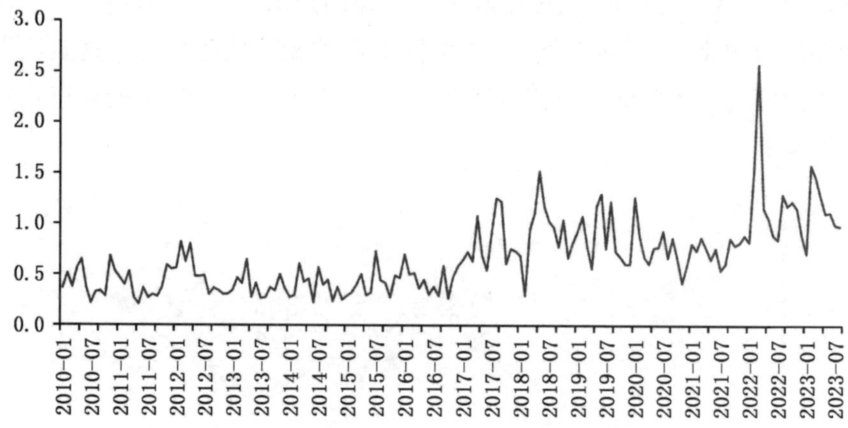

数据来源:Caldara,Dario and Matteo Iacoviello (2022)。

图 177　中国地缘政治风险指数(2010 年至今)

要地位和经济的综合实力。同时,资本和金融账户出现了 1 267 亿美元的逆差,其中,非储备性质的金融账户逆差为 849 亿美元(见图 178、图 179)。

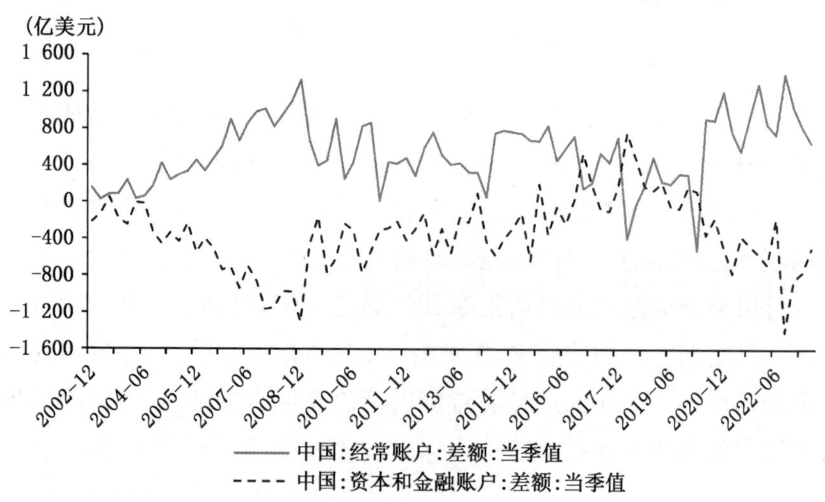

数据来源:Wind。

图 178　经常账户和资本账户

2023 年 1—9 月,按人民币计价,银行累计结汇 117 061 亿元人民币,累计售汇 119 683 亿元人民币,结售汇逆差为 2 622 亿元人民币;按美元

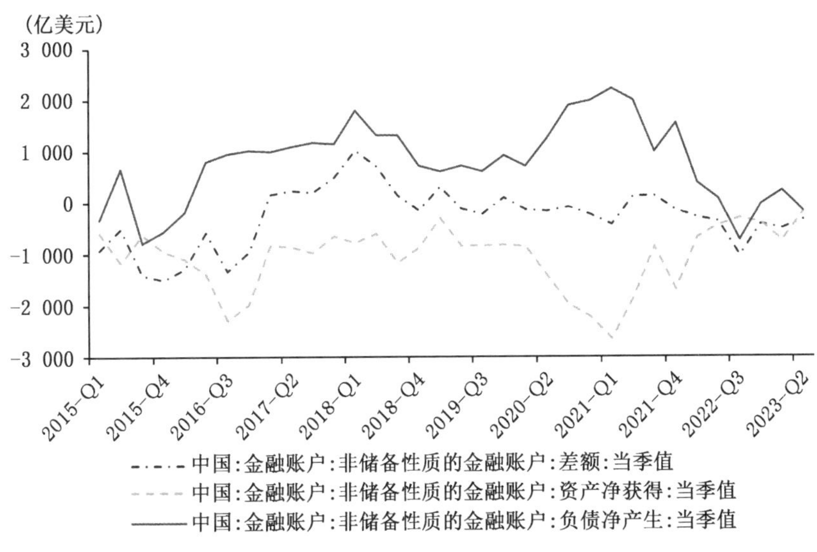

数据来源：Wind。

图 179 非储备性质的金融账户

计价，银行累计结汇 16 703 亿美元，累计售汇 17 071 亿美元，结售汇逆差为 368 亿美元。

从目前的数据来看，中国的资本和金融账户逆差可能对人民币汇率产生一定的压力。然而，中国外汇市场近期趋于稳定和跨境资金流动的均衡显示了中国外汇市场的韧性以及人民币汇率的稳定性，这可能在一定程度上支撑人民币汇率的走势。

外部环境的复杂多变，包括主要发达经济体的货币政策调整和全球宏观经济数据的变化，都可能对中国的跨境资本流动和外汇市场产生影响。受主要经济体货币政策及预期、宏观经济数据等因素影响，美元指数上涨，全球金融资产价格总体下跌。尽管存在不稳定和不确定因素，但中国的经济韧性、外汇市场的稳健和宏观审慎调节工具的完善都可能为未来的外汇市场和汇率走势提供支撑。

中国在 2023 年继续推进资本项目开放，例如，允许更多外资进入中国的金融市场。国家也对外资准入负面清单进行了调整，进一步放宽了对外资的准入限制，并发布了关于鼓励外商投资的多项政策。此外，通过上海自贸区的试验，中国也在探索资本项目可兑换和人民币国际化方面取得了进展。

分项来看。首先,外国直接投资(FDI)相对稳定,但近期流量有所下降。作为全球主要的FDI接收国之一,中国在很长一段时间内持续吸引外国投资者在各个行业部门进行长期投资,推动了经济增长和技术进步。近期FDI的削弱主要是由在华大型跨国公司的利润汇回所导致。其次,在债券和股权投资方面,2023年第二季度,中国的资本和金融账户记录了504.20亿美元的逆差(见图181)。债券市场流出明显,显示出明显的资金流动波动;而股权投资则显示了正向流入的态势,这可能反映了投资者对中国股市的信心和长期投资的考虑。此外,股市北向资金(包括沪股通和深股通)表现出正常的资金流入状态(见图182)。这为国内外投资者提供了进入中国市场的便利通道,也促使资本市场的进一步开放和国际化。综上所述,中国的资本流动表现出偏弱但稳健的FDI、活跃的股权和债券市场以及正常的股市北向资金流入,这些都反映了中国经济和资本市场的韧性与吸引力。

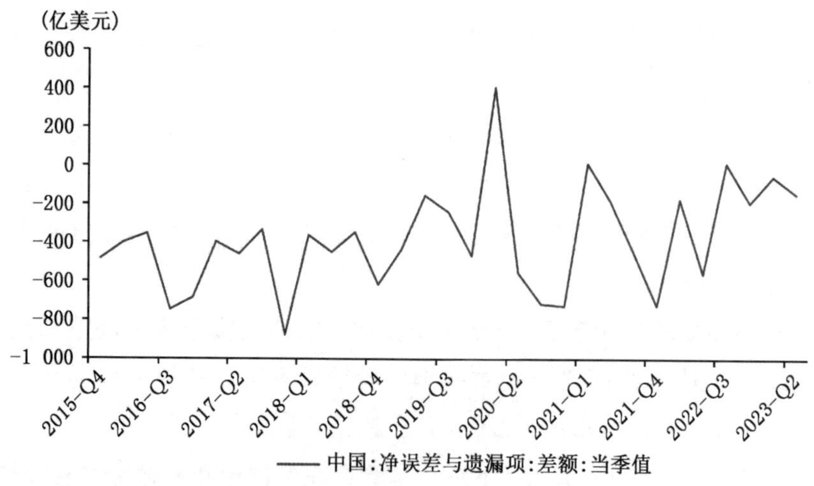

数据来源:Wind。

图 180　净误差与遗漏项

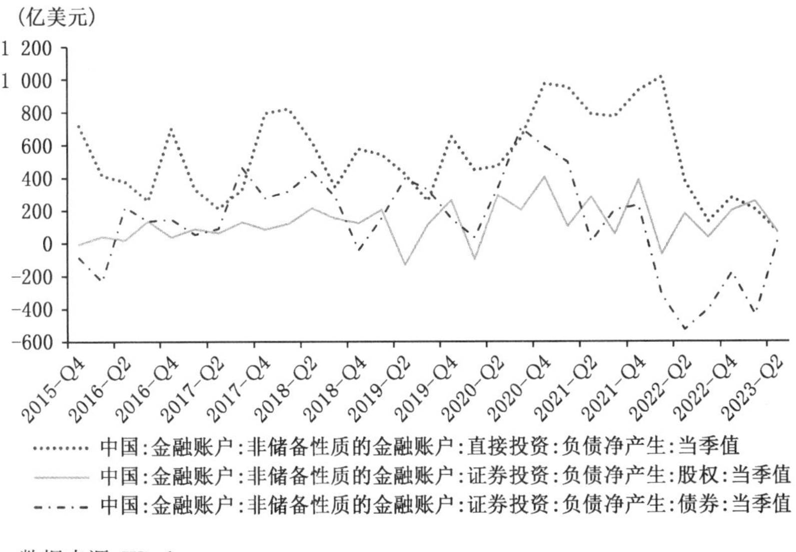

数据来源:Wind。

图 181　证券投资和直接投资

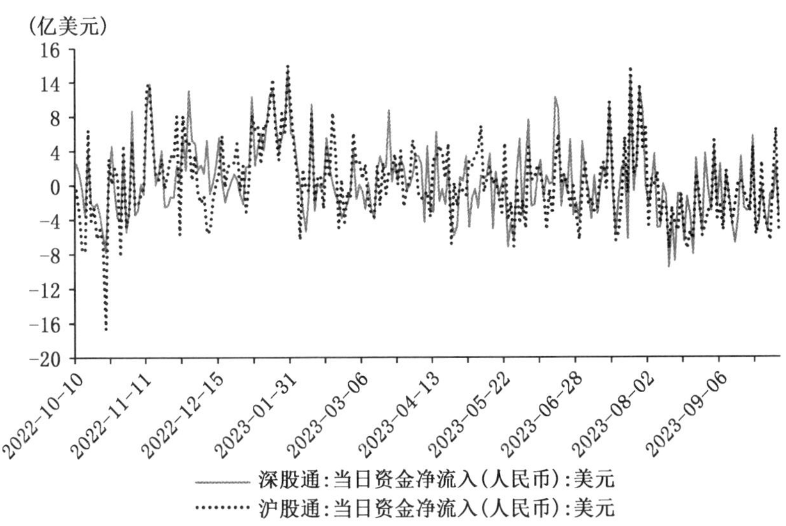

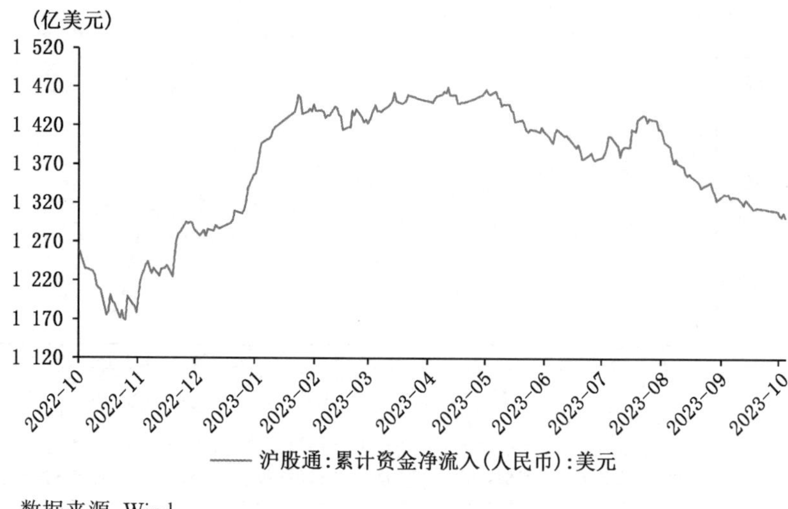

数据来源:Wind。

图 182　股市北向资金流入

三、人民币国际化和数字人民币

除去短期因素,人民币汇率和跨境资本流动也受到众多长期因素的影响。其中,人民币国际化就是一个极其重要的战略因素。而数字化为人民币的国际化提供了一个重要契机。以下简要介绍人民币国际化的定义以及现状。人民币国际化包括三个基本方面:第一,人民币在境外享有一定的流通度,国际贸易中以人民币结算的交易要达到一定的比重;第二,以人民币计价的金融产品成为国际各主要金融机构包括中央银行的投资工具,以人民币计价的金融市场规模不断扩大;第三,世界多数国家接受人民币作为本国的储备货币。

在当前的国际货币体系中,人民币的地位和作用与中国经济的基本面存在明显的不对称。中国是世界第二大经济体和第一大贸易国,而人民币仅是第五大支付货币和第五大储备货币。从长期来看,人民币国际化是中国经济实力获得世界认可的体现,也是实现中华民族伟大复兴的必经之路。

2023 年以来,受美元加息以及国际政治局势影响,人民币汇率持续走低,对人民币的国际化产生负面影响。此外,当前跨国、跨币种支付转账银行网络的核心，环球同业银行金融电讯协会均由美国主导。中国试图在以纸币、央行票据为载体，以国际清算银行、环球同业银行金融电讯协会为主导的跨国支付体系中挑战美元的主导地位，难度极大，且成效不高。人民币的国际化是一项长久任务，需要不断地抓住涌现的契机。

我们认为，央行数字货币支付系统的开发是稳固人民币国际地位、促进人民币国际化的一个重要契机。现有观点普遍认为，数字形式是货币未来的发展方向。而以分布式账本系统为基础搭建的货币系统，能够极大地提高跨国支付转账的速度，同时降低成本。相较于纸张人民币，数字人民币具备的核心优点可以概括为，其在行使货币的两大基本职责：流通、储值时具备安全性、便捷性等优势。这些优势若善加利用和推广，可以让其他国家更愿意接受数字形态的人民币作为储备货币。但其劣势也十分明显，现有的数字人民币 DC/EP 系统的设计使得数字人民币的使用在中国人民银行面前不具备匿名性，这是数字人民币国际化中必须解决的一个重要问题。针对这个问题，中国、中国香港、泰国和阿联酋等联合开发了“多边央行数字货币桥（mBridge）”的项目，专门应用于跨境、多币种的支付清算。

自 2020 年以来，由中国人民银行主导的数字人民币 DC/EP 支付系统的全国范围测试进展顺利。现阶段，数十座城市的居民可以通过手机 App，自主申请体验“数字人民币钱包”。数字人民币钱包以智能手机 App 的形式存在。申请时需提供经实名认证的手机号、个人真实身份等信息。钱包 App 会在登录及大额转账时，使用人脸识别等安全措施。在数字人民币钱包内，用户可以自主选择开通六大行及网商银行承载的一个或多个子钱包。在子钱包内，用户可以选择将其关联到何种使用场景。例如，在选择开通了中国工商银行的子钱包后，用户可以自由线上线下充值、提现，并将其关联到美团骑车和滴滴出行等使用场景。综合来说，个人用户的使用体验与现有支付宝、微信支付和云闪付等常用零售支付 App 差异不大。

需要注意的是，数字人民币 DC/EP 系统的测试，仍然集中在零售领域。现阶段，数字人民币钱包的使用场景相对简单，并且处在不断扩展的过程中。相较而言，在线上使用场景方面的扩展速度更快。数字人民币 DC/EP 系统的测试，在坚持双层结构、服务实体的原则下，正稳固有序地进行中。测试的场景集中在零售支付领域,参与者的范围不断扩大,未来有望拓展到批发或资金信贷领域。而作为国际货币竞争的一个新赛道,数字形式是人民币提高国际地位、打破美元垄断格局的一个重要契机。

国际方面,受数字人民币快速发展带来的"鳗鱼效应"影响,世界各主要经济体均加快对央行数字货币的研发和讨论。美联储主席鲍威尔公开表示,美国央行数字货币可能有助于维持美元的国际地位。他强调,全球货币体系的快速变化可能影响美元未来的国际地位,美联储在考虑自己的央行数字货币时,将考虑全球金融体系在未来十年如何演变。美国在央行数字货币领域赶超的野心和维持美元霸权地位的目的显而易见。欧盟、加拿大、日本、韩国、印度等地央行,以及 SWIFT 和 BIS 等国际机构,也纷纷加快对央行数字货币及以其为基础的跨境支付系统的研发。在该领域,各国已正式进入多边合作与竞争阶段。

地区间数字货币支付系统是否会产生竞争?未来可能的主权数字货币如何进行跨境交互?这些都是当下各国央行最关心的问题。国际清算银行(BIS)将央行数字货币未来可能的跨境模式归结为三类:一是存在某个强势央行数字货币,这种央行数字货币可以在其他国家通用;二是设计一种交易中间产品的桥梁网络;三是各国各自发展央行数字货币,并在央行之间进行某种特定的安排。当下中国正在积极地为实现后两种情形做出努力。

尽管中国人民银行多次声明人民币的数字化并不意味着国际化,但在迅猛发展的数字人民币 DC/EP 系统面前,西方各国还是感受到了压力。法国央行行长维勒鲁瓦公开讲话称,数字人民币会对欧元构成关键挑战。美联储副总裁夸尔斯则表示,美元作为国际储备货币和国际结算主要货币的地位,并不会受到其他国家央行数字货币的威胁。种种迹象表明,西方各国已把数字人民币看作国际货币领域内的有力竞争者,并计划加以反制。

现存主要的数字货币模式除央行数字货币外,还包括加密数字货币和稳定币等。而在各类数字货币内部,设计思路和底层技术也差异巨大。央行数字货币因其国家主权性,在一国内部的零售和批发领域具有绝对优势。然而,正因其过强的主权性,所以在国际货币和跨国支付领域尚无法定论其是否能成为主导。更重要的是,现阶段数字货币领域的竞争已

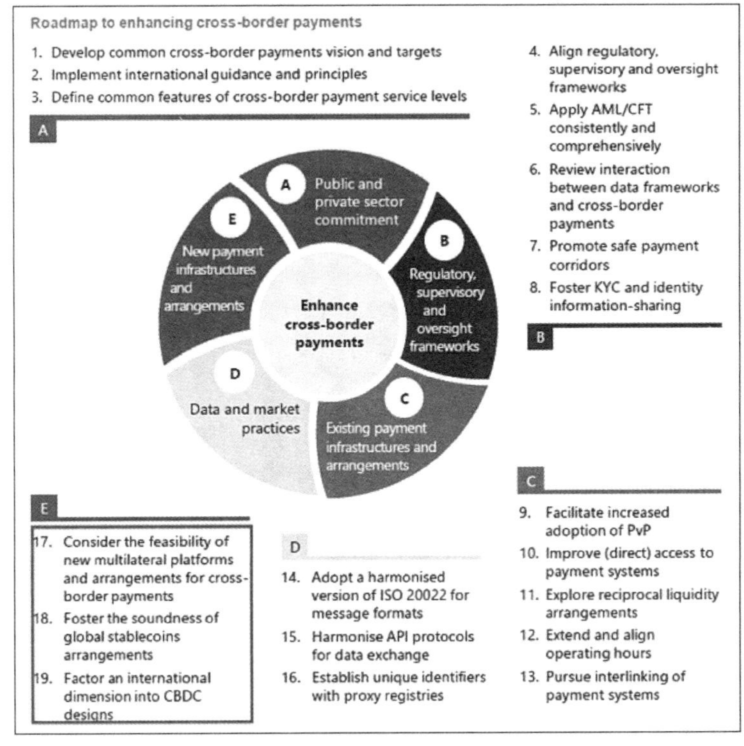

资料来源：BIS。

图 183　跨境支付系统设计思路

不再局限于货币本身，而是搭载数字货币的支付系统——即“链”之间的竞争。从这个角度考虑，一个跨国、跨币种的数字货币支付系统的兼容性，以及其给予私营部门参与者多少自主创新的主动权，就显得十分重要。

现阶段，国际形势复杂，意识形态层面的冲突开始死灰复燃。中国在建立和推广自主设计的跨境数字支付系统时，必须面对的是其他国家对系统背后国家主权的顾虑，以及一些别有用心者的无端阻挠。之前在跨境支付领域被寄予厚望的加密货币整体表现不佳，而各国政府也纷纷开始从事跨境央行数字货币系统的研发和测试。在普华永道发布的《全球央行数字货币与稳定币指数报告（2022）》中，由香港金管局、泰国央行、阿联酋央行以及中国人民银行数字货币研究所联合开发的“多边央行数字货币桥（mBridge）”项目，在批发型央行数字货币指数中排名全球首位。

mBridge项目的前身是中国香港和泰国央行合作的Inthanon-LionRock项目,该项目通过测试交易隐私、外汇匹配、监控和合规等关键功能,首次证明了两个司法管辖区之间通用央行数字货币平台的可行性。

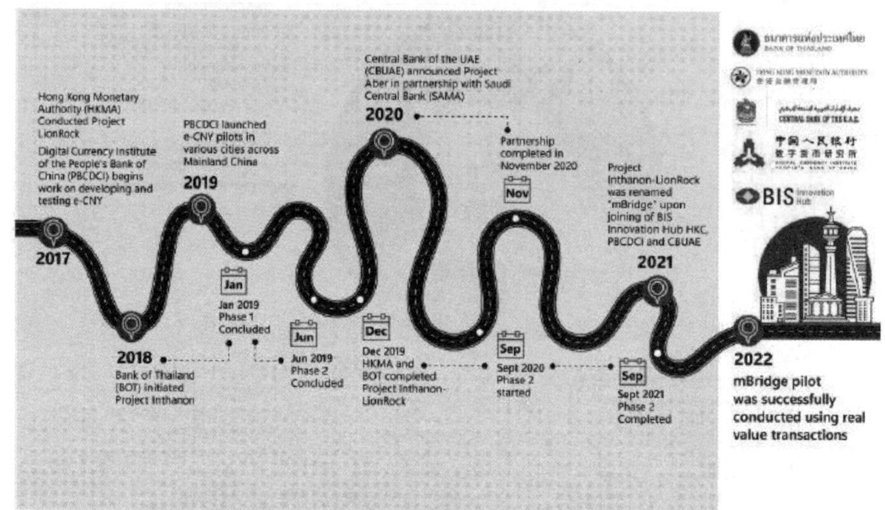

资料来源:BIS。

图184 “多边央行数字货币桥”发展历程图

mBridge项目旨在搭建一个可跨越不同央行数字货币系统、兼容性强的实时跨境支付系统,即一个可兼容不同性质、不同设计的央行数字货币的“多边桥”(见图185)。其基本思路是,将不同货币系统内的央行数字货币,甚至是传统法定货币,“映射”到同一个基于分布式账本技术搭建的支付网络中。参与该网络的国家央行,基于本国法定货币的销毁或创造,在走廊网络上向本国金融机构发行或回收相应的“存托凭证”。参与该网络的金融机构,则可以在网络上自由、实时地进行不同存托凭证之间的兑换。同时,一国金融机构有权与本国央行进行法定货币和存托凭证的自由兑换,在正常情况下兑换比例应为1∶1。这就使得同一分布式账本技术支付网络可以支持多国央行数字货币,并且不与某一国家本身的央行数字货币系统直接对接。

2021年9月28日,国际清算银行(香港)创新中心联合中国人民银行数字货币研究所、香港金融管理局、泰国央行以及阿联酋央行,联合发布了mBridge项目第一阶段报告。报告指出,应用央行数字货币和分布

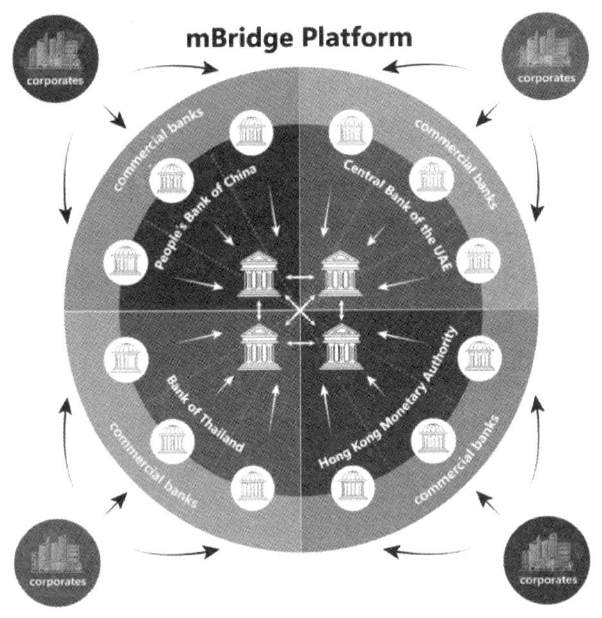

资料来源：BIS。

图 185　“多边央行数字货币桥”构架图

式账本技术的多边央行数字货币模式有助于实现更快速、更便宜和更安全的跨境支付和结算。在 mBridge 项目的公共平台中，多种官方数字货币结算的通用原型平台能够在几秒钟内完成国际转账和外汇操作，而不是使用现有的 SWIFT 商业银行网络。由此可以节约近一半成本，与传统代理行模式相比，实现了跨越式改进。报告还表示，mBridge 项目未来将继续探索现有平台的局限性，涉及流动性管理和分布式账本技术处理大交易量时的可伸缩性和性能等。此外，项目传导还将包含政策需求和措施，以确保对特定于管辖权的法规的遵从，以及测试和调查适当的治理模型。预计下一阶段，该项目将在安全可控的环境下鼓励与商业银行和其他市场参与者进行试验。

报告还特别指出，mBridge 项目是香港金管局“金融科技 2025”策略中的一项重要措施，目的是加强央行数字货币的研究，令香港能就央行数字货币的未来发展做好充分准备。中国人民银行表示，mBridge 项目将进一步构建有利环境，让更多亚洲及其他地区的央行共同研究提升金融基础设施的跨境支付能力，以解决跨境支付中的效率低、成本高及透明度低等难题。根据研究成果,各参与方将评估 mBridge 项目在跨境资金调拨、国际贸易结算以及外汇交易中应用的可行性。

2022 年 11 月 3 日,mBridge 项目发布用例手册,进一步介绍其应用场景及测试进展。该手册共展示了国际贸易结算、跨境电商、供应链金融等 15 个货币桥潜在应用场景,测试验证了货币桥测试平台在国际贸易结算场景下提升跨境支付效率的可行性。测试还实现了货币桥与中国人民银行贸易金融区块链平台、香港贸易联动平台的业务联动,完成了订单融资业务和货币桥跨境支付能力的共同验证。有 22 家境内外金融机构及组织参与测试,交易涵盖 4 个司法管辖域及 11 个行业场景,交易总额超过 20 亿元人民币。同年,国内五大行宣布参与该项目。相关报告显示,2022 年 8 月 15 日至 9 月 23 日,在该货币桥平台上首次成功完成了基于 4 个国家或地区央行数字货币的真实交易试点测试。来自四地的 20 家商业银行基于货币桥平台为其客户完成以跨境贸易为主的多场景支付结算业务。在该试点测试中,发行的央行数字货币总额折合人民币 8 000 余万元,实现跨境支付和外汇兑换同步交收业务逾 160 笔,结算金额折合人民币超过 1.5 亿元。其中,数字人民币交易笔数占比 46.6%,结算金额占比 15.5%。

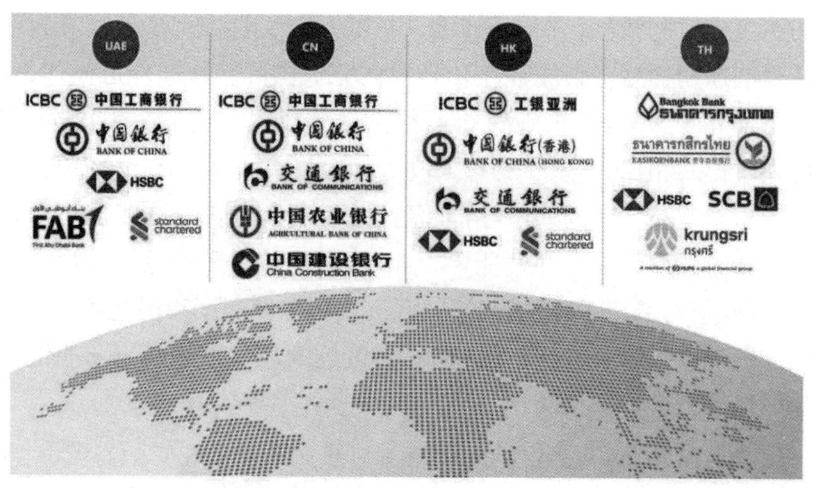

资料来源:BIS。

图 186　参与测试的银行和金融机构一览

与之呼应，中国人民银行于 2022 年印发了《关于支持外贸新业态跨境人民币结算的通知》，说明我国开始有规模、有计划地推行对外贸易人民币结算，是未来人民币国际化进程中的重要一环。该通知是对国务院办公厅《关于加快发展外贸新业态新模式的意见》的落实，并给第三方支付机构带来三个方面的改变：第一，拓宽了服务对象。以前跨境人民币结算服务更多的是面向商业主体，这次通知特别增加了个人端、经营者和消费者。银行和支付机构可以为市场交易主体及个人提供经常项下跨境人民币结算服务。第二，拓宽了服务场景。以往主要是以跨境电子商务为主体，通知在跨境电子商务之外又扩充了市场采购贸易、海外仓和外贸综合服务企业等场景。第三，拓宽了支付机构参与范围。从事跨境人民币结算服务的支付机构，只需要有互联网支付牌照和跨境人民币结算需求，就可以参与相关业务，而并未强制要求持有跨境支付牌照这样的门槛，让暂未取得跨境支付牌照且有经营跨境业务的支付公司获得参与机会。2023 年 10 月，中国人民银行召开提升境外来华人员支付服务水平工作动员部署会。会议聚焦境外来华人员的支付需求，要求各有关单位全面总结北京冬奥会、成都大运会、杭州亚运会等重大赛事支付服务保障工作经验，通过数字人民币、境外银联卡等，丰富境外来华人员的支付服务。

近年来，中国与沙特等海湾国家就构建能源立体合作新格局达成了多项合作协议。其中的关键一环是，开展油气贸易的人民币结算。2023 年 10 月，中国和巴西在纸浆贸易中首次实现人民币全流程闭环交易，是人民币国际化迈入新纪元的一个重要里程碑。这些战略布局都在不断地加强人民币未来在国际货币支付体系中的重要性。在跨境支付领域，中国应当继续深化改革、加大力度，保持数字人民币和多边央行数字货币桥的国际领先地位。

四、总结与预期

综上所述，从人民币汇率的短期波动来看，地缘政治影响、美元走势、中美货币政策、中国经济形势以及全球经济发展都会对汇率走势产生直接影响。随着全球经济形势的变化和国内外政策的调整，预计 2024 年人民币汇率将在当前水平上下波动，下半年有望出现升值。主要影响因素包括:外汇储备充足,为央行提供了稳定市场、维持人民币汇率稳定的强大后盾;美联储的加息周期可能见顶,减轻了汇率贬值的压力;根据2023年8月PMI数据,国内经济显示出回暖迹象,有助于增强市场对人民币汇率的信心;人民币短期可能存在超调,随着中美利差的减小和对中国经济信心的恢复,预计人民币汇率在2024年下半年有可能出现升值;根据IMF的数据,预计2023年和2024年全球GDP的增长率分别为3%和2.9%;全球经济增长的放缓可能对各国的汇率走势带来影响,增加了不确定性。另外,2023年10月7日,巴勒斯坦和以色列之间的冲突导致油价出现波动,俄乌冲突仍待解决,这些都给全球经济造成额外的不确定性。政府应持续推进改革开放,确保资本流动的稳定,为经济增长提供支持。通过观察最近的资本流动数据,如国际收支表的非储备性质的金融账户和净误差与遗漏项,我们可以看到资本流动的总体稳定。只要政府坚定改革开放的决心,给市场以信心,不会出现大规模的资本流出,汇率就将保持稳定。如果中国采取大规模的刺激政策,可能对人民币汇率造成贬值压力。综上所述,2024年人民币汇率走势将受到多方面因素影响,但总体上,预计汇率将在合理的区间内双向宽幅波动,为支持国内经济的持续增长,政府应继续推进改革开放,确保资本流动的稳定,及时调整政策以应对可能出现的风险和挑战。

长期来看,数字形式有望成为人民币国际化的新蓝海,助力中国经济的高质量发展。但需要注意的是,人民币数字化和国际化都不宜过快,以免造成金融体系的系统性风险。现阶段数字人民币的试点大多集中在零售领域,涉及的信息敏感性不高。但随着改革试点的深入,如何安全、有效地储存和处理相关数据,是仍待解决的一个关键问题。人民币的国际化方面,历史经验告诉我们,一旦有国家试图挑战美元的国际货币霸权地位,必然招致美国的大力反击。在央行数字货币领域,美国赶超的野心和维持美元霸权地位的目的显而易见。而欧盟、加拿大、日本、韩国、印度等地央行,以及SWIFT和BIS等国际机构,也纷纷加快对央行数字货币及以其为基础的跨境支付系统的研发,各国已正式进入多边合作与竞争阶段。因此,中国更应当稳扎稳打、维持力度、深化改革,保持在数字支付领域的国际领先地位。

(执笔人:李溦,曹林谊)